实用C语言程序设计

主　编　周百顺
副主编　刘　非　张文战

中国农业大学出版社
·北京·

内容简介

本书以培养应用型人才为目标，旨在培养学生的结构化程序设计思想，锻炼自顶向下、逐步求精的分析问题和解决问题的能力，以及使用C语言完成相关程序设计的能力，同时注重程序设计规范的培养。本书将C语言的编程理念和语法相结合，共划分为10章进行讲解，内容编排合理，深入浅出，通俗易懂。每章内容相对独立完整，便于学生学习和理解，章节之间衔接流畅。每章均配有大量实际应用中的案例程序，并配有分析、讲解和相关习题。

图书在版编目(CIP)数据

实用C语言程序设计/周百顺主编. —北京：中国农业大学出版社，2014.7
ISBN 978-7-5655-0973-5

Ⅰ.①实… Ⅱ.①周… Ⅲ.①C语言-程序设计 Ⅳ.①TP312

中国版本图书馆CIP数据核字(2014)第104901号

书　名 实用C语言程序设计
作　者 周百顺 主编

责任编辑 王笃利 孙 勇
责任校对 王晓凤 陈 莹
封面设计 郑 川
出版发行 中国农业大学出版社
社　址 北京市海淀区圆明园西路2号
邮政编码 100193
电　话 发行部 010-62818525，8625　读者服务部 010-62732336
编辑部 010-62732617，2618　出 版 部 010-62733440
网　址 http://www.cau.edu.cn/caup
E-mail cbsszs@cau.edu.cn
经　销 新华书店
印　刷 北京时代华都印刷有限公司
版　次 2014年7月第1版　2014年7月第1次印刷
规　格 787×1 092　16开本　17.5印张　435千字
定　价 40.00元

前　言

C语言是一种被广泛使用的结构化程序设计语言，也是软件开发人员从事软件开发工作的重要工具，具有与计算机底层结合紧密、执行效率高等特点，深受编程爱好者的喜爱。C语言程序设计课程一直是高等院校计算机及相关专业的核心专业基础课，对于培养学生的程序设计能力具有重要作用。

本书作者曾经在企业从事软件开发工作多年，积累了丰富的使用C语言进行软件开发的实践经验，进入高校后从事教学工作，讲授C语言程序设计课程。希望能够借助此书与读者分享C语言的学习经验和体会，帮助初学者开启程序设计的大门，为后续计算机相关知识和理论的学习打下良好的基础。

本书具有如下特色：

(1)内容编排合理、整体性强，讲解深入浅出。本书在内容安排上，既考虑到了相关知识的顺序性和依赖关系，又确保每个章节相对独立完整，使得读者在阶段性学习过程中仍能够从整体上把握程序设计的各个阶段。内容讲述过程中，尊重人们对知识的认知规律，通过类比等方法，深入浅出，将抽象的原理具体化、形象化，便于初学者掌握。

(2)注重结构化程序设计思想的讲解和能力培养。结构化程序设计以过程为中心，强调功能分解和模块化设计，采用自顶向下、逐步求精的方法进行问题分析和程序设计。本书将自顶向下、逐步求精的思想贯穿始终，重视程序的函数分解，培养学生使用结构化思想去分析问题和解决问题的能力。

(3)程序示例更贴近实际应用，实用性强，有助于提升学生的学习兴趣。本书为每章都配备了大量精选的程序实例辅助教学，在案例的选择上尽可能贴近实际应用，减少纯数学问题的案例，使读者能够更为直观地感受到知识的实用价值，同时重视从问题到程序，从理论到实际应用的过程讲解，提升学习兴趣。

(4)善于归纳总结。书中给出了很多一般性的程序设计原则和实战经验，供读者参考。包括对复杂程序进行函数分解的一般原则、根据问题的描述编写函数定义的原则、C语言中指针的主要应用领域等。

本书共分10章，第1章讲述了计算机的软硬件基础知识和相关工作原理，给出了程序设计语言的发展过程和高级语言的实现方法，介绍了C语言的历史和使用C语言进行程序设计的方法，以及上机编写C程序的一般步骤。第2章对C语言中使用的数据类型进行了总体介绍，重点讲解了基本数据类型的特点和使用方法，讲述了变量和常量在程序中的作用和输入输出方法。第3章介绍了常用的算法和算法的描述方式，给出了程序设计中常用的三种基本结构，并通过实例讲解了自顶向下、逐步求精的分析过程。第4章讲述了选择结构的C语言实现方法，包括条件判断的描述，if语句、switch语句和条件运算符的使用等。第5章讲述了循环结构的C语言实现方法，以“发现循环—找出构成循环的要素—写出循环语句”为主线，详细介绍了while循环、for循环和do-while循环的相关语法和应用，以及嵌套循环的使用方法。

第6章以函数为主题，描述了对程序进行函数分解的一般原则，总结出根据问题描述编写函数定义的一般原则，并通过实例分析了函数定义、函数声明和函数调用三者间的关系和函数调用机制，最后阐述了变量的作用域和生存期的相关知识。第7章介绍了作为复合数据类型的数组的相关概念和应用，包括数组变量的定义、初始化和相关操作，以及如何通过函数处理数组类型的数据。第8章介绍了另外一种重要的复合数据类型—结构，描述了结构类型的定义、变量的声明和使用，并讲解了结构数组、结构指针以及通过函数处理结构类型数据的方法。第9章重点讲解了指针在C语言中的主要应用领域，并对动态存储管理和链式结构进行了介绍。第10章介绍了文件相关概念，并通过实例介绍了使用标准库函数对文件进行读取操作的方法。

感谢我的家人、同事和中国农业大学出版社的工作人员在本书出版过程中的支持和帮助。本书中的一些观点和提法参考了国内外的优秀书籍和编程爱好者的经验总结，希望能够和广大同行和读者共同讨论研究。由于水平有限，难免存在错误和不足之处，诚心欢迎读者提出批评和意见(作者邮箱:zhoubaishun@126.com)。谢谢关注本书的所有读者。

周百顺

2014年4月于中国劳动关系学院

目　录

第 1 章　C 语言概述

随着网络的发展和计算机软硬件的普及，计算机已经成为家庭和办公的重要工具。计算机不会自动工作，它是由程序控制的，人与计算机打交道的基本方式就是根据自己的需要写出一个程序，而后把这个程序提供给计算机，命令它去执行。此后计算机就会按照程序的规定，一丝不苟地执行其中的指令，直至程序结束。这些用于指挥计算机工作的程序就是使用程序设计语言编写的，C 语言是程序设计语言的一种，是程序员与计算机交流的工具。本门课程主要学习如何使用 C 语言编写程序去指挥计算机工作。

1.1　计算机硬件的组成和工作机制

现代计算机从广泛意义上讲包含硬件和软件两大组成部分，硬件就是我们能够直观看到的构成计算机的各种物理部件，软件则是无形的，软件是用于指挥计算机操作的程序、数据和文档的集合。如果将一台计算机和一个人进行类比，那么硬件相当于人的躯体，是计算机进行工作的物理主体，而软件则相当于人的神经和思想，是计算机的指挥官，指挥硬件去完成指定的功能。我们在商店里看到的计算机通常是指它的硬件组成部分，通常包括机箱和显示器，机箱里面有 CPU、内存和硬盘等各种部件。为了更好地理解软件与硬件间的相互作用，首先要了解一下计算机硬件的组成及其工作机制。

1.1.1　计算机硬件的组成

尽管现在市场上出售的计算机在价格、大小、容量和性能上有着很大的差异，但大体上现代计算机都包括如下硬件设备：

- 中央处理单元（CPU）
- 主存储器（内存）
- 辅助存储器（硬盘、光盘、闪存和移动存储等）
- 输入设备（键盘、鼠标、手写板、扫描仪等）
- 输出设备（显示器、打印机、扬声器等）

图 1-1 是一台现代台式计算机的组成示意图，并通过箭头显示了这些部件在计算机中是如何交互的，箭头的指向代表的是信息的流向。

编写好的程序要想提交给计算机执行，必须要先从辅助存储器中传输到主存储器中。程序执行时通常还需要用户提供一定的初始数据，这些数据可由输入设备提供并存储在计算机的主存储器中。中央处理单元（CPU）通过与主存储器的交互来执行程序指令，访问并处理这些数据，执行结果根据需要可通过输出设备显示出来。下面，我们将从程序运行的角度对硬件组成部分进行更为详细的介绍。

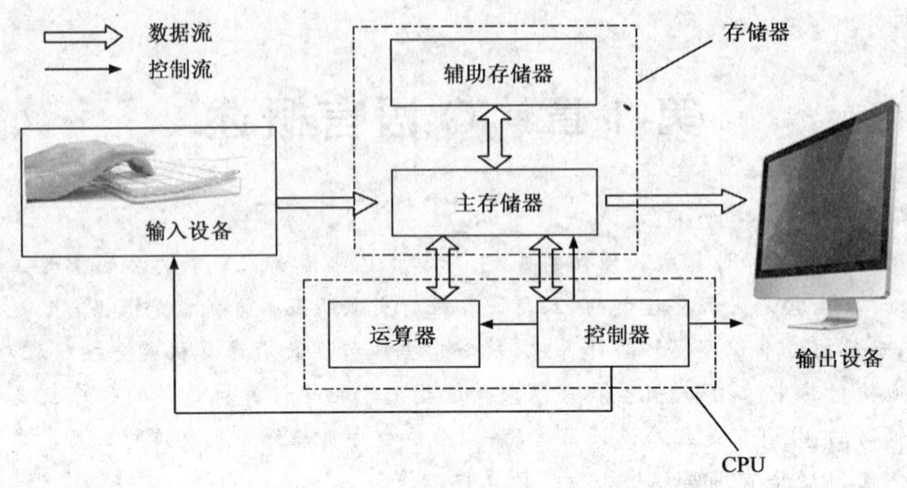

图 1-1　台式计算机的组成示意图

1. CPU

CPU(central processing unit,中央处理器)是计算机的大脑,它进行实际的运算并控制整个计算机的活动。CPU 执行的动作是由程序给出,程序是存储在存储器中一系列计算机能够识别的指令。例如,一条指令可以指示计算机将两个数相加,另一条指令则是将相加后的结果显示在终端屏幕上。每类 CPU 都有自己的指令集,明确了其能够接受并处理的指令的集合。

2. 主存储器

主存储器通常也称内存。计算机中所有程序的运行都是在内存中进行的,当计算机执行一个程序时,必须先将程序本身和运行过程中需要的数据保存到内存中,才能够提供给 CPU 使用。人们将内存系统设计得十分高效,以使得 CPU 能够迅速地读取所需信息。

3. 辅助存储器

尽管计算机运行程序时需要使用内存来保存程序和活动数据,但内存只有在开机通电时才能进行数据的存储,关机后存储在内存中的数据就会丢失。辅助存储器使得计算机能够在电源关闭时永久保存一些数据。当前,计算机最常用的辅助存储器是硬盘,其不仅能够永久保存数据,而且容量通常也远远高于内存容量。在多道程序并行的环境中,内存的容量相比于程序的需要总是不够的,可以借助辅助存储器来实现数据的换入和换出,达到虚拟扩充内存的效果。

4. 输入输出设备

输入输出设备也称 I/O 设备,用于帮助使用者与计算机进行交流,输入设备负责将数据传输给计算机,输出设备则将计算机处理的结果显示给使用者。

1.1.2　二进制与计算机的工作机制

现代计算机大都采用了大规模集成电路,在微小的芯片上集成了数以百万计的晶体管等元件，通过电路和元件状态的变化来实现计算功能。当计算机处于运行状态，每过来一个电脉冲，这些晶体管的状态就会在导通和断开中变换，从而产生一种新的状态，再来一个电脉冲，状态又变换一次，最终达到目标状态，完成任务。如果用数字 1 代表导通，数字 0 代表断开，则由 0 与 1 构成的二进制串刚好能够表示出电路的所有状态。基于这样的设计，计算机的运算至今仍采用二进制方式。我们平时使用计算机时感觉不到它是在用二进制计算是因为计算机会把你输入的十进制数自动转换成二进制，算出的二进制数再转换成十进制数显示到屏幕上。这种转换对终端用户是透明的。

二进制计算方法符合计算机的物理设计，抗干扰能力强，技术实现和运算规则简单，有利于简化计算机内部结构，提高运算速度，而且易于与其他进制相互转换。二进制数据用 0 和 1 两个数码来表示，它的基数为 2，进位规则是“逢二进一”，借位规则是“借一当二”。图 1-2 给出了二进制的 1101 和 1011 进行加法运算的示意图：

```
  1101
+ 1011
  1111  ——→ 逢二进一
-------
 11000
```

图 1-2　二进制加法运算

二进制数据可以转换为其他进制表示，如十进制、八进制、十六进制等，其中二进制和十进制间的转换最为常用。例如：

$(1011)_2 = (1*2^3+0*2^2+1*2^1+1*2^0)_{10} = (8+0+2+1)_{10} = (11)_{10}$

$(89)_{10} = (64+16+8+1)_{10} = (2^6+2^4+2^3+2^0)_{10} = (1011001)_2$

计算机工作时怎么知道自己应该让哪个晶体管导通、哪个不导通呢？这就要靠程序。程序员依据计算机每次要执行的动作事先编好程序，计算机只需按程序进行工作就是了。二进制编码是计算机能够直接识别的唯一语言形式，是最早出现的编程语言，也称为机器语言或低级语言。采用二进制编码编写程序时，编程人员必须记住每个代码的意义，编程难度可想而知。历经多次变革和发展，现在人们已经可以使用更容易为人类理解和使用的高级语言编写程序了。高级语言近似于自然语言，例如，可以使用 BEGIN 表示一段操作的开始，END 表示结束一段操作。高级语言编写的程序并不能被计算机直接识别，为此，人们为每种高级语言都编写了特定的翻译程序，将由 BEGIN、END 等单词构成的高级语言语句翻译成二进制代码，然后交由计算机执行。

1.2　程序设计语言与计算机软件

程序一词源于生活，通常指完成某项事务所需要的一套既定活动方式或活动过程。生活中有很多关于程序的实例，例如，学生去食堂买饭的活动过程可描述如下：

(1)进入食堂；

(2)浏览各个售卖窗口，并告知食堂工作人员想要购买的菜品；

(3)食堂工作人员将相应的菜品盛放在餐盘里；

(4)刷卡支付餐费，取走菜品。

在计算机领域，程序就是使用程序设计语言编写的计算机指令的集合，用于指挥电子计算机执行一个或多个操作。

1.2.1 程序设计语言概述

语言一词通常指人生活中使用的自然语言，如汉语、英语等。这些语言是人类信息交流的工具和媒介，其描述的程序是为了给人看，要人做的。为了与计算机进行交流，指挥计算机工作，需要一种意义清晰、人用起来方便、计算机也能够处理的描述方式，实现人和计算机之间的交流。这种供人编写计算机能够处理的程序用的语言就是程序设计语言，也常被称为编程语言。

程序设计语言和前面提到的自然语言的区别主要在于交流的对象不同，英语和汉语都是人与人交流的工具，而程序设计语言则是人与计算机交流的工具，不仅人能够懂得和掌握它，使用它描述所需的计算过程，而且计算机也能够“理解”它，可以按照程序设计语言给出的计算过程的描述去执行任务，完成人们所需要的工作。每门语言都有沟通符号、表达方式与处理规则，一般人都必须通过学习才能获得语言能力，由单个词语到整个句子，再到对整个任务的描述。

程序设计语言的发展至少经历了机器语言、汇编语言和高级语言三个阶段。

计算机是人类发明的一种自动机器，能够执行一组基本操作，每个操作能完成一件很简单的工作，如做一次加减乘除运算，或者比较两个数值的大小等。在计算机内部，一切信息都是以二进制编码的形式存在，为了使人们能够指挥计算机工作，每种计算机都提供了一套指令，以及描述其指令的二进制编码形式。每条指令都对应于计算机能够执行的一个基本动作，而所谓的计算机程序就是一组这种指令形成的序列。

这种二进制的描述形式称为机器语言，计算机能够直接“理解”和执行它。用机器语言编写的程序称为机器语言程序。计算机诞生之初，人们只能直接使用机器语言来编写程序。但是，从使用的角度，二进制形式的机器语言很不方便，用它写程序难度很大，工作效率极低，写出的程序也晦涩难懂。下面给出一小段算术运算的二进制代码示例：

```
0000000100000000100 0
00000001000100001010
00000101000000000001
00000001000100001100
00000100000000000001
00000010000000001110
```

这段二进制代码描述了表达式 a＊b＋c 的求值过程。一个复杂的程序里可能会有成千上万条类似的指令，执行流程错综复杂，采用二进制编码来完成这样的复杂程序几乎是人力所不能及的事情。

为了解决上述问题，人们很快就设计出采用符号形式的汇编语言。汇编语言采用助记符代替机器指令的操作码，用地址符号或标号代替指令或操作数的地址，从而降低了程序的编写难度，增强了程序的可读性。表达式 a＊b＋c 的求值过程用汇编语言可描述为：

```
load 0 a
load 1 b
mult 0 1
load 1 c
add 0 1
save 0 d
```

使用汇编语言编写的程序，机器不能直接识别，还要由专门软件（汇编语言编译器）转换成机器指令才能送给计算机去执行。

汇编语言的每一条指令都对应于一条机器指令，但采用了助记符表示，这些符号非常接近于自然语言的要素，使得每条指令的意义更容易理解和掌握，程序设计也就容易多了。但是，汇编语言缺少高层结构的描述，难于从汇编语言代码上理解程序设计意图，可维护性差，面对复杂问题时编程难度大。

为了使计算机能够更方便地为更多人使用，出现了面向用户的高级语言（相比于面向机器的低级语言）。1954 年诞生了第一个高级程序设计语言 FORTRAN，宣告了程序设计的一个新时代的开始。BASIC 语言、PASCAL 语言、C 语言、C＋＋语言、DELPHI 语言、VISUAL BASIC 语言、JAVA 语言和 PYTHON 语言等都是这一时代的杰出代表。

高级语言与计算机的硬件结构及指令系统无关，它更接近于自然语言和数学表达式，通用性较好。高级语言的一个命令可以代替几条、几十条甚至几百条汇编语言的指令，具有更强的表达能力，易学易用。高级语言的使用，大大提高了程序编写的效率和程序的可读性，使得有更多人能够并乐于加入到程序设计活动中。高级程序设计语言的诞生和发展，对于计算机的普及和发展起了极其重要的作用。上面的求值过程在高级语言中可直接使用其对应的算术表达式进行描述：

```
a*b+c;
```

与汇编语言一样，计算机无法直接识别和执行高级语言，必须翻译成等价的机器语言程序才能执行。人们在设计好一个高级语言后，还需要开发与之相配套的实现软件，以便将高级语言编写的代码翻译或解释成计算机能够直接识别的二进制代码。高级语言的基本实现方式有两种—编译实现和解释实现。

1.编译实现的高级语言

采用编译方式实现的高级语言都有一个对应的翻译软件，用于将该种高级语言编写的计算机程序翻译成基于一定的计算机硬件平台的等价机器语言程序。这种实现方式的翻译过程与执行过程是分开的，首先统一将高级语言编写的程序翻译成机器语言程序（二进制代码），再通过执行机器语言程序来实现功能。当需要再次执行该程序时，直接执行前面已经翻译好的机器语言程序即可，无须再次翻译。

2.解释实现的高级语言

采用解释方式实现的高级语言需要有一个对应的解释软件，用于读入这种高级语言编写的程序，并能一步步按照程序的要求一边翻译一边执行，完成程序所描述的工作。有了这种解释软件,我们只要把写好的程序送给运行着这个软件的计算机,就可以完成相应的程序功能。解释方式实现的过程中,不产生独立的机器语言程序,解释和执行是一体完成的。当需要再次执行该程序时,需要将高级语言编写的程序再次交给解释软件解释执行一次。

当前的实际计算机系统中,两种实现方式都较为常见。如C语言就是采用编译实现的高级语言,PERL、SHELL等语言则属于解释实现的高级语言,也有些语言结合了两种实现方式的优点,采用介于两者之间的实现方式。

1.2.2 计算机软件

未安装任何软件系统的计算机被称之为裸机,只有安装了软件的计算机才能够被普通人所使用。计算机软件也称软件,是指计算机系统中的程序、数据和相关文档的集合。程序是对计算任务的处理对象和处理规则的描述,数据是程序加工的对象,文档是为了方便了解程序所编写的阐明性资料。软件是用户与硬件之间的接口,用户主要是通过软件完成对计算机硬件功能的使用。计算机软件可分为系统软件和应用软件两大类。

1.系统软件

系统软件通常可细分为操作系统、语言处理系统、服务程序和数据库管理系统四大类。

- 操作系统(operating system, 简写为OS):是管理、控制和监督计算机软、硬件资源协调运行的程序系统,它是直接运行在计算机硬件上的、最基本的系统软件,是系统软件的核心。操作系统的出现使得普通用户能够方便地使用计算机,它能够统一管理计算机系统的全部资源,合理组织计算机的工作流程,以便充分、合理地发挥计算机的效率。常见的操作系统软件包括:DOS操作系统、微软公司的视窗操作系统(Windows系列)、UNIX和Linux操作系统、苹果计算机专用的MAC操作系统等。

- 语言处理系统:如前所述,机器语言是计算机唯一能直接识别和执行的程序语言,如果要在计算机上运行高级语言程序就必须配备程序语言的处理程序,来完成高级语言和机器语言之间的转换。当前,很多语言处理系统将程序的编写功能、编译功能、调试功能等集成到一起,以方便程序员使用。

- 服务程序:能够提供一些常用的服务性功能,为用户开发程序和使用计算机提供方便。如计算机上经常使用的诊断程序、调试程序、编辑程序均属此类。

- 数据库管理系统(data base management system, DBMS):用于管理数据的计算机软件,主要是针对大数据量情况下的数据存储、检索、查找等应用需求。常用的数据库管理系统包括:Oracle公司的数据库管理系统软件、IBM公司的DB2以及微软公司开发的MS SqlServer等。

2.应用软件

应用软件可细分为通用软件和专用软件。

- 通用软件:这类软件通常是为解决某一类通用问题而设计的。例如:文字处理、表格处理、文稿演示等,典型的有微软公司开发的Office系列,金山公司开发的WPS系列等。通用软件通常在市场上公开售卖,买回来直接安装使用即可。

- 专用软件:有些具有特殊功能和需求的软件是市场上无法买到,因为它对于一般用户来说太特殊了,所以只能组织人力专门开发。

1.3 C语言的发展历程

C语言之所以命名为C,是因为C语言源自Ken Thompson发明的B语言(BCPL语言),是对B语言的一种改进,而B语言之前还有A语言(ALGOL 60语言),A语言取名自世界上第一位女程序员Ada(艾达)。

1963年,剑桥大学将ALGOL 60语言发展成为CPL(Combined Programming Language)语言。

1967年,剑桥大学的Martin Richards对CPL语言进行了简化,于是产生了BCPL(Basic Combined Programming Language)语言。

1970年,美国贝尔实验室的Ken Thompson,以BCPL语言为基础,设计出很简单且很接近硬件的B语言(取BCPL的首字母)。并且使用B语言编写了第一个UNIX操作系统。

1972年,美国贝尔实验室的D. M. Ritchie在B语言的基础上设计出了一种新的语言,他取了BCPL的第二个字母作为这种语言的名字,这就是C语言。

1978年由美国电话电报公司(AT&T)贝尔实验室正式发表了C语言。Brian W. Kernighian和Dennis M. Ritchie出版了名著《The C Programming Language》,从而使C语言成为目前世界上流行最广泛的高级程序设计语言。自此,C语言被广泛应用,从大型主机到小型微机,也衍生了C语言的很多不同版本。

1983年美国国家标准局(American National Standards Institute,简称ANSI)成立了一个委员会,专门来制定C语言标准。

1989年C语言标准被批准,被称为ANSI X3.159—1989“Programming Language C”。这个版本的C语言标准通常被称为ANSI C。

1990年,国际标准化组织ISO(International Organization for Standards)接受了ANSI C作为ISO C的标准,也称C90。1994年,ISO修订了C语言的标准。

1995年,ISO对C90做了一些修订,即“1995基准增补1(ISO/IEC/9899/AMD1:1995)”。

1999年,ISO又对C语言标准进行修订,在基本保留原来C语言特征的基础上,增加了一些功能,命名为ISO/IEC9899:1999。

2011年12月8日,ISO正式公布C语言新的国际标准草案:ISO/IEC 9899:2011,即C11。

1.4 C程序简介

在掌握相对复杂的程序设计内容之前,对程序设计有一个直观的认识是很有意义的。在学习之初,我们首先以一个简单程序开始,从整体上介绍和理解程序。在这一阶段,读者暂时不必拘泥于细节,更为详细的内容将会在后面章节逐步介绍。

1.4.1 C程序示例

C语言的一个优点就是让我们可以使用类似于日常英语的语言来编写程序,即使不懂得如何编写程序,也能够阅读并理解一些简单的程序。下面给出两个数求和的示例程序:

```
/*
 * File: Add.c
 * Function: Add
 */

#include <stdio.h>

int main()
{
    int a, b, c;
    printf("Please input two number :");
    scanf("%d%d", &a, &b);
    c = a + b;
    printf("%d + %d = %d\n", a, b, c);
    return 0;
}
```

使用上述文字编写的程序将作为一个文件存储在计算机的辅助辅助器上(硬盘),只要用户不主动删除将一直保存。文件名为 Add.c,其中后缀名“.c”说明该文件为 C 语言程序。

Add.c 程序从整体上可划分为三个部分:程序注释、预处理指令列表和主程序。

1.程序注释

本程序的第一部分是一段英文注释,即包含在“/*”与“*/”之间的文字,在程序中起说明作用。注释通常以“/*”开头,以“*/”结束,可以是单独一行,也可跨越多行,示例中从第一行开始,在第四行结束。程序中也可以使用“//”进行单行注释。

注释是写给人看的,而不是给计算机执行的,用于标注程序的功能和部分语句的含义,以及使用时一些需要注意的事项等,类似于某种产品的说明书。注释使得程序更容易被读懂和维护,也是程序员之间用于传递程序有关信息的重要途径。注释不是必需的,可由程序员根据需要在任何需要的地方加入注释,所有注释内容对程序的功能和运行是没有任何影响的。当 C 语言的编译器将 C 语言编写的程序翻译成机器代码时,注释被完全忽略。示例这样简单的程序通常不需要很多的注释,但当程序越来越复杂时,读者就会发现给出合适的注释是使程序易读的最好方法之一,也是好的编程习惯之一。

2.预处理指令列表

预处理指令以#号作为其第一个非空字符串,如示例中“#include”一行即为预处理指令。预处理指令根据程序的需要可以有多行,通常并列写在程序的开头部分,在程序编译之前完成相关处理工作。

Add.c 程序中的预处理指令只有一条,即“#include <stdio.h>”,是一个库包含语句,说明 Add.c 程序中需要使用 stdio 库。库(library)是能够完成某些特定功能的工具的集合,程序中可使用#include 指令将对应的库包含到程序中,从而能够在程序中使用库提供的工具。stdio 库为 ANSI C 提供的标准输入输出库,用于完成用户和计算机之间的数据交换。程序中使用的 scanf 和 printf 即为标准输入输出库提供的工具，scanf 用于从键盘读入数据，printf 能够将程序的计算结果通过显示器进行输出。

一个计算机程序所需的很多行为都不是由 C 语言直接提供的，而是通过包含标准库来实现，这些标准库大部分由 ANSI C(American National Standards Institute)指定包含在各个版本的 C 语言编译系统中。C 语言可以通过附加的库来扩展出很多操作，而且每个程序员也可以创建自己的工具库。以“.h”结尾的文件被称为头文件，与具体某个标准库相对应，用于对库中提供的工具进行说明。程序中通过包含头文件来关联相应的标准库，从而在程序中使用标准库提供的工具。

3. 主程序

Add.c 文件的最后一部分是程序的主体，从“int main()”开始，一直到程序的结束部分(“}”)，通常称为程序的主函数。函数可以理解为程序中的一个功能体，由一系列独立的程序语句集合到一起，并赋予一个名字。示例中函数的名字为 main，由 6 条语句组成。

一个程序里可以包含多个这样的函数，每个函数都能够完成一个相对独立的功能，其中名字为 main 的函数一个程序只能有一个。main 函数是整个程序的入口，每个完整的 C 程序中都必须有这个函数，当程序运行时，计算机会首先进入 main 函数，执行其主体中包含的语句。

1.4.2　C 程序的加工和执行

如前所述，C 语言是编译实现的高级程序设计语言，用 C 语言编写的程序通常称为源程序。人容易使用、编写和阅读源程序，但计算机并不能直接执行它，因为计算机只能识别和执行特定的二进制形式的机器语言程序。为了使计算机能够完成 C 语言源程序描述的工作，需要借助 C 语言的编译器来将 C 语言编写的源程序转换为二进制形式的机器语言程序，这种转换过程称为 C 程序的加工。每个 C 语言的集成开发环境都包含了加工 C 语言源程序的功能，包括“编译”、“连接”等步骤。

C 语言源程序的加工过程通常分两步：第一步是由编译器对源程序文件进行分析和处理，生成二进制形式的目标文件。目标文件虽然已经是二进制形式，但还不能执行，因为其缺少 C 程序运行所需要的一些公共部分和程序中引用的函数库模块。为了使程序能够运行，还需要进行第二步—连接。连接工作将编译得到的目标模块与其他必要的部分(函数库模块等)拼装起来，生成可执行程序。具体过程如图 1-3 所示：

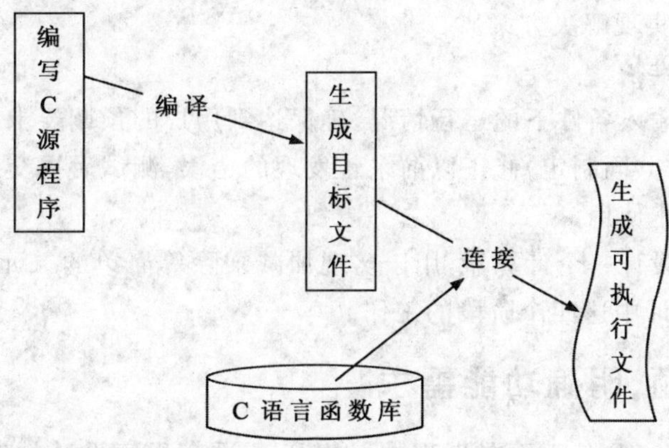

图 1-3　C 源程序的加工过程

前面的加法计算程序经过加工，首先编译得到一个名为 Add.obj 的目标文件，再经过连接产生 Add.exe 的可执行文件。运行这个可执行程序，就会看到对应的执行效果：

屏幕显示：Please input two number :

用户通过终端键盘输入：4 5↙

屏幕显示：4 + 5 = 9

1.5 C语言程序设计方法

程序设计语言是使用计算机解决问题的工具，要想更好地掌握C语言，我们首先要理解使用C语言解决问题时的思考方式。C语言是一种面向过程的结构化程序设计语言，以解决问题的过程为中心，采用自顶向下、逐步求精的思考方式。首先分析出解决问题所需要的主要步骤，然后通过不断细化的方式分别实现这些步骤，最终达到解决问题的目的。

例如，以学生起床上学为例，使用面向过程的思考方式就可将其归纳为几个步骤：①起床；②穿好衣服；③洗漱；④去学校。

这几个步骤就是完成起床上学这个问题所对应的解决方案，由顺序的4个步骤构成。明确了解决问题的步骤后，只需逐个实现这些步骤就可以了。

当我们面对一个相对复杂的问题时，通常并不能直接给出问题的详细解决方案，而是需要通过对用户需求的分析，寻找解决问题的方法，并逐步将其步骤化。所谓解决问题的方法就是从现有的初始状态出发，通过一系列的处理，最终实现用户需求的过程。解决方案确定后，需要使用C语言编程实现，后续还会有程序调试和测试等相关工作。综上，用C语言开发程序的过程大体可以分为四个阶段：

1.分析问题

准确描述出需要解决的问题，明确问题的初始状态和预期结果。

2.设计解决问题的方法

通过自顶向下的分析方法，针对初始输入状态进行分析，明确实现预期结果所需的核心过程，并对核心过程中的复杂问题逐步细化，最终设计出解决问题的完整步骤。

3.编程实现

使用C语言编程实现解决方案。

4.程序的测试与维护

测试程序在多种输入条件下的运行情况，确保达到用户的预期要求，并在交付用户使用后的一定期限内（由双方共同制定）修正以前未曾发现的错误，测试后提交给用户新的版本，直到维护期结束或软件停止使用。

下面，我们将以“设计一个计算器，用于实现加减乘除等简单的二元操作”为需求，详述如何完成C语言程序设计中这四个阶段的工作。

1.5.1 分析问题，明确功能需求

分析问题有很多角度，基于面向过程的思想和C语言程序设计的考虑，在分析问题阶段我们通常需要从用户的需求描述中准确找出问题的输入（即我们需要处理的初始数据）、问题

的输出(即预期结果)以及可能对解决方案产生影响的约束条件。此处的分析非常重要,直接关系到后续问题解决方案的设计,如果分析出了问题,那么解决方案也必然是错误的。用户的需求往往是抽象的,假想出程序实现后的外在表现(程序运行后的交互形式)有助于我们将需求具体化。

问题:“设计一个计算器,用于实现加减乘除等简单的二元操作”

分析:描述已经清晰的指出该计算器针对的是常见的二元操作,二元运算需要有两个操作数和一个运算符,最终产生一个数值结果。如需要计算 5+6 的结果,首先需要告诉计算机要进行计算的原始数据(5 和 6)和要进行的操作名称(+),然后计算机通过运算,产生结果 11 并显示为我们。因此,可分析得出:

问题的输入:操作数 1,操作数 2,操作符

问题的输出:操作数 1 和操作数 2 运算后的结果

1.5.2　设计解决问题的方案

通过对问题的分析,已经明确了问题的输入和输出,在设计解决问题的方法阶段我们就是要设计出一系列的核心步骤,使得初始数据通过这些步骤的加工,能够得出预期的输出结果。这些步骤的列表称为算法。编写算法通常是解决问题过程中最难的部分,要求具备较好的逻辑思维能力。通常在设计算法的开始阶段,先不要试图去解决问题中的每一个细节,而是要训练自己使用自顶向下的分析方法来分层思考问题。

图 1-4 给出了自顶向下分析问题的一个示意图。在初始分析时,首先将整个大问题分解为 n 个子问题(对应于解决问题的 n 个核心步骤),暂时先不去考虑具体每个子问题如何实现。当明确步骤 1～n 为问题的解后(可通过模拟算法的计算机执行来进行确认),再具体思考每个子问题的解决方案,思考方式仍然为自顶向下的方法,设计出每个子问题的实现步骤 1－m。依此类推,逐层分解,直到所有子问题都能够直接求解为止。

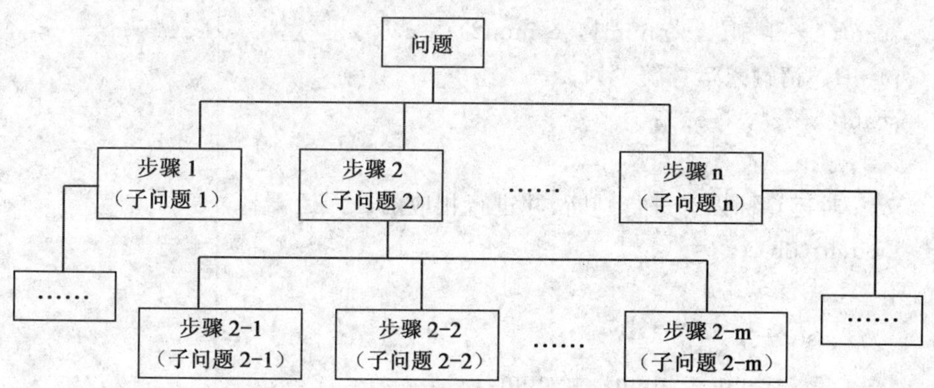

图 1-4　自顶向下分析问题方法示意图

对于大多数可以用计算机实现的问题,其解决方案中通常都至少包含几个子问题:①获取数据;②执行计算;③显示结果。

综上,计算器问题的算法可采用如下设计:

(1)获取需要计算的两个操作数和运算标识符;

(2)对运算标识符进行判断,并使用两个操作数进行相应的二元运算;

(3)显示计算结果给用户。

1.5.3 使用C语言编程实现

算法设计好了,接下来要做的就是算法的实现部分了,即使用具体的编程语言将算法细化为一系列的语句,并组合到一起。具体编写程序过程中,可以先分别编写每个子问题的实现代码,并设计为子函数,然后在主执行过程(main 函数)中逐个调用每个子函数即可。

本章的计算器问题较为简单,故也可将每个子问题的实现过程按照执行顺序直接部署在主函数中,具体代码如下:

```
/*
 * 文件名称:Calculator.c
 * 功能描述:实现二元运算
 */

#include <stdio.h>

int main()
{
    //1.获取需要计算的两个操作数和操作标识符
    double num1, num2, result;
    char op;
    printf("请输入两个操作数:");
    scanf("%lf%lf", &num1, &num2);
    printf("请输入运算符:");
    scanf("%c", &op);

    //2.对运算标识符进行判断,并进行相应的二元运算
    switch (op)
    {
        case '+':
            result = num1 + num2;
            break;
        case '-':
            result = num1 - num2;
            break;
```

```
        case '*':
            result = num1 * num2;
            break;
        case '/':
            result = num1 / num2;
            break;
        default:
            printf("op error! \n");
            return -1;
    }

    //3.把计算结果输出到显示屏幕上。
    printf("%f + %f = %f\n", num1, num2, result);
    return 0;
}
```

代码编写好了,还要通过调试来确保程序能够通过编译器的检查,从而生成可执行文件。编译器能够发现的错误主要有两类:

1.局部的语法错误

如缺少必要的符号(常见的如语句结束部分缺少分号、条件表示部分缺少括号等),关键字或者变量名字拼写错误等。对于这些错误,编辑器都能够给出警告,但给出的错误代码位置和错误原因并不一定准确。如上一行语句结束时漏掉了分号,提示的位置会在后面一行;漏写一个括号会造成系统识别范围有误,给出的错误信息就会有误差。故我们检查排除错误时,一般从编译器提示的位置往前检查,设法确定错误原因。此外,一个实际错误可能会导致编译器产生许多错误信息行,这是因为源程序的错误可能使编译器进入了一种非正常的状态。针对一次出现多行错误的情况,一般根据经验都是先集中精力去排查第一个出现的错误,并在修正该错误后重新编译源程序,以便重新定位错误,并排除上一个错误的干扰。

2.程序上下文关系上的错误

例如,程序中要求变量要先定义后使用,如果我们试图使用一个还没有定义的变量就会提示类似未发现定义的错误,这类错误随着大家编程经验的积累会很容易发现并纠正。

编译器发现错误后总会给出出错位置和错误描述信息,这些信息对程序调试是非常重要的。有时,编译器还会给出一些称为“警告(warning)”的信息,这种信息的出现表示编译器发现了可能引起程序错误的信息,对于这类信息,我们也不能大意,警告通常暗示了隐藏较深的实际错误,必须认真的查明其原因。只有那些能确认没问题的警告,才可以不去处理。

连接器也可能发现错误。例如,我们在写程序的时候不慎将主函数的关键词 main 写成了 mian,编译时不会发现错误,连接时则会提示:连接过程中找不到名字为 main 的函数(前面曾提到,每个程序中有且必须有一个名字为 main 的主函数作为程序执行时的入口)。连接器发现的错误通常都与名字有关,此时它只能指出发现了关于哪个名字的问题,却无法给出错误在源程序中的确切位置。

1.5.4 程序的测试和维护

前面提到的调试能够发现一些语法类的错误,而对于编程过程中出现的逻辑错误编译器就无法准确识别了。一个程序能够运行,接收输入并产生输出,并不意味着程序是正确的,还需要通过进一步的测试来确认其是否实现了预先要求的功能,一般是通过将程序对典型输入数据的处理结果与预期处理结果比较来完成。这里的测试并不是指真正意义上的软件测试,而是程序员为了确认程序功能而做的一些输入输出测试,正式的软件测试需要专业的测试工程师来完成。

软件交付给用户后还会有一个维护期,需要根据运行情况修改程序来移除以前未发现的错误,并使程序与相关法律政策或公司策略的变更保持一致。很多组织都要求软件的维护期达到5年之久或更长。为了使程序更容易维护(随着时间的变更,最初的开发人员可能已经离职或更换岗位),需要创建易于阅读、易于理解且易于维护的程序,在程序开发过程中遵循那些已经被大家广泛接受的编程风格(本书后面章节将会介绍),并及时撰写相关文档和说明书。

1.6 上机编写C程序

前面我们已经认识了简单的C程序,了解了C程序的加工和执行过程。C语言属于高级语言,其编写的程序不能直接被计算机识别(计算机只能识别机器语言,即二进制代码),必须经过编译系统将C语言编写的源程序翻译成二进制形式的机器语言程序后才能运行。

C语言源程序的翻译过程分为两步,即编译和连接。C语言源程序(后缀名为.c)经过编译程序处理后首先生成二进制形式的目标程序(后缀名为.obj),然后再将目标程序与系统的函数库以及其他目标程序连接起来,形成二进制形式的可执行程序(后缀名为.exe)。在计算机上编写和执行C语言程序一般需要经过几个步骤:①上机输入源程序;②编译生成目标程序;③连接生成可执行程序;④运行可执行程序并查看结果。其过程如图1-5所示。

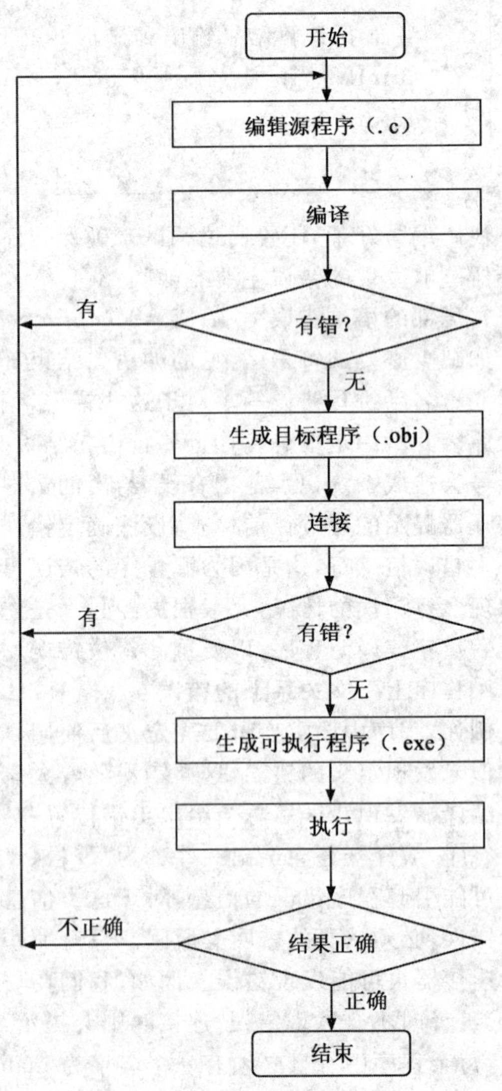

图1-5 上机编写C程序的步骤

编译和连接阶段如果提示有错误，需要先修正相关错误后，再依据上述过程执行。

集成开发环境（Integrated Develop Environment，简称 IDE）是用于程序开发和调试的软件包，我们可以在其中编辑源程序、对源程序进行编译得到目标代码、连接生成可执行文件、执行可执行文件、以及调试程序。集成开发环境的各个部分可以协调工作。例如当编译器发现程序中有错误时，它会允许程序员通过双击错误提示的方式，在编辑器内定位错误所在区域。用于 C 语言开发的集成开发环境有很多种，原理和使用方法相似。Windows 下常用的 C 语言集成开发环境包括：Turbo C；Dev C＋＋；Visual C＋＋ 6.0；WinTC；Visual Studio 2008/2010/2012，本书以 Visual C＋＋作为 C 语言程序设计的 IDE。

习　题

(1)列出计算机中主要硬件部件在程序运行时的作用。

(2)描述程序设计语言的三个发展阶段。

(3)解释高级语言的两种实现过程。

(4)举例说明适用 C 语言进行程序设计的过程。

(5)列出上机编写 C 程序的步骤。

(6)练习安装 Visual C＋＋软件。

第2章　数　　据

通常情况下，程序运行时需要接收一定的输入数据，并对这些数据进行相应的处理，最后将处理结果输出给用户。数据是程序加工和处理的对象，也是结果返回的一种形式。在编写程序前我们有必要首先认识一下C语言都能处理哪些数据，以及这些数据具有何种特性，以便在后续程序设计过程中更为准确的使用数据。

为了使读者能够更好地理解程序中处理的数据，本章重点讲述如下几个方面的内容：

- 内存的存储机制以及数据在内存中的存在形式
- 数据在程序中的表现形式
- C语言中对数据的分类，以及不同类型数据的特征
- 数据的格式化输入和输出
- 基本数据类型的介绍和使用示例

2.1　程序与内存

计算机执行一个程序时，需要将程序本身、运算中需要使用的数据以及计算得到的数据存储在计算机中的某个地方，这个地方就是机器的内存。要想理解程序和数据是如何在计算机内部工作的，就需要首先了解计算机的内存。

2.1.1　计算机的内存

在计算机的组成结构中，内存是一个很重要的组成部分，它是程序与CPU进行沟通的桥梁。内存的主要作用是存储正在运行的程序代码和数据，内存的性能对计算机执行效率的影响非常大。计算机运行时，CPU会把需要运算的数据调入内存中进行运算，当运算完成后CPU再将结果传送出来。

我们平常使用的程序，如Windows操作系统、办公软件、游戏软件等，一般都是安装在硬盘等外存储器上的，但仅此是不能使用其功能的，必须把它们调入内存中运行，才能真正使用其功能。我们平时输入一段文字，或玩一个游戏，都是在内存中进行的。如果把计算机比作一个书房，书房里存放书籍的书架和书柜相当于计算机的外存，而我们工作的办公桌就是内存。通常我们把要永久保存的、大量的数据存储在外存上，而把一些临时的或少量的数据和程序放在内存上。内存的性能会直接影响计算机的运行速度。

计算机的内存容量通常是指随机存储器(RAM)的容量，是内存的关键参数。内存的最小存储单位是位(bit)，将8个位组合为一组，称为字节(byte)，每个位只有0和1两种状态。内存的容量一般都是2的整次方倍，常用单位为千字节(KB)、兆字节(MB)、千兆字节(GB)等，对应的内存容量可表述为256 M、512 M、1 G、2 G、4 G等。这些单位的具体意义如下：

1 KB = 1024 字节

1 MB = 1024 KB,即 1024 * 1024 = 1048576 字节

1 GB = 1024 MB,即 1024 * 1048576 = 1073741841 字节

对于一个容量为 4G 的内存,可以看成是一个具有(4G=4 * 1024 * 1024 * 1024 * 1024)存储单元的集合,每个物理存储单元大小为一个字节,每个字节包括 8 位。系统为每一个物理存储单元(一个字节)分配一个号码(如 1001),通常叫作"编址"。分配一个号码给一个存储单元的目的是为了便于找到它,完成数据的读写,这就是所谓的"寻址"。

2.1.2　程序的执行与内存分配

程序运行时需要将可执行程序和相关数据同时加载到内存中,其所占用的存储空间通常包含如下几部分(注:如下几个专业术语初级读者暂时可按如下理解,变量为程序中使用到的数据的一种表现形式,全局变量指为程序所有代码所共用的数据,局部变量指为程序中一段代码所使用的数据,静态变量指的是整个程序运行过程中一直存在变量,静态变量可以是局部的也可以是全局的。):

- BSS 段(Block Started by Symbol Segment):通常是指用来存放程序中未被初始化的全局变量和静态变量的一块内存区域。
- 数据段(data segment):通常是指用来存放可执行文件中已初始化的全局变量和静态变量的一块内存区域。
- 代码段(code segment/text segment):通常是指用来存放可执行程序代码的一块内存区域。这部分区域的大小在程序运行前就已经确定,并且通常是只读的。
- 堆(heap):堆是用于存放程序运行过程中,由程序代码显示申请,动态分配的内存段,使用结束后需要显式释放内存,它的大小并不固定,可动态扩张或缩减。
- 堆栈(stack):栈通常用于存放程序的局部变量,以及在函数被调用时来保存/恢复调用现场,由编译器自动分配和释放。

图 2-1 是 C 程序内存空间分布的示意图。

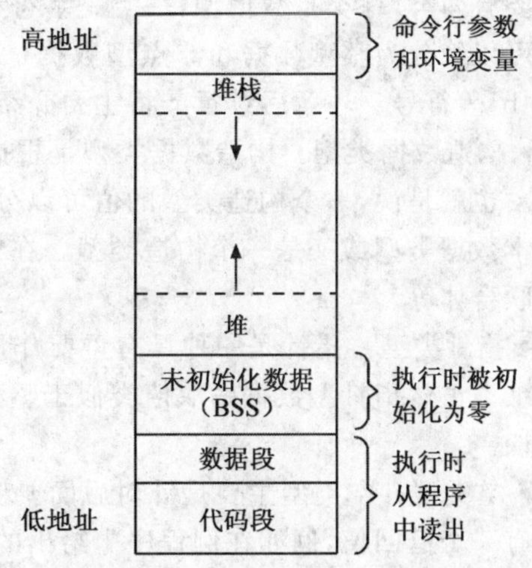

图 2-1　C 程序内存空间分布

C 程序占用的内存空间从低地址到高地址依次划分为代码段、数据段、BSS 段、堆和堆栈,其中程序的可执行代码和已经初始化了的全局变量会在执行时调入代码段和数据段,那些没有初始化的全局变量和静态变量则会被保存在 BSS 段,并由系统进行默认初始化。堆和堆栈则由程序执行过程中动态使用。

2.2　程序对数据的使用

C 语言为了方便对数据的使用,一方面根据数据的不同特征进行了类型的划分,规定了每类数据的取值范围和操作集合,同时根据数据在程序中的表现形式将数据划分为变量和常量,

并提供了相应的输入和输出操作。

2.2.1 数据的分类

程序设计语言的发明创造过程中，人们首先看到的就是数据和数据之间的不同，就像交通工具要分为汽车、飞机、轮船一样，因为它们有不同的特点，适用于不同的地方。因而，对数据同样要进行归类总结，提炼出不同的数据类型，以方便人操纵计算机。实际应用时可以根据不同的需要，选择不同的数据类型。

从程序设计角度看，数据分类主要是基于两个方面的考虑：确定大小和限制行为。程序运行时数据是存放在内存里的，而数据是有大小的，计算机需要知道要分配多大的内存空间来存放数据？安排得多了浪费，少了则不够。同时，在对数据的使用过程中，不同的数据具有不同的行为。如数值型数据可以进行加减乘除等算术运算，而对于字符型数据则不同。

据此，一个数据类型可以由两个性质定义：值的集合和操作的集合。值的集合也称为值域，即该类型的数据的值的集合。例如，整数的值域就是机器硬件所能构造的所有整数(…－2,－1,0,1,2…)，字符型数据的值域则是键盘上出现的或可以显示在终端屏幕上的所有符号的集合。操作集合由操作该数据的值的工具构成。例如，给出两个整数，可以对他们进行加减乘除等操作，则加减乘除即为其操作集合中的一员，而对于字符数据，则无法进行类似操作，但可以进行比较字母顺序等操作。

在 C 语言中，数据按照不同类型大体可分为：

- 基本数据类型。基本数据类型是自我说明的，不可以再分解为其他类型。基本数据类型主要有两类，一类是数值型，一类是字符型。数值型对应为初等数学中常用的整数和实数，故又可以细分为整型数据和浮点型数据(实数类型)。字符型数据则是指以字母形式出现的'a','b'等符号。本章后续章节将主要介绍这几种基本数据类型。

- 构造数据类型。构造数据类型是根据已定义的一个或多个数据类型用构造的方法来定义的。也就是说，一个构造类型的值可以分解成若干个“成员”或“元素”。每个“成员”都是一个基本数据类型或又是一个构造类型。在 C 语言中，构造类型通常包括数组、枚举类型、结构体和联合体等。

- 指针类型。指针是一种具有重要作用的特殊数据类型，其值用来表示内存储器中的一个地址。虽然指针型数据的取值类似于整型数据，但这是两个类型完全不同的量，因此不能混为一谈。

- 空类型。空类型主要是针对后面要讲解的函数返回值而设计的。通常一个函数被调用后会有一个返回值，例如在例程序中给出的 main 函数定义中，函数名 main 前面的 int 即表示函数的返回值类型是整型。有一类函数，调用后并不需要向调用者返回函数值，例如其作用只是简单在屏幕上输出一个指定的图形，这种函数的返回值就可以定义为“空类型”。其类型说明符为 void，在函数一章中还要详细介绍。

2.2.2 数据在程序中的表现形式——变量与常量

在数学领域，常用一些符号表示未知数，用另一些符号表示已知的常量。例如已知圆的半径(r)求周长(C)的表达式为：

$$C = 2\pi r$$

这个表达式中，半径 r 和周长 C 是变化的，使用不同的半径 r 将计算得出不同的周长 C。2 和 π 则是不变的，前者是一个整型常数，后者是一个常实数，可以用类似 3.1415926 这样的浮点数近似表示。

设想计算圆的周长如果采用程序实现，程序接收用户从终端键盘输入的半径 r，利用 C = 2πr 这一计算公式，计算得出周长 C 的值，并输出到显示器上。程序运行时，其使用到的数据都要保存在内存的存储单元里，通过存储单元的地址进行访问。对于常量 2 和 π，以及对于变量 r 和 C，其在内存中的处理方式是不同的。为了处理方便，我们将在程序运行过程中值不会发生变化的数据称为常量(const)，将在程序运行过程中可以改变的数据称为变量(variable)。C 语言中的变量与数学中的变量有着本质的区别，要注意区分。

【常量】

C 语言中的常量根据程序运行的需要调入内存，并为其分配存储空间，同时将对应的存储空间标记为只读，使用完毕后立即释放该存储空间。当程序其他地方需要再次使用此常量时，需要再次进行空间的分配和释放。有些编译器在为程序运行分配内存空间时，专门设有常量存储区，以避免对常量的误操作。

C 语言中的常量通常可划分为直接常量和符号常量。直接常量又称字面常量，如数值 1、2、4.5，字符'a'等均属于直接常量。符号常量则是 C 语言提供的用一个标识符来表示一个常量的方法，如语句 #define PI 3.1415926 就定义了一个符号常量 PI，其代表浮点型常量 3.1415926。有了这样的定义，程序里就可以使用标识符 PI 来代替 3.1415926 进行各种计算，具体关于符号常量知识将在 2.6 节详细介绍。

根据前面关于数据类型的划分，常量还可具体细分为整型常量(如 1、－1)、浮点型常量(如 3.14)和字符型常量(如'm')等。

【变量】

程序设计中的变量用于保存数据，代表了内存中的一块存储空间，由一个或多个连续的字节所组成，是内存中用一个标识符命名的存储单元，是 C 语言和各种常规程序设计语言里最为重要的一个概念。一个变量可以看作是一个命名容器，程序运行时可以把数据保存其中。每个变量都有一个名字，程序里通过名字使用变量，进而使用保存在变量中的数据。

变量支持两种基本操作：①将数据存入变量中，这个操作称为赋值；②取得变量里当前保存的值，以在计算机过程中使用，这一操作称为取值。

每个变量都有三个重要的属性：名称、值和类型。变量对应于内存中的一块存储空间，变量的名字代表了这块存储空间的地址，可以通过变量的名字访问对应的存储空间，进而对此空间进行读取操作。变量的值则是指此存储空间当前存放的数据(例如数值 5 或字符'a')。每个变量必须要有自己的类型，不同类型的变量占用的存储空间大小、对存储空间的使用方式都是不同的。变量的类型要和存储在其中的数据的类型相匹配。根据前面 C 语言中对数据的分类，变量可以细分为整型变量、浮点型变量和字符型变量等。一个整型变量所占用的存储空间的大小和程序对其使用的方式与字符型变量是截然不同的。

变量的使用(读出/写入)次数是不受限制的，程序里变量的数量也是没有限制的，变量的值不是固定的，可以根据程序需要随时修改变量的值，且次数不受限制。变量具有保值的特性，即如果给某变量赋了一个值，此后读取该变量的值时将得到的总是这个值，直到下次再次给变量赋新值为止。由于赋值操作的存在，使得在程序执行中的不同时刻，一个变量里保存的值可能不同。

例如,一段程序要统计一篇英文稿子里有多少个单词,可以在内存中分配一段存储空间,命名为 count,用于保存当前统计过的单词数量。程序初始运行时单词数量为 0,即将 0 保存到 count 代表的存储空间中,每次读取到一个有效的单词后修改 count 存储的数值,使其加 1,当读取到稿子结尾时,count 变量内存储的值即为单词的总数。

2.2.3 变量的命名与使用

C 程序里,通过变量来保存和使用数据,对变量的使用要求遵循先定义后使用的原则,即要求从变量的使用点向前要能找到变量的定义。有了变量的定义,编译系统才会根据需要为变量进行存储空间的分配,程序中才能够通过变量的名字去访问其代表的内存空间,去读取变量的值。

【变量的命名】

变量在程序中表现为一个命名的标识符,为了方便,我们在给变量命名时,最好能够做到见名知意,即从变量的名字能够大体判断出变量值的含义,便于交流和维护。给变量指定的名称一般称为变量名,在变量命名时需要遵守如下约定:

(1)变量名必须以字母或 _(下划线)开头。

(2)名称中的其他字符可由字母、数字和 _(下划线)组合而成,不能包含除 _ 以外的任何特殊字符,如%、# 、逗号、空格等,不能包含空白字符(换行符、空格和制表符)。

(3)名称不可以是 C 语言编译系统中的关键字,它们已经被编译系统定义为特殊用途的字符,具体如下:

```
auto       break      case       char       const      continue
default    do         double     else       enum       extern
float      for        goto       if         int        long
register   return     short      signed     sizeof     static
struct     switch     typedef    union      unsigned   void
volatile   while
```

(4)C 语言区分大小写,因此变量 price 与变量 PRICE 是两个不同的变量。

(5)变量名的长度不是无限的。不同的编译系统有自己的规定,一般不采用过短和过长的名字,过短或缩写形式容易名不达意,也容易重名,过长则不容易记忆和拼写。

(6)变量名应该使读者易于明白其中存储的值是什么。良好的变量命名习惯能够提高程序的可读性,使程序更易于理解,一般可以采用能够表明变量值含义的英文单词缩写,如定义一个变量用于保存单词数量,就可以将变量命名为 wordCount。提醒读者,读程序的人首先是自己,不注意变量命名问题,最先吃苦头的也是自己。

依据上述规则,如下变量的命名是合法的:

a,x,count,number,li_1,Num113, _Temp;

如下变量的命名是不合法的:

11a,m&n,343rate,currency $,zip code;

【变量的定义】

C 语言定义变量时，需要提供两方面的信息：变量的名字和类型。变量类型告诉编译器应该在内存中为变量分配多大的存储单元，用来存放相应的数据；变量名则是存储单元的别名，程序中通过变量名访问其所代表的存储空间。

变量定义在语法上要先写出变量的类型关键字，然后给出变量的名字，关键字和名字间采用空格分隔，最后写一个分号表示结束。可以通过一行来定义多个相同类型的变量，即关键字后面跟多个名字就可以了，不同变量名间用逗号分隔。

例如，整型变量的类型关键字为 int，如下两条语句共定义了 4 个整型变量：

```
int a; // 定义了一个整型变量，变量名为 a
int m, n, count; // 定义了三个整型变量，变量名分别为 m，n 和 count
```

C 程序的任何复合结构（被大括号括起来的部分就是一个复合结构）里都可以定义变量，一旦有了变量的定义，在其定义所在复合结构内部，就可以读出或者修改该变量的值了。

变量定义必须出现在复合结构的最前面，其他任何语句之前，而且不能和其他语句交替出现。一个复合结构一般书写形式为：

```
{
    变量定义语句列表
    其他语句
}
```

【变量的初始化】

在定义变量时，可以用类似赋值的形式为被定义的变量指定初始值，这种描述方式称为变量的初始化。在变量定义的时候进行初始化，不仅书写方便，而且可以避免变量定义后尚未赋值就使用而产生错误。

程序运行到变量定义时，只是由系统根据变量类型为其分配一定大小的存储空间，并用变量名来标记此存储空间，但存储空间的初始状态是未知的，如果此时试图直接读取变量的值（存储空间里的数据），读取出的结果没有任何意义。因此，提倡程序员尽可能在定义变量时直接进行初始化。示例如下：

int m = 0; // 定义了一个整型变量，命名为 m，并使用整数 0 对其初始化，即 m 所代表的存储空间初始状态保存了整型数据 0。

int a = 1, m, count =5; // 定义了三个整型变量 a，count，m，对整型变量 a 初始化为整数 1，对整型变量 count 初始化为 5，整型变量 m 暂未初始化。

经过初始化后，变量所代表的存储空间内就会被初始化数据所填充，后面的语句试图读出变量值时，就会得到初始化时给定的数值，而不会是其他莫名其妙的值，直到下次通过赋值等语句对变量的值进行修改会一直保持此初值。

在定义变量的同时进行初始化的行为，等价于先定义变量，再通过赋值语句为变量赋值，如：

```
int m = 0;
```

等价于

```
int m;
m = 0;
```

【变量的使用】

变量的使用方式只有两种:给变量赋值和读出变量的当前值。对应的语法为:

变量赋值:变量名 = 表达式;

读出变量的当前值:直接将变量名写到表达式里即可使用变量的值

这里"="为赋值运算符,作用是将"="右侧表达式的计算结果,保存到左侧的变量中。赋值运算遵循从右到左的原则,先计算右侧表达式的值,然后再赋值。读者一定要特别注意赋值运算符与数学中等号的区别,C语言中判断两个数值是否相等的运算符为两个等号连写("==")。下面为赋值表达式示例:

```
int a=0,b=0;
a = 5;
a = 3 + 6*4;
b = a +4;
a = a + 1;
```

第一个表达式直接将整数5赋值给变量a,第二个表达式则需要先计算右侧的"3+6*4",得到结果27后再将其赋值给a,第三个表达式则是先使用变量a的当前值计算出"a+4"的值,再将其赋值为变量b,第四个表达式则是先使用变量a的当前值计算表达式"a+1",然后再用计算结果重新对变量a进行赋值。

对于第三个和第四个表达式,要求在右侧表达式计算前,变量a已经有了初值,否则可能会得到意想不到的结果。若上述四个表达式顺序执行,则:

执行完第一表达式后整型变量a的值为5,变量b的值为0;

执行完第二个表达式后变量a的值为27,变量b的值为0;

执行完第三个表达式后变量a的值为27,变量b的值为31;

执行完第四个表达式后变量a的值为28,变量b的值为31;

2.2.4 数据的格式化输入和输出

C语言程序设计中最常用的操作之一就是输入和输出了。输出是指程序送给外部的信息通过计算机终端显示设备(如显示器)显示出来供人阅读,如果没有输出,我们就无法看到程序运行的效果。输入则是指程序可以接收用户通过终端输入设备(如键盘)输入的信息,并保存起来供程序使用,如果缺少了输入,我们就无法和计算机进行互动。本节主要是从整体上介绍标准输入输出函数的使用方法和格式,使用细节将在具体数据类型介绍中给出。

为了在C程序中使用输入和输出功能,需要使用C语言的标准函数库(注:读者可暂时将标准函数库理解为系统提供的标准功能工具,可以在程序中按照规定直接使用,后续将详细介绍函数相关内容），对应标准输入和输出函数库的头文件为“stdio.h”，其里面提供了一个名为 printf 的输出函数和一个名为 scanf 的输入函数，下面将分别介绍这两个函数的使用方法。

要想在程序中使用如上两个函数，首先需要在程序的最前面写下如下一行代码：

```
#include <stdio.h>
```

以便告知编译器：程序中将要使用标准函数库提供的输入输出函数，以便编译器能够正确处理这些函数。带有此行代码的示例程序如下：

```
#include <stdio.h>
int main()
{
    …
    printf(…);
    scanf(…);
    ⋮
    return 0;
}
```

1. 普通字符串的输出

语法：printf(字符串)

使用时，先写函数名 printf，然后紧跟一个括号，括号里面为使用双引号引起来的字符串，最后是一个分号。分号表示一条语句的结束，不能省略。这条语句的功能是使用标准输入输出库提供的 printf 函数将其后面括号中用双引号引起来的字符串输出的输出设备上，通常为显示器。我们将写在圆括号里面的描述部分称为函数的实际参数，简称实参。

程序运行时，上述语句的作用就是输出圆括号里字符串的内容，这里的字符串必须使用双引号（"）引起来，但在输出时双引号本身并不输出。对于绝大多数字符，系统都会原样输出，只有少数的特殊字符系统会做其他处理。如，以反斜杠（\）开头的特殊字符序列被称为转义字符，字符串中的“\n”会被转换为换行和回车进行输出。printf 使用示例如下：

printf("Hello World!"); // 屏幕上直接显示：Hello World!

printf("Hello World! \n"); // 屏幕上显示：Hello World!，然后换行

printf("Hello World! \n Hello World! \n"); // 屏幕上显示两行 Hello World!，然后换行

C 语言中，双引号（"）默认是字符串的开始和结束标记，反斜杠（\）默认为是转义字符，百分号（%）默认为是格式控制字符，要想在字符串内部使用这三种特殊字符则要进行相应的处理：

- 输出双引号的写法：\"
- 输出反斜杠的写法：\\
- 输出百分号的写法：%%

如，输出语句：

printf("输出双引号\"，输出反斜杠\\，输出百分号%%\n")；

将会在终端输出：

输出双引号"，输出反斜杠\，输出百分号%

2.带有复杂格式的输出

前面介绍了 printf 函数的最简单使用形式，实际上 printf 的功能非常强大，可以产生各种复杂形式的输出，其一般使用语法为：

printf(格式控制字符串，实参$_1$，实参$_2$，…，实参$_k$)；

圆括号里面的内容可以看成由两部分构成，前面是含有特殊字符"%"的格式控制字符串，后面是与其相对应的实参列表。当第一部分的格式控制字符串中没有特殊字符"%"时，第二部分的实参则省略，这个特殊形式就是前面讲到的普通字符串的输出。如果第一部分的格式控制字符串中含有"%"开头的格式控制符，那么就需要后面的参数了，如：

printf("%d + %d = %d\n", 1, 2, 3);

执行后将在屏幕上产生如下输出：

1 + 2 = 3

对比示例中 printf 语句圆括号内的参数和实际输出可以看出，格式控制字符串中的三个"%d"被后面的参数列表中的三个整型数据所代替，其他普通字符都在原位置原样输出了。即，格式控制字符串"%d + %d = %d\n"提供了一个输出的基本框架，格式字符串里的内容会进一步划分为两类，一类是由"%"和其后面的1～4个字符构成的特殊字符，其在输出时会由参数列表中对应参数的值逐个替换；另一类是其他普通字符，将原样输出。参数列表中的实参可以是单个数值常量或变量也可是表达式，如：

printf("%d + %d = %d\n", 1, 2, 1+2);

执行后显示依然是 1 + 2 = 3

当执行到第三个格式控制符"%d"时，系统发现与之对应的为表达式1+2，即会先计算表达式的值，再使用该值替换对应的格式控制符。

以百分号(%)开头的字符序列在格式控制字符串里有着特殊意义，百分号和紧跟在其后面的字符作为将在此位置显示的数值的占位符，与这个占位符相对应的显示数据由 printf 参数列表中第一个未使用的表达式提供，即在输出时占位符的位置将显示对应表达式的值。一般情况下，格式控制字符串中的第一个百分号与实参1对应，第二个表达式与实参2对应，依此类推，直到所有参数与百分号都搭配完毕为止。

通常我们将百分号开头的特殊字符序列称为格式控制符，如前面示例中的"%d"、"%f"。格式控制符和后面的实参列表的匹配关系一般可归纳为：

△ 数量相同：格式控制符的数量和实参的数量相同。

△ 顺序对应：输出替换时格式控制符和实参按照先后顺序逐个对应。

△ 类型匹配：格式控制符要和实参表达式结果的类型相匹配。

下面给出一些常用的格式控制符的解释：

格式控制符	输出控制	对应实际参数的类型
%d	按整数十进制形式转换并输出	int 类型
%f	按带小数点形式转换并输出	float 类型 double 类型
%lf	按带小数点形式转换并输出	double 类型
%c	按字符形式转换并输出	有效的字符编码
%s	输出一个字符串	字符串
%o	按八进制形式输出	unsigned int 类型
%x	按十六进制形式输出	unsigned int 类型

这里要特别强调格式控制符与对应实参类型的匹配问题，如果出现类型不匹配的情况，系统一般会根据格式控制符的指示去将对应实参所代表的存储空间按照相应类型进行解释输出，输出结果可能会出乎意料，甚至引起严重的程序运行错误。如下语句就会产生异常输出：

```
printf("f = %d\n",3.5);
```

因为 printf 格式控制字符串中使用了整型数据(int)对应的“%d”作为格式控制符，但这里实际给出的参数为 3.5，系统默认按照双精度浮点数(double)对 3.5 进行存储，实际输出时系统会对存储 3.5 的存储空间按照整型数据的要求进行转换并显示。由于整型数据和双精度浮点型数据在内存中的表现形式有着本质的区别，故无法正常显示。

如果我们在写程序时不小心把格式控制符写错了，例如把“%d”写成了“%t”，则在输出时系统会把百分号过滤掉，后面的字符 t 原样输出。

3.带有复杂格式的输入

printf 函数的主要功能是格式化输出，与之对应的 scanf 函数主要功能是格式化输入。scanf 能够完成各种类型的数据的输入工作，包括整数、实数和字符等。

scanf 从标准输入设备(默认是键盘)读取信息，根据给定的格式控制符把读入信息转换为指定数据类型的内部表示形式，并把转换后的结果保存在指定变量中。scanf 的使用形式与 printf 有很多相似之处，具体语法如下：

scanf(格式控制字符串，变量地址$_1$，变量地址$_2$，…，变量地址$_k$)；

这里的格式控制字符串和 printf 的类似，里面同样可以包含格式控制符(同样以%开头)，用以说明实际输入时应采用的格式和数据的转换方式。格式控制字符串后面可以有一个或多个参数，指明用于保存输入数据的变量，此处需要给出变量的地址，而不是变量名。

要特别注意 scanf 和 printf 在后面参数列表上的区别，printf 后面的参数列表通常为具体数值或变量名，而 scanf 则需要给出变量的地址。实际编程时，可通过在变量名前面加 & 来获取变量的地址，这里的 & 称为取地址运算符。例如，假设有变量定义 int a，可以通过“&a”来获取变量 a 的地址。如果在 scanf 使用过程中，忘记了在接收输入的变量名前书写取地址符(&)，则会产生严重的运行错误，甚至破坏整个系统。

【例2-1】，使用 scanf 和 printf 进行简单的输入输出

```
#include <stdio.h>

int main()
{
    int a; // 定义了一个整型变量，命名为 a

    printf("Please input an integer : "); // 输出一行普通字符串
    scanf("%d", &a); // 输入一个整数并保存到变量 a 中
    printf("a = %d \n", a); // 输出变量 a 的值
    return 0;
}
运行情况：
Please input an integer : 5
a = 5
```

这个程序的功能很简单，先使用 scanf 从终端键盘接收一个整型数据，保存到本地变量中，并使用 printf 输出修改后的变量的值。程序运行后，终端屏幕上会输出提示字符串：

Please input an integer :

然后光标停留在行尾，进入等待输入状态。我们通过键盘键入整数 5 并回车后，会看到程序输出：

a = 5

只有通过键盘键入了一个整数并按回车(Enter)键后，scanf 才能接收到输入的数据，程序得以继续执行。如果不提供输入，则程序会一直等在那里。通过使用 scanf，使得程序与外界有了交互，能够发挥更大的作用。

关于 scanf 使用的格式控制符描述如下：

格式控制符	对应实际参数的类型	要求输入内容
%d	int 类型	十进制数字序列，不能有小数
%f	float 类型	十进制数，可以包含小数部分
%lf	double 类型	十进制数，可以包含小数部分
%c	char 类型	有效的字符编码

关于格式控制符的使用上，scanf 和 printf 尽管大部分相同，但关于%f 和%lf 需要特别注意。对于 printf，格式控制符%f 既可以输出单精度浮点数据(float 类型)，也可以输

出双精度浮点数据(double 类型)，%lf 多不采用；对于 scanf，%f 只对应于单精度浮点数(float 类型)，%lf 只对应于双精度浮点数据(double 类型)。此外，如果与%f 和%lf 对应的实际输入内容不包含小数部分(如 5)，scanf 也会自动将其转换为浮点数(如 5.0)后进行存储。

scanf 中格式控制字符串与后面的参数列表间同样需要遵循 printf 中我们归纳的三条原则：数量相同、顺序对应和类型匹配。即，格式控制符的数量要和参量地址数量相同，输入数据按照一定的规则保存给对应的变量，用于接收输入的参数变量类型要和格式控制符相匹配。如果违反了上述三条原则中的任何一条都可能会导致严重问题。scanf 能够同时接收多个输入数据，以及含有普通说明字符的输入数据。

【例 2-2】运行并查看如下程序代码，分析 scanf 的不同用法

```
#include <stdio.h>

int main()
{
    int a, n, m; // 定义了三个整型变量，命名为 a,n,m

    // segment 1
    printf("Please input two integer : "); // 输出一行普通字符串
    scanf("%d%d", &m, &n); // 输入两个整数并保存到变量 m 和 n 中
    printf("m = %d,n = %d\n", m, n); // 输出变量 m 和 n 的值

    // segment 2
    printf("Please input two integer : "); // 输出一行普通字符串
    fflush(stdin); // 清空输入缓冲区
    scanf("%d,%d", &m, &n); // 输入两个整数并保存到变量 m 和 n 中
    printf("m = %d,n = %d\n", m, n); // 输出变量 m 和 n 的值

    // segment 3
    printf("Please input one integer : "); // 输出一行普通字符串
    fflush(stdin); // 清空输入缓冲区
    scanf("a=%d", &a); // 输入一个整数并保存到变量 a 中
    printf("a = %d \n", a); // 输出变量 a 的值

    return 0;
}
```

```
运行情况：
Please input two integer ：5 10
m = 5,n = 10
Please input two integer ：5, 10
m = 5,n = 10
Please input one integer ：a=100
a = 100
```

segment 1 部分，scanf 函数的格式控制字符串中连续出现了两个格式控制符（%d），即要求连续输入两个整型数据，故后面的变量地址列表中需要给出两个变量的地址。运行时，在输出提示字符串后，光标停留在行尾等待用户输入，输入整数 5 和 10，两数中间使用空格分隔，并回车后，scanf 根据输入顺序，将第一个输入数据 5 保存到第一个变量 m 中，将第二个数据 10 保存到第二个变量 n 中。

segment 2 部分，scanf 函数的格式控制字符串中同样包含了两个格式控制符（%d），但两个格式控制符不是连续书写的，而是中间中逗号（,）分隔，即要求用户从终端输入时，必须采用逗号来作为两个数值间的分隔，故输入时需要输入“5,10”，scanf 才能正确解析出两个整数，并按照顺序赋值给变量 m 和 n。如果此处按照 segment 1 中的方法输入，则对应输出时会发现，变量 n 里面保存的数据并不是我们期望的输入数据。

segment 3 部分，scanf 函数的格式控制字符串包含了更多除格式控制符以外的普通字符，C 语言规定，此时用户从终端键盘输入数据时必须严格按照格式控制字符串指定的格式进行输入，即对于字符串中普通字符需要原样输入，遇到格式控制符时采用相应类型的输入数据进行替换。故输入时需要输入“a = 100”才可以把 100 保存到对应的变量 a 中。对于 segment 3 部分的写法一般很少采用，容易出错，而且实际使用意义不大。

fflush(stdin)语句的主要作用是清空输入缓冲区，以避免上一次输入的数据对下一次的输入产生影响。一般系统都采用输入缓冲机制，即系统设置有输入缓冲区，当用户输入数据时，并不是立即提交处理，而是先放置到输入缓冲区，当用户发出提交指令（如按下回车键）时才会向系统提交输入内容。对于上面示例中，每次我们采用回车指令完成输入提交时，提交结束后都会产生一个回车符保留在输入缓冲区中，对于下一次输入产生了影响。本书不对此处内容更多展开，读者了解其作用即可。

一般情况下，输入多个数值型数据时，数据间可采用空格或回车进行分隔。如果 scanf 的格式控制字符串中已经明确指定了格式控制符间的分隔符，则输入时也必须采用指定的字符作为多个数据间的分隔符。scanf 函数的格式控制字符串中不要习惯性在结尾增加换行符（\n），否则会出现错误。

2.2.5 C 程序的主要元素

前面我们已经多次编写了只有一个 main 函数构成的简单 C 程序，下面通过一个典型 C 程序示例来说明 C 程序的一般构成框架。

```
/*
 * file name: MaxInt.c
 * function: Get the max from two integer
 */

#include <stdio.h>
int max(int, int);

int main()
{
    int num1, num2, maxInTwo;
    printf("Please input two integer : ");
    scanf("%d%d", &num1, &num2);
    maxInTwo = max(num1, num2);
    printf("Max value is : %d\n", maxInTwo);
    return 0;
}

int max(int m, int n)
{
    return(m >= n ? m : n);
}
```

S1:程序的注释部分

S2:预处理指令和函数的声明

S3:主函数部分,真个程序的入口

S4:子函数的定义部分,可有1个或多个

从示例可以看出,C 程序一般包含四部分:S1 为整个程序的注释部分,程序的任何地方都可以有类似的注释,以辅助对程序的代码和功能进行说明。注释是给用户看的,对程序的运行没有任何影响,也可以省略。为程序增加适当的注释是良好的编程习惯。S2 为一些全局的引用说明,如库函数的包含、自定义函数的声明等,其中 S2 中的函数说明和 S4 中的子函数定义是对应的,对于只有 main 函数的简单 C 程序,这两部分可以省略。S3 为主程序部分,是整个程序的执行入口。

main 函数是整个程序的入口,每个程序里都必须有且仅能有一个 main 函数,main 前面的 int 表示整个函数执行结束后返回结果的类型为整型,两个大括号({和})为 main 函数开始和结束的标记,夹在两个大括号中间的代码称为 main 函数的函数体,函数体由若干条语句构成,每条语句都要以分号(;)结束,语句的数量是没有限制的。函数体内其他用大括号括起来的语句称为复合语句。

C 程序中使用的 include,main,int 等为系统关键字,即系统定义其为特殊含义的标识符,用户不得作为其他用途再定义(如试图定义一个整型变量,并命名为 int 就是不允许的,因为 int 是系统关键字,表示整型数据的类型,不能再作为用户定义的变量名使用)。m、n、num1 和 num2 是用户自定义的标识符,作为变量的名字,要遵守变量命名的规范。

下面给出编写 C 程序时的一般书写规范供读者参考：

- 程序结构清晰，可读性强；
- 用户自定义标识符做到见名知意；
- 复合语句和控制结构的语句体通常要有缩进；
- 变量定义写在复合语句的最前面，不要和其他语句交叉；
- 用大括号区分不同层级的语句；
- 用圆括号避免表达式语意不清。

2.3 整型数据

为了适应不同的需要，C 语言提供了多个整数类型，不同的整型数据在计算机底层的表示方式和占用的存储空间会有所不同，具有不同的数值表示范围。

2.3.1 整型数据的分类和存储

以 32 位字长的计算机为例，常用的整型数据分类如下：

分类	子类	类型关键字	存储字节数	取值范围
整型数据	有符号整型数据	short int	2	－32768～＋32767
		int	4	－2147438648～＋2147438647
		long int	4	－2147438648～＋2147438647
	无符号整型数据	unsigned short int	2	0～65535
		unsigned int	4	0～4294967295
		unsigned long int	4	0～4294967295

对于每个有符号整数类型，都有一个对应的类型来存储无符号的整数，它们占用的内存空间与无符号类型相同，每个无符号的类型关键字都与有符号的类型名称相同，但要在前面加上关键字 unsigned，以表示其为对应的无符号类型。int 类型是最常用的整数类型。

整型数据在计算机中以其十进制的二进制补码形式进行存储，也就是说，对于十进制整数，在内存中存储的是十进制整数对应的二进制编码。对于有符号整型数据，其最高位为符号位，其他位为数据位，最高位为 0 时表示正整数，为 1 表示负整数；处理不能为负的数值时，通常采用无符号的整数类型，其占用的存储空间的所有位均为数据位。

例如，int 型十进制整数 100 和－100，其在内存中的存储方式如下：

100 采用补码存储为 00000000000000000000000001100100

－100 采用补码存储为 11111111111111111111111110011100

对于存储单元长度为 n 个字节的整型数据，有符号类型其取值范围为 $-2^{n-1} \sim 2^{n-1}-1$，无符号类型的取值范围则为 $0 \sim 2^{n}-1$。计算机所能够表示的整型数据的范围和其硬件结构有关，这里所说的整型数据并不是自然界中所有整数的集合，而是程序设计语言表示范围内的整型数据集合。

同一数据类型在不同的硬件平台占用的存储空间可能会有所不同，为了避免不同平台和编译器带来的困惑，C 语言提供了 sizeof()运算符，可以测试出当前环境下某种数据存储时占用的字节数。

sizeof 和 int 都是系统关键字，表达式 sizeof(int)会得到 int 类型的变量所占的字节数，sizeof(25)则是得到整型常量 25 所占的字节数。sizeof 运算结果为整数，可以将其赋值给整型变量或直接输出。例如：

```
int a, n;
n = sizeof(int); 或 n = sizeof(a); 或 n = sizeof(5);
printf("size of int is : %d\n", n);
```

上述三个 sizeof 运算都会得到整型数据所占的存储空间大小(32 位计算机上通常为 4 个字节)，也可以通过 printf 语句将此结果进行输出。所有的变量类型和常量均可通过 sizeof()表达式求得其所占存储空间的大小。

2.3.2　整型变量的使用

编程时，我们通过变量来保存同类型的数据，整型数据对应于整型变量。前面关于整型数据分类的描述中已经给出了多个整型数据的类型关键字，基于常用角度考虑，本章后面对整型变量的描述，不加说明的情况下均指 int 型。

int 型变量的定义和初始化示例如下：

```
int a, b, c;
int m=0, n=5;
```

上一节已经介绍到了整型数据的值域，要想在程序中准确的使用整型变量，还需要了解整型数据都支持哪些操作，即操作域。在解决问题时，我们经常需要编写算术表达式来进行数据处理操作，一个算术表达式通常会包含操作数和运算符，C 语言中支持的常用算术运算符如下：

算术运算符	含义	范例
+	加法运算	1 + 2 = 3
−	减法运算	10 −5 = 5
*	乘法运算	3 * 6 = 18
/	除法运算	5 / 2 = 2; 3 / 5 = 0; 3.0 / 5 = 0.6; 5 / 0 未定义
%	模除运算(取余)	5 % 2 = 1; 3 % 5 = 3;15 % 5 = 0

关于算术运算有几点说明如下：

(1)两个整数相除(/)，结果依然是整数。如 5/2 结果为 2，要想获得含有小数部分的除法结果，需要将参与除法运算的数据转换为实数形式。

(2)模除运算(%)的两个操作数必须为整型数据，返回的是第一个操作数除以第二个操作数的结果的整数余数部分，例如 7%2,7 除以 2 的结果是 3，余数是 1，故 7%2 的结果为 1。

程序中经常会使用“sum = sum + n;”形式的赋值来更新变量自身的值,其结构特点是通过一个二元运算符,将某变量的原值与另一表达式运算得到的新值再赋给这个变量。为了能够更为方便的描述这类操作,C 语言为许多二元运算符提供了对应的复合赋值运算符,将二元运算符与赋值运算符组合到一起来简写操作。各操作对应的复合赋值运算符表示如下:

+=　　　-=　　　*=　　　/=　　　%=

这些运算符的优先级与普通形式的赋值运算符相同,同样采用从右向左的结合方式。写在这些赋值运算符左边的必须是变量,右边可以是任何表达式。其计算过程是将右侧表达式的值与左侧变量的值做相应的算术运算,并将运算结果赋值给左侧的变量。示例如下:

a += 2;等价于 a = a + 2;
count -= 1;等价于 count = count -1;
n *= n-1;等价于 n = n*(n-1);

我们还可以使用 printf 和 scanf 对整型数据进行格式化的输入和输出操作。读者可以运行下面的示例程序,查看结果,并为里面的所有语句增加注释。

【例 2-3】使用 printf 和 scanf 完成整型数据的输入输出。

```
#include <stdio.h>

int main()
{
    int a = 10, m;

    printf("Please input m : ");
    scanf("%d", &m);

    printf("sizeof(a) = %d\n", sizeof(a));
    printf("sizeof(10) = %d\n", sizeof(10));
    printf("m = %d a = %d\n", m, a);
    m = m + a;
    printf("After m = m + a, m = %d\n", m);
    printf("m = %d a = %d\n", m, a);
    m += a;
    printf("After m += a, m = %d\n", m);
    printf("m = %d, m %% 3 = %d\n", m, m % 3);

    return 0;
}
```

```
运行情况：
Please input m ：13
sizeof(a) = 4
sizeof(10) = 4
m = 13 a = 10
After m = m + a, m = 23
m = 23 a = 10
After m += a, m = 33
m = 33, m % 3 = 0
```

使用 printf 语句对整型变量进行输出时，还可以通过指定输出宽度的方式对数据进行对齐操作。具体做法是为原有的格式控制符增加宽度值，书写语法为 %md，其中 m 为正整数，表示输出数据所占的最小宽度。

- 如果实际数据所占宽度小于 m，则输出时占用宽度为 m，右对齐，位数不足时左侧补空格；
- 如果实际数据所占宽度大于等于 m，则按照实际宽度输出；
- 可以通过%－md 来实现数据的左对齐，m 的含义同上。

【例 2-4】带有宽度值的格式化输出。

```
#include <stdio.h>

int main()
{
    printf("--%10d--\n", 1000); // 占 10 位，右对齐
    printf("--%2d--\n", 1000); // 实际宽度 4 大于指定宽度 2
    printf("--%-10d--\n", 1000); // 占 10 位，左对齐
    return 0;
}

运行后，屏幕输出如下：
--      1000--
--1000--
--1000      --
```

2.4　浮点型数据

除了上述整型数据，实际应用中也经常需要使用包含小数部分的数据。例如，要编写计算圆面积的程序，里面圆周率常数 π 和计算结果都含有小数部分。在多数程序设计语言中，包含

小数部分的数值称为浮点数(floating-point number),对应的数据类型为浮点型,用它来近似表示数学中的实数。

2.4.1 浮点型数据的分类和存储

以32位字长的windows计算机为例,常用的浮点型数据分类如下:

分类	子类	类型关键字	存储字节数	取值范围
浮点型数据	单精度浮点型数据	float	4	−3.4E38～+3.4E38
	双精度浮点型数据	double	8	−1.7E308～+1.7E308

浮点型数据和整型数据在内存中的表示方式是不同的,整型数据采用其十进制对应的二进制形式进行存储,而对于浮点型数据则是先将其转化为指数形式然后再以二进制形式进行存储。指数形式的实数在计算机内部被分为前后两部分存储,前面是数值,后面是指数。根据IEEE规定,对于float型数据和double型数据,其存储形式如下:

1bit(符号位)	8bits(指数位)	23bits(尾数位)
1bit(符号位)	11bits(指数位)	52bits(尾数位)

float型数据用4个字节32位二进制表示,大约有7位十进制有效数字,数值表示范围为约为[-2^{128},$+2^{128}$],科学计数法表示为[−3.4E38,3.4E38]。

double型数据用8个字节64位二进制表示,大约有16位十进制有效数字,数值表示范围为约为[-2^{1024},$+2^{1024}$],科学计数法表示为[−1.7E308,1.7E308]。

因此,对于一块4个字节构成的存储空间,把其解释为int型和float型,会分别得到两种完全不同的数值。如:

```
int m = 100;
printf("m = %d\n", m);
printf("m = %f\n", m);
```

第一条语句,定义了整型变量m,并赋初值为100。即在内存中申请一个存储空间,占4个字节,命名为m,存储内容为整数100的二进制形式。也就是说,m所代表的存储空间内存储的二进制编码为00000000000000000000000001100100。

第二条语句,使用printf语句对存储空间m中的内容按照整型数据的编码输出,结果为100。

第三条语句,使用printf语句对存储空间m中的内容按照浮点型数据的编码输出,结果异常。

存储空间m中保存的内容在两个printf语句执行时,都没有变化,区别在于%d格式控制符要求对m按照整型数据编码进行解释输出,%f格式控制符则要求对m按照浮点型数据编码输出,两种类型数据的编码格式完全不同,输出结果也完全不同。可见,我们在使用printf和scanf进行数据输入和输出处理时,数据类型和格式控制符的匹配是非常重要的。

对于浮点型数据,同样可以使用sizeof运算符来确定当前硬件平台上浮点型数据所占的存储空间大小，如 sizeof(float)，sizeof(double)，sizeof(3.5)。在 32 位的平台上执行此三个表达式后，我们可以得出：

sizeof(float)的值为 4；

sizeof(double)的值为 8；

sizeof(3.5)的值为 8；

sizeof(3.4f)的值为 4；

可见，对于浮点型常量(如 3.4)，系统默认按照 double 型进行存储，可以通过在浮点型常量后面加字母 f 的形式，强制要求系统按照 float 型对其进行存储。如果直接将浮点型常量赋值给 float 型变量，如 float ff = 1.3；程序编译时，编译系统会给出“警告”(warning)：”truncation from ‘const double’ to ‘float’”，提醒用户这样的赋值可能会损失一些精度。

2.4.2　浮点型变量的使用

1. 浮点型变量的定义和初始化

float f1, f2, f3; // 定义了三个 float 型变量，分别命名为 f1、f2 和 f3

double d1, d2, d3; // 定义了三个 double 型变量，分别命名为 d1、、d2 和 d3

float ff1, ff2 = 2.5f, ff3; // 定义了三个 float 型变量 ff1、ff2 和 ff3，并对 ff2 进行初始化

double dd1 = 3.5, dd2 = 1.3; // 定义了两个 double 型变量 dd1 和 dd2，并分别初始化

2. 浮点型变量的赋值

float f1, f2;

double d1, d2;

f2 = 1.5f+2.0f;

f1 = 3; // 系统会自动将数值 3 按照浮点型数据格式转化后保存到 f1 中

d1 = 3.4;

d2 = 2 + d1;

3. 浮点型变量的操作

浮点型变量和数学中的实数相似，支持常规的加减乘除等数学运算。前面我们已经知道使用整型数据进行除法运算时，结果仍为整数，这一点与数学中的除法计算是有差异的。下面看一个浮点型数据的除法操作实例。

【例 2-5】浮点型变量的输入和输出

```
#include <stdio.h>
int main()
{
    double num1, num2, result;
    printf("Please input two double for division : ");
    scanf("%lf%lf", &num1, &num2);
    result = num1/num2;
```

```
    printf("%f / %f = %f\n", num1, num2, result);
    return 0;
}
```

输出结果如下：

```
Please input two double for division : 5.8 3.4
5.800000 / 3.400000 = 1.705882
```

可见，使用浮点数进行除法运算，会得到一个相对正确的结果，即一个精确到固定位数的值。运算过程中，我们经常需要控制浮点型数据中小数的位数，只保留一定位数的小数部分。

printf函数可以使用格式控制符%m.nf来实现对小数输出的控制。m为输出数据占用的最小宽度，n为小数部分的需要保留的位数，默认右对齐。当实际输出总宽度小于m时，左侧补空格。%-m.nf为左对齐。如果要求浮点型数据的整数部分按实际位数输出，只要求控制小数部分的位数，则可以用简写形式%.nf。舍去部分小数时依据四舍五入原则。

针对上述输出情况，如果控制除法结果只保留两位小数，对应输出语句为：

```
printf("%f / %f = %.2f\n", num1, num2, result);
```

输出结果为：5.800000 / 3.400000 = 1.71

scanf和printf对于double型数据的格式控制符是不一样的，请读者务必特别留意，以免产生错误结果。

2.5 字符型数据

尽管计算机最初设计时是为了解决数值计算问题，现代计算机处理的则多是文本而非数字。文本数据的最基本元素是字符。一些字符连接起来形成一个整体，通常称为字符串。本章将对字符型数据和字符串进行重点讨论。

2.5.1 字符型数据的存储

在所有数据类型中，字符型数据占用的存储空间最少。字符型数据的类型关键字为char，它一般只需一个字节，值的范围为编码字符集中的所有字符（通常为ASCII码字符集）。基本ASCII码字符集中包括大小写英文字母、数字和标点符号等字符，以及一些控制字符（如tab键、换行回车等），一共128个，具体见表2-1。扩展的ASCII（美国标准信息交换码）字符集包括256个字符，在基本字符集的基础上扩展了特殊字符、带读音符号的字符和非英语字符等。

字符型常量的书写形式是一对单引号括起来的单个字符，如'1'、'a'、'M'等都属于字符常量。有些特殊字符无法直观显示，如换行字符，C语言为其规定了特殊写法'\n'，其他特殊字符也均通过转义符（\）加以表示，具体使用时再加以说明。

表 2-1　基本 ASCII 码字符集

ASCII 值	控制字符	ASCII 值	控制字符	ASCII 值	控制字符	ASCII 值	控制字符
0	NUL	32	(space)	64	@	96	、
1	SOH	33	!	65	A	97	a
2	STX	34	”	66	B	98	b
3	ETX	35	#	67	C	99	c
4	EOT	36	$	68	D	100	d
5	ENQ	37	%	69	E	101	e
6	ACK	38	&	70	F	102	f
7	BEL	39	ˊ	71	G	103	g
8	BS	40	(	72	H	104	h
9	HT	41	)	73	I	105	i
10	LF	42	*	74	J	106	j
11	VT	43	+	75	K	107	k
12	FF	44	,	76	L	108	l
13	CR	45	—	77	M	109	m
14	SO	46	.	78	N	110	n
15	SI	47	/	79	O	111	o
16	DLE	48	0	80	P	112	p
17	DCI	49	1	81	Q	113	q
18	DC2	50	2	82	R	114	r
19	DC3	51	3	83	X	115	s
20	DC4	52	4	84	T	116	t
21	NAK	53	5	85	U	117	u
22	SYN	54	6	86	V	118	v
23	TB	55	7	87	W	119	w
24	CAN	56	8	88	X	120	x
25	EM	57	9	89	Y	121	y
26	SUB	58	:	90	Z	122	z
27	ESC	59	;	91	[	123	{
28	FS	60	<	92	\	124	|
29	GS	61	=	93	]	125	}
30	RS	62	>	94	ˆ	126	~
31	US	63	?	95	—	127	DEL

续表 2-1

NUL	空	VT	竖直制表符	SYN	同步空闲
SOH	标题开始	FF	换页	ETB	传输块结束
STX	正文开始	CR	回车	CAN	取消
ETX	正文结束	SO	移位输出	EM	媒体结束
EOY	传输结束	SI	移位输入	SUB	替换
ENQ	询问字符	DLE	数据链路转意	ESC	转意
ACK	承认	DC1	设备控制 1	FS	文件分隔符
BEL	报警	DC2	设备控制 2	GS	组分隔符
BS	退格	DC3	设备控制 3	RS	记录分隔符
HT	水平制表符	DC4	设备控制 4	US	单元分隔符
LF	换行	NAK	否定	DEL	删除

计算机在存储字符型数据时,并不是将字符本身存放到存储单元中(存储单元只能存储二进制信息),而是将字符的 ASCII 码存储到相应的存储单元中。如字符常量'a'对应的 ASCII 码为 97,其对应的二进制形式为 1100001,故在存储单元中字符常量'a'保存为:

0	1	1	0	0	0	0	1

系统采用一个字节的空间来存储字符型数据,不足 8 位的高位补 0。读者无须牢记 ASCII 码表,存储和读写过程中的转换工作由编译系统自动完成,无须用户参与。

2.5.2 字符型变量的使用

1. 字符型变量的定义和初始化

```
char ch1, ch2='a', ch3='1', ch4;
```

定义了四个 char 型变量,分别命名为 ch1、ch2 、ch3 和 ch4,并对 ch2 初始化为字符常量'a',对 ch3 初始化为字符常量'1'。

2. 字符型变量的赋值

```
char ch1, ch2, ch3;
ch1 = 'M'; // 将字符常量'M'保存到变量 ch1 中
ch3 = '\n'; // 将换行符赋值给变量 ch3
```

上述赋值语句将单引号(')内的字符常量保存到变量中,实际存储的则是字符常量对应的 ASCII 码值的二进制形式。基于字符型数据这样的存储特点,我们还可以用合法的整数值来初始化 char 型变量或对 char 型变量赋值。这里的合法整数值是其取值应在 ASCII 码表规定的合理区间。如语句:

```
ch2 = 98;
```

将 ASCII 码为 98('b')的字符常量赋值给变量 ch2,此语句等价于 ch2 = 'b';,将字符常量‘b’赋值给变量 ch2。

3.字符型变量的操作

根据前面的介绍我们知道，char 型变量具有双重性：它可以解释为一个字符，也可以解释为一个整数。故 char 型变量也可以参加算术运算。如：

```
char letter = 'C';
letter += 2; // 等价于 letter = letter + 2;
```

首先定义了一个字符型变量 letter，并使用字符型常量‘C’对其初始化，将字母‘C’对应的 ASCII 码值 67 保存到变量 letter 中；然后对 letter 变量自身做加 2 操作，执行结束后 letter 变量中保存的值为整数 69，可以输出为字符型常量'E'(字符型常量'E'的 ASCII 值为 69)。

当我们使用 printf 对 char 型变量进行输出时，同样有两种输出方式，即整数形式和字符形式。如对上述字符型变量 letter 的输出语句如下：

```
printf("letter = %c\n", letter);
printf("letter = %d\n", letter);
```

输出结果分别为：

```
letter = E // 单引号不输出
letter = 69
```

依据字符型变量的这种双重特性，可以轻松地实现英文字母间的大小写转换。通过查阅 ASCII 码表可知，大写字母和小写字母的 ASCII 码按照字母顺序连续递增，并且大写字母和小写字母的 ASCII 码相差 32(如‘A’ 的 ASCII 码值为 65，‘a’的 ASCII 码值为 97)，将大写字母 ASCII 码值增加 32 即可得到对应的小写字母，反之同理。

【例 2-6】编写程序，将键盘输入的任意大写字母转换为对应的小写字母。

```
#include <stdio.h>
int main()
{
    char ch1;
    printf("Please input one capital letter : ");
    scanf("%c", &ch1);
    printf("The capital letter is : %c\n", ch1);
    printf("The lower letter is : %c\n", ch1+32);
}
```

运行后输出结果如下：

```
Please input one capital letter : M
The capital letter is : M
The lower letter is : m
```

上述例子中我们使用 scanf 和 printf 与%c 格式控制符相结合来实现字符型数据的输入和输出，实际应用中，编译系统还为字符型数据提供了专有的输入和输出方法。

(1)函数 putchar(),用于将单个字符输出,需要使用字符型常量或者变量作为它的参数,示例如下:

```
char ch1='N';
putchar(ch1);
putchar('N')
```

上述两个 putchar 函数调用语句执行后,都会在终端输出设备上输出字符常量'N'

(2)函数 getchar(),用于接收终端输入设备输入的单个字符,并保存到预先定义好的字符型变量中。示例如下:

```
char ch1;
ch1 = getchar();
```

上述语句执行后,光标停留在屏幕上等待用户输入,当用户完成输入并按下回车键后,将用户输入的第一个字符赋值给字符型变量 ch1。

【例 2-7】字符型变量综合应用实例。

```
#include <stdio.h>

int main()
{
    char ch1 = '1', ch2 = 'a';
    int num1 = 1, a = 10;

    printf("char 1 = %d, int 1 = %d\n", ch1, num1);
    printf("ch1(char) = %c, ch1(int) = %d\n", ch1, ch1);
    printf("char : '1' + '1' = %d\n", '1'+'1');
    printf("int : 1 + 1 = %d\n", 1+1);
    printf("1 + 'a' = %d\n", 1 + 'a');
    printf("'1' + 'a' = %d\n", 'a' + '1');
    printf("char 'a' = %d, variable a = %d\n", 'a', a);
}
```

运行后输出结果如下:

```
char 1 = 49, int 1 = 1
ch1(char) = 1, ch1(int) = 49
char : '1' + '1' = 98
int : 1 + 1 = 2
1 + 'a' = 98
'1' + 'a' = 146
char 'a' = 97, variable a = 10
```

示例中需要我们注意如下几点：

△ 字符'1'和整数 1 的区别。字符'1'是 char 型常量，其对应的 ASCII 码为 49，即其和整数 49 在一定条件下等价，而与数字 1 是完全两个概念。

△ 字符'a'和变量 a 的区别。加上单引号的字符'a'是 char 型常量，而去掉单引号的是变量 a，代表一个 int 型变量，a 是变量的名字，程序中通过 a 来使用其所代表的 int 存储单元，两者没有任何关联。

△ '1'+'1'与 1+1 的区别。前者是将字符型常量'1'对应的 ASCII 码相加，结果为 98，后者为整数 1 相加，结果为 2。

△ 字符型数据与整型数据混合运算。虽然字符型数据的双重性使得其可以像整型数据一样参加算术运算，但除一些特殊情况（如大小写字母转换）外，一般不将二者混合使用，以避免产生不必要的麻烦。

2.5.3　关于字符串

字符串是一个连续的字符序列，其书写形式是双引号括起的一系列字符，前面我们曾经在 pritnf 函数中多次使用过，如"china"，"Please input two number :\n"等，里面可以包含以斜杠(\)开头的转义字符。

程序中的字符串主要用于输入输出，完成与用户的交互操作。C 语言中没有提供专门的字符串数据类型，其处理方式为字符数组，具体参见后续章节。

2.6　指针型变量

程序运行时，CPU 需要处理的数据都保存在内存中。内存由顺序排列的若干存储单元组成，程序使用的数据就保存在一个或多个存储单元中。每个存储单元都一个编号，称为内存地址，对存储单元的访问都是通过地址进行。高级语言用变量等概念隐藏了内存单元、地址等低级概念，使我们在写程序时不必过于关心存储等方面的细节。但实际应用过程中，我们经常与内存和地址打交道：

- 定义变量是为它分配内存，并用变量的名字来代替其存储单元的编号；
- 变量赋值是将数据保存到变量对应的内存单元中；
- 使用变量的值则是从相应内存单元中把数据提取出来。

虽然变量有多种类型，但它们在存在期间都有固定的地址，程序中通过变量名字间接访问该地址对应的内存单元。因此，有些高级语言也提供了对内存地址的使用方法，以方便程序设计时直接访问内存空间。

C 语言采用指针变量来保存内存的地址值，简称指针(pointer)。指针是 C 语言里最重要的一种机制，用好指针可以使我们写出更为高效简洁的程序。本节只从数据类型的角度介绍指针的概念、含义和基本用法，更多关于指针的应用将在后续章节中详细介绍。

2.6.1　指针型数据的含义和存储

在 C 语言源程序中使用变量名来引用具体的内存空间，源程序编译执行后，计算机就使用存储单元的内存地址来引用它。如语句：

```
int num = 10;
```

这条语句会分配一块内存来存储一个整数，使用 num 这个名称可以访问这个整数，并用整数 10 来初始化该存储空间。编译生成二进制代码后，计算机会通过一个地址（如 0X32F5F48）来引用这个区域。存储这个数据的地址与当前计算机的硬件平台、操作系统和编译器有关。在源程序中，这个变量名是固定不变的，但地址在不同的系统上可能会不同。

C 语言中，可以使用指针变量来存储变量的地址。上述示例中，假设定义了 int 型变量 num 后，系统为变量 num 分配的存储单元首地址为 0x065FDF，pa 是存放变量 num 地址的指针变量，那么 pa 中存放的值为 0x065FDF。

对于 C 语言中支持的所有类型，都可以定义与之相关的指针。所有指针变量占用的存储空间大小是一样的，因为它们的值都是地址，通常用一个机器字表示，其取值范围为当前系统支持的有效地址空间。对于 32 为平台的系统，一般为 4 个字节，同样可通过 sizeof 运算符计算指针变量所占存储单元的大小。

2.6.2 指针型变量的使用

指针型变量存储的是对象的地址，这一对象可以是 int 型变量、float 型变量、char 型变量以及各种类型的常量。为了避免混淆和更好的使用指针，C 语言规定：指针是有类型的，每个指针只能保存该类型的变量的地址。当一个指针里保存了某变量的地址时，我们说这个指针指向了那个变量。指针变量 p 指向变量 x 的情况如图 2-2 所示：

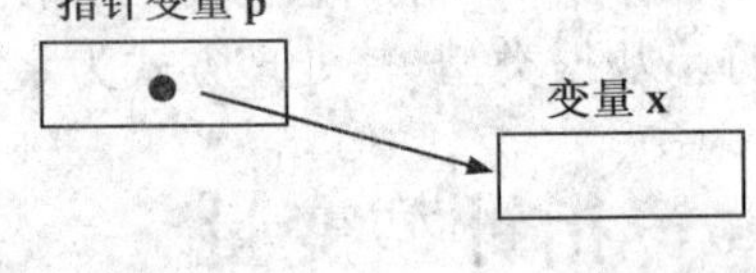

图 2-2 指针与其指向的变量

例如，将一个 int 型变量 a 的地址赋值给指针变量 p，我们就可以说指针 p 指向了 int 型变量 a。指向整型变量的指针也称为整型指针，程序员常使用“int 型指针 p1”，“float 型指针 p2”等来描述指针变量。如果 p 是 int 类型的指针，那么 p 就只能指向 int 型变量，不能将其他类型变量的地址赋值给指针 p。

1. 指针变量的定义

定义指针时需要描述其指向类型。指针变量的定义和普通变量的定义相似，只是在被定义的变量名前加一个星号（*），来说明这里定义的是一个指针变量，可以一次定义多个同类型的指针变量。例如下面两条语句分别定义了一个 int 型变量 a 和 int 型的指针 p：

```
int a;
int * p;
```

这里指针变量的名字为 p，* 表示 p 为指针类型的变量，以便和普通的同类型变量相区别，* 并不是变量名的一部分。下面语句则是一次性定义了多个 double 型指针：

```
double * ptr1, * ptr2, * ptr3;
```

指针变量也可以和其同类型的普通变量一起定义，如：

```
float f1, * p1, f2, * p2;
```

同时定义了两个普通 float 型变量 f1 和 f2，以及两个 float 型指针变量 p1 和 p2。

2. 指针操作

指针变量有两个操作：①把一个对象的地址（如变量的地址）保存给指针变量，称为指针赋值。当两个指针指向同一数据类型时，也可以把一个指针变量的值赋值为另一个指针变量。

②通过指针变量间接访问其指向的对象(如变量)。

一元运算符 & 是取地址运算符,把 & 写在变量名字的前面就得到变量的地址;一元运算符 * 表示间接访问,是间接运算符,将 * 写在指针变量名字的前面就可以间接访问其指向的变量的值。通过这两个运算符可以完成上述指针操作,它们的优先级相同,高于普通的二元算术运算符,都是自右向左结合。如:

int a=10, * p1, * p2, b=8; // 定义了两个 int 型变量 a 和 b,以及两个 int 型指针 p1 和 p2

p1 = &a; // 将变量 a 的地址赋值给指针 p1,使指针 p1 指向变量 a

p2 = &b; // 将变量 a 的地址赋值给指针 p2,使指针 p2 指向变量 b

printf("a = %d\n", a); // 输出变量 a 的值

printf("a = %d\n", * p1);// 通过指向变量 a 的指针 p1,间接访问变量 a,并输出

* p2 = 20; // p2 指向变量 b, * p2 和变量 b 是等价的,这里相当于对变量 b 赋初值 2

printf("b = %d\n", b); // 输出变量 b 的值 20

p1 = p2; // 将 int 型指针 p2 的值赋值给 int 型指针 p1,经过这次赋值后,int 型指针 p1 和 p2 同时指向了 int 型变量 b。

指针变量的使用需注意如下几点:

(1)指针必须和其指向的变量类型相同,否则编译器会报错。例如

int * p1;

float f1 = 4.6;

p1 = &f1; // 此操作编译器会报错,因为变量 f1 是 float 型,而指针 p1 是 int 型,两者类型不匹配,指针 p1 只能保存 int 型变量的地址。

(2)两个指针变量的值如果相等,则表示两个指针指向了同一位置(通常为指向了同一变量)。

(3)指针变量必须在初始化后(指向了某一个具体变量),才能够使用间接运算符进行间接访问操作。以下操作是非法的:

int * p;

* p = 20; // p 在定义后还没指向任何有效的内存空间地址,故无法实现间接访问

(4)使用具体整数值为指针变量赋初值是非法的,因为我们对具体某一地址对应的内存单元的使用情况是无法准确知晓的。以下操作也是非法的:

int * p;

p = 100; // 无法直接使用内存空间编号为 100 的存储单元

(5)由于指针变量可以赋值,指针的指向在程序执行时就可以改变,即在前一时刻指针 p 可能指向变量 a,后一时刻就可能指向变量 b。如:

int a=3, b=5, * p;

p = &a; // p 指向变量 a,可通过 * p 间接访问变量 a 的值

printf("p = %x, * p = %d\n", p, * p); // 采用十六进制输出指针 p 的值,即变量 a 的地址,以及通过 * p 访问 p 指向的变量的值,即 a 的值

p = &b; // p 指向变量 b,可通过 * p 间接访问变量 b 的值

printf("p = %x, * p = %d\n", p, * p); // 采用十六进制输出指针 p 的值,即变量 b 的地址,以及通过 * p 访问 p 指向的变量的值,即 b 的值。

2.7 符号常量

在程序中我们经常使用诸如300、20、3.14等类似的常量参与运算，对于那些没有特殊含义且只出现一次的常量，这样直接引用影响不大，但对于那些会在程序的多个地方引用和具有某些特定含义的常量，直接引用并不是一个好习惯。如下两种情况我们在程序设计时经常会遇到：

1.书写复杂的常量值在程序中多次使用

例如，π的值3.1415926经常会在数学运算中用到，由于位数较多，一不小心就会出现拼写错误，导致程序里出现莫名其妙的错误，很难排查。

2.程序中定义的极限常量值需要修改

例如，一个上传文件的程序里，需要限制上传文件的大小为2M，所有涉及文件上传的代码都需要判断文件大小是否超过了此极限值。一旦由于需求的变化导致此极限量变为4M，则所有涉及此极限值的地方均需要修改，漏掉任何一处，都会带来不可以预知的麻烦。

处理这类问题的一种方法是赋予它们有意义的符号名字，程序中使用符号代替具体数值。在C语言中，可以用一个标识符来表示一个常量，称之为符号常量。符号常量在使用之前必须先定义，其一般形式为：

#define 标识符 常量

#define是一条预处理命令，其功能是把该标识符定义为其后的常量值。一经定义，源程序中所有需要使用该常量值的地方均可通过此标识符代替，编译时系统会自动对源程序中所有使用了该符号常量的地方用对应的常量值做反替换。习惯上符号常量的标识符用大写字母，变量标识符用小写字母，以示区别。

【例2-8】编写程序，计算圆的面积和周长。

```
#include <stdio.h>
#define PI 3.14
int main()
{
    double r;
    printf("Please input radius of circle : ");
    scanf("%lf", &r);
    printf("The area of circle is : %f\n", PI * r * r);
    printf("The perimeter of circle is : %f\n", 2 * PI * r);
    return 0;
}
```

语句“#define PI 3.14”定义了符号常量PI，用来代表圆周率常量3.14，后面程序在计算圆的周长和面积时，需要使用圆周率的地方均使用PI来代替。当需求变化了，需要圆周率精确到小数点后7位时，只需要修改原来的符号常量定义语句为“#define PI 3.1415926”即可，程序中其他使用到PI的部分均无须调整。

符号常量不同于变量，不需要出现在声明中。#define指令行的末尾没有分号。采用符号常量具有下述几个好处：

(1)书写简单不易出错。使用符号常量可以将复杂的常量定义为简明的符号，使得书写简单，而且不易出错。例如，

```
#deiine PI 3.14159265
```

符号常量 PI 被定义为 3.14159265，在程序中书写 PI，显然比书写 3.14159265 要简明。

(2)修改程序方便。例如，在一个程序中使用了某个符号常量共 10 次，根据需要要对这一常量值进行修改，这时只需在宏定义命令中对定义的常量值进行一次修改。否则，要在程序中出现这一常量的 10 处都进行修改，这不仅带来一定麻烦，同时又易于出错。

(3)增加可读性和移植性。符号常量比数值常量更容易阅读，更能表达数值的含义。例如，在前面的宏定义命令中，很明显 PI 表示圆周率。实际应用中，还可以使用符号常量将程序中影响系统运行的参数(如字长等)定义在一个可被包含的文件中，在不同的环境系统下，通过修改包含文件中符号常量的定义值来达到兼容的目的，从而提高程序的移植性。

2.8　数据使用过程中的类型转换

C 程序中的类型转换可以分为隐式类型转换和显式类型转换，前者由编译系统自动完成，后者则需要程序员显式编写代码完成。

【隐式类型转换】

C 语言支持多种数值运算，如 int 型的加法，double 型的加法等。在二元运算中，只有两个操作数类型相同，计算机才能执行对应的算术操作。如果加法表达式中出现了多种数据类型(如 int 型和 double 型)混合，编译器会转换其中某个(或多个)运算对象的值，得到相同类型的值后再实际运算。转换规则一般是把其中一个值域较小的操作数类型转换为另一个操作数的类型，这称为隐式类型转换。

算术运算时隐式类型转换的规则可描述如下：

(1)如果一个操作数的类型是 long double，就把另一个操作数转换为 long double 类型。

(2)否则，如果一个操作数的类型为 double，就把另一个操作数转换为 double 类型。

(3)否则，如果一个操作数的类型为 float，就把另一个操作数转换为 float 类型。

(4)否则，如果两个操作数的类型都是有符号的整数或无符号的整数，就把级别较低的操作数转换为另一个操作数的类型。无符号整数类型的级别从低到高为：

signed char，short，int，long

每个无符号整数类型的级别都与对应的有符号整数类型相同，如 unsigned int 类型的级别与 int 类型相同。

下面算术运算中就会有隐式类型转换发生：

```
int num1 = 20;
float f1 = 3.5f, f2;
f2 = f1 + num1;
```

当进行二元加法运算时，编译器会先将整数 20 转换为 float 型的 20.0，然后再和 3.5 相加，将和数赋值给变量 f2。

赋值运算符两侧表达式值类型不匹配时，也会进行隐式类型转换。一些情况下，这会截断数值，丢失数据。例如，如果赋值操作将 float 或 double 类型的数值赋值给 int 类型的变量，float 或 double 的小数部分就会丢失，只存储整数部分。如下面代码所示：

```
int number = 0;
double value = 3.6;
number = value;
```

上述代码试图把 double 型的数据 3.6 赋值给 int 型的变量 number，赋值过程中就会发生隐式类型转换，将 double 型的 3.6 转换为 int 类型，结果为 3，即 number 变量最后保存的数值为整数 3，丢失了小数部分。

【显式类型转换】

如果程序运算过程中的自动类型转换不能满足需要，也可以显式要求做特定的类型转换。显式要求的类型转换称为强制类型转换，其形式是在被转换表达式前写一对括号，括号内给出要求转换的目标类型名，例如：

```
(int)(3.8+4.9);
```

就要求将 3.8+4.9 的计算结果(double 型)强制转换为 int 型。从实数类型到整型的转换方式是直接丢掉小数部分。

△ 进行强制类型转换时需要注意如下情况：

(1)类型转换过程中可能会丢失信息。如上例中就丢失了小数部分。

(2)如果被转换的值无法在转换结果类型里表示，转换结果没有意义。如试图将一个指针变量强制转换为字符类型，结果就毫无意义。

(3)C 语言规定所有类型间都可以进行强制转换，但转换过程和结果是否有意义需要编程人员仔细考虑。

(4)C 语言把显示类型转换看做一元运算符，具有与其他一元运算符同样的优先级和结合方式。一对小括号必不可少。

(5)类型转变并不改变原有变量的值，而是产生一个新值。例如

```
int number = 10;
float ff = 5.6;
number = (int)float;
```

这组语句执行后，会首先把 float 型的 5.6 转换为 int 型的 5，然后赋值给 int 型变量 number，但对于 float 型变量 ff，其值依然是 5.6，不受转换影响。

△ 常见类型转换如下：

(1)将 float 型数据赋值给 int 型变量时，先将 float 型数据舍去小数部分，然后再赋值给 int 型变量；

(2)int 型数据赋给 float 型变量时，先将 int 型数据转换为 float 型数据，并以浮点数的形式存储到变量中，其值不变。例如“int i=5; float f1=i;”的结果是：整数 5 先转换为5.000000 再赋值给实型变量 f1。如果赋值的是双精度实数，则按其规则取有效数位；

(3)double 型实数赋给 float 型变量时，先截取 double 型实数的前 7 位有效数字，然后再

赋值给 float 型变量。例如“double b=123456789.123457; float a=b;”的结果是:截取 double 型实数 123456789.123457 的前 7 位有效数字 1234567 赋值给 float 型变量。上述输出结果中 a=123456792.000000 的第 8 位以后就是不可信的数据了。所以一般不使用这种把有效数字多的数据赋值给有效数字少的变量;

(4)int 型数据赋值给 char 型变量时,由于 int 型数据用四个字节表示,而 char 型数据只用一个字节表示,所以先截取 int 型数据的低 8 位,然后赋值给 char 型变量。例如执行“int i=354; char c=i;”后 int 型变量 i 的结果是 354,而“c=i;”的结果是:截取 i 的低 8 位(二进制数 01100010)赋值给 char 型变量。

2.9　选择正确的数据类型

前面我们已经学习了多种基本数据类型,在程序设计时必须仔细选择计算过程中使用的变量类型,使之能包含我们期望的值。如果使用了错误的类型,程序就可能出现很难检测出来的错误。下面通过一个例子来看变量类型选择是否正确带来的影响。

```
#include <stdio.h>
#define AVG_MONTH_COST 8750.50

int main()
{
    short int JanIncome = 13680, FebIncome = 26320, MarIncome = 18900;
    short int FirstSeasonIncome = 0;
    double AvgMonthProfit = 0;

    FirstSeasonIncome = JanIncome + FebIncome + MarIncome;
    AvgMonthProfit = FirstSeasonIncome / 3 - AVG_MONTH_COST;

    printf("FirstSeasonIncome = %d\n", FirstSeasonIncome);
    printf("AvgMonthProfit = %.2f\n", AvgMonthProfit);
}
```

程序说明:

- AVG_MONTH_COST 为符号常量,定义为企业第一季度每月的投入本金,是一个固定值,即企业每月固定拿出一定数额的本金用于经营;
- JanIncome、FebIncome 和 MarIncome 分别代表一个企业前三个月的营业收入,包含了本金;
- FirstSeasonIncome 表示第一季度的总收入,即前三个月的营收总和;
- AvgMonthProfit 代表了企业第一季度的月平均利润,即第一季度的月均营收减去本金。

【现象一】第一季度营收总额为负

示例中采用 short int 类型的变量来保存每月的营收总数，对于当前三个月的实际营收数额，该类型完全能够包含的。但程序的运算结果却出乎我们的意料：

```
FirstSeasonIncome = -6636
AvgMonthProfit = -10962.500000
```

FirstSeasonIncome 代表的是第一季度的总收入，就是简单地将前三个月的收入相加，却出现了三个正整数相加，结果为负数的奇怪现象。通过手动计算，正确结果应为：

```
13680 + 26320 + 18900 = 58900
```

通过分析可知：第一季度的总收入 58900 已经超出了用于保存该值的变量 FirstSeasonIncome 所定义的类型（short int）所能表示的最大值（32767）。改正的方法很容易，只需要将 FirstSeasonIncome 定义为 int 型，扩大其表示范围就可以了。

【现象二】月平均利润有误差

修改对应的语句后，重新运行，我们得到如下输出：

```
FirstSeasonIncome = 58900
AvgMonthProfit = 10882.50
```

这个结果看似是正确的了，但再次手动计算发现，在第一季度营收总额为 58900 的前提下，其月均营收应为 19633.33（保留 2 位小数），再减去本金 8750.50，真正的月平均利润应该是 19633.33 - 8750.50 = 10882.83。这一结果与输出的 10882.50 有 0.33 的误差。

这一误差产生的主要原因是计算机认为两个整数相除的结果仍为整数，从而省去了小数部分。要想产生正确的包含小数的结果，需要将两个整数中的一个强制改写为浮点型，这样计算过程中，计算机就会将其全部按照浮点型进行运算，从而得到期望的结果。

修改“AvgMonthProfit = FirstSeasonIncome / 3 - AVG_MONTH_COST;”为“AvgMonthProfit = (double)FirstSeasonIncome / 3 - AVG_MONTH_COST;”后，重新运行程序，得到正确的输出结果：

```
irstSeasonIncome = 58900
AvgMonthProfit = 10882.83
```

可见，程序设计过程中正确数据类型的选择也是非常重要的，读者需要根据具体数值的含义，结合数据类型的取值范围，进行合理的选择和必要的转换。

习　题

(1)简述 C 语言中数据的分类。

(2)解释变量在 C 语言程序设计中的作用，并列出其相关属性。

(3)练习使用 printf 和 scanf 进行基本数据类型数据的输入和输出。

(4)列出 float 型数据和 double 型数据的区别。

(5)简述字符型数据和整型数据间的关系。

(6)练习使用指针变量输出普通变量的内存地址和值。

第 3 章　程序设计初步

通过前面两章的学习，我们已经接触到了一些初级的 C 语言程序，能够进行简单的赋值操作和算术运算。这些小程序，问题描述简单明了，解题步骤一目了然，程序设计使用的都是顺序执行的简单语句，甚至会让初学者认为引入计算机解决类似的问题完全是多余的。实际应用过程中，使用 C 语言来辅助解决的问题通常要比前面的示例复杂很多，需要我们按照第一章提出的“分析问题—设计解决方案—编程实现—程序测试和维护”四个步骤逐步实现。

当使用 C 语言编写程序辅助解决问题时，首先要分析出问题的初始状态以及所要达到的最终状态，进而分析形成解决问题的方法，即从初始状态达到最终状态所需的步骤，然后才能使用 C 语言编程实现。这里，我们把解决问题的方法和步骤称为算法，算法的设计和描述在程序设计中是非常重要的。算法是整个过程的核心和灵魂，好的描述方式对后面的编程实现有着很大的帮助，程序设计语言是实现算法的工具。

本章将重点介绍算法的设计和描述方式，以及程序设计过程中常用的语句，学习顺序程序设计。

3.1　算法与程序设计

人们使用计算机，就是要利用计算机辅助解决问题，而要做到这一点，人们就必须通过对各类问题进行分析，确定解决问题的具体方法和步骤，并编制好一组计算机能够执行的指令（即程序），让计算机按照指定的步骤有序的工作。这些具体的方法和步骤，就是解决问题的算法；根据算法，依据各种规则编写计算机能够执行的命令序列，就是编制程序；编制程序时需要遵守的规则即为某种语言的语法。学习使用高级语言进行程序设计的重点和难点之一就是掌握分析问题和解决问题的方法，并最终设计出算法的能力。

3.1.1　算法的概念

前面我们已经多次提到，算法（Algorithm）是指完成一个任务所需要的具体步骤和方法，但并不是任何一个步骤的描述都可以称之为算法。根据 Donald Knuth 在他的著作《The art of computer programming》里对算法下的定义，一段描述能够称之为算法，需要满足如下条件：

（1）有限性（Finiteness）。算法必须能在执行有限个步骤之后终止。

（2）明确性（Definiteness）。算法的描述必须无歧义，以保证算法的实际执行结果精确地符合要求或期望，通常要求实际运行结果是确定的。

（3）输入项（Input）。一个算法需要有 0 个或多个输入，以描述运算对象的初始情况，所谓 0 个输入是指算法本身已经给定了初始条件。

（4）输出项（Output）。一个算法有一个或多个输出，以反映对输入数据加工后的结果。

(5)可行性(Effectiveness)。算法中执行的任何计算步骤都可以被分解为基本的可执行的操作,即每个计算步骤都可以在有限时间内完成。

根据上面描述,对于给定的初始状态或输入数据,依据算法就能够在有限时间内得出所要求或期望的终止状态或输出数据。需要说明的是,不是只有计算问题才有算法。例如,加工一张写字台,其加工顺序可以是“桌腿、桌面、抽屉和组装”,这就是加工这张写字台的算法。当然,如果按照“抽屉、桌面、桌腿和组装”这样的顺序加工,也可以完成写字台,这就是加工这张写字台的另一种算法。解决同一问题可以有多种不同的算法。

计算机算法通常可分为两大类:数值运算算法和非数值运算算法。数值运算是指对问题求数值解,如对微分方程求解、对函数的定积分求解等,都属于数值运算范围。非数值运算包括非常广泛的领域,如资料检索、信息管理、数据处理等。数值运算有确定的数学模型,一般都有比较成熟的算法。许多常用算法已经被编写成通用函数库,用户需要时可直接调用,如数学函数库、数学软件包等。非数值运算的种类繁多,要求不一,很难提供统一规范的算法,需要用户根据实际需求自行设计算法。

如果一个算法有缺陷,或者不适合于某个问题,执行这个算法将不会解决这个问题。同一问题可用不同的算法解决,不同算法的执行效率是不一样的。算法的执行效率可以用空间复杂度与时间复杂度来衡量,时间复杂度用于描述算法的运行时间,通常采用执行算法所需要的主要计算工作量来衡量;而空间复杂度是对一个算法在运行过程中占用存储空间大小的量度。同时,考虑到算法的程序实现,算法应易于理解、编码和调试等。

一个占存储空间小、运行时间短、其他性能也很高效的算法是很难做到的。原因是上述要求有时相互抵触:要节约算法的执行时间往往要以牺牲更多的空间为代价;而为了节省空间可能要耗费更多的计算时间。因此我们在算法的选择上需要根据具体情况有所侧重:

(1)若该程序使用次数较少,则力求算法简明易懂;

(2)对于反复多次使用的程序,应尽可能选用快速的算法;

(3)若待解决的问题数据量极大,机器的存储空间有限,则设计算法时应重点考虑如何节省空间。

3.1.2 算法的描述

算法的描述方式有多种,常用的方法包括自然语言、流程图、伪代码等方法。不同的表示方法有不同的特点和作用。

1.自然语言

自然语言方式是指用普通语言描述算法的方法。前面示例中我们对算法的描述多采用了这种方式,下面对完成简单二元计算器这一问题所设计的算法描述即属于自然语言描述方式:

(1)获取需要计算的两个操作数和运算标识符;

(2)对运算标识符进行判断,并使用两个操作数进行相应的二元运算;

(3)将二元运算的结果保存到计算机中;

(4)显示计算结果给用户。

自然语言方式的优点是简单、方便,适合描述简单的算法或算法的高层思想。但是,该方式的主要问题是冗长、语义容易模糊,很难准确地描述复杂的、技术性强的算法。譬如有这样一句话“武松打死老虎”,既可以理解为“武松打死了一只老虎”,又可以理解为“武松打一只已经死了的老虎”。自然语言中的语气和停顿不同，就可能使他人对相同的一句话产生不同的理解。为了解决自然语言描述算法中存在着可能的二义性，提出了第 2 种描述算法的方法——流程图。

2.流程图

流程图是一种用于表示算法或过程的图形。在流程图中，使用各种符号表示算法或过程的每一个步骤，使用箭头符号将这些步骤按照顺序连接起来。使用流程图表示算法可以避免自然语言的模糊缺陷，且依然独立于任何一种具体的程序设计语言。

流程图中常用的符号标识和含义见表 3-1。

表 3-1　常用符号标识和含义

符号名称	符　号	功　能
起止框		表示算法的开始和结束
输入/输出框		表示算法的输入/输出操作，框内填写需输入或输出的各项
处理框		表示算法中的各种处理操作，框内填写处理说明或算式
判断框		表示算法中的条件判断操作，框内填写判断条件
注释框		表示算法中某操作的说明信息，框内填写文字说明
流程线	和	表示算法的执行方向
连接点		表示流程图的延续

流程图的设计示例见图 3-1。

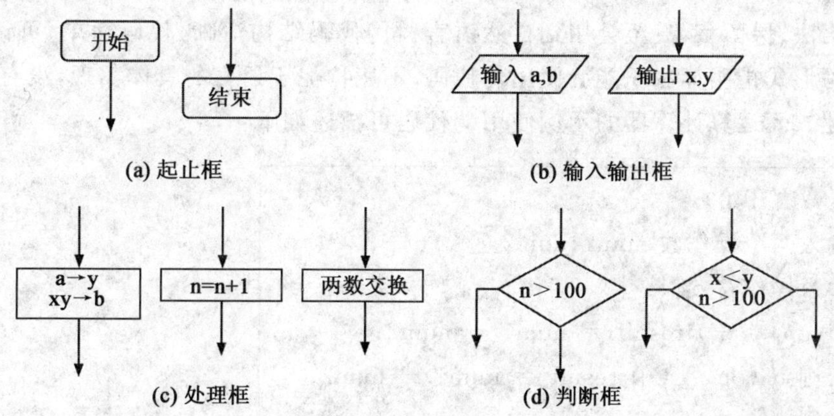

(a) 起止框　(b) 输入输出框

(c) 处理框　(d) 判断框

图 3-1　流程图的设计示例

实现上述简单二元运算计算器的示例使用流程图描述如图 3-2：

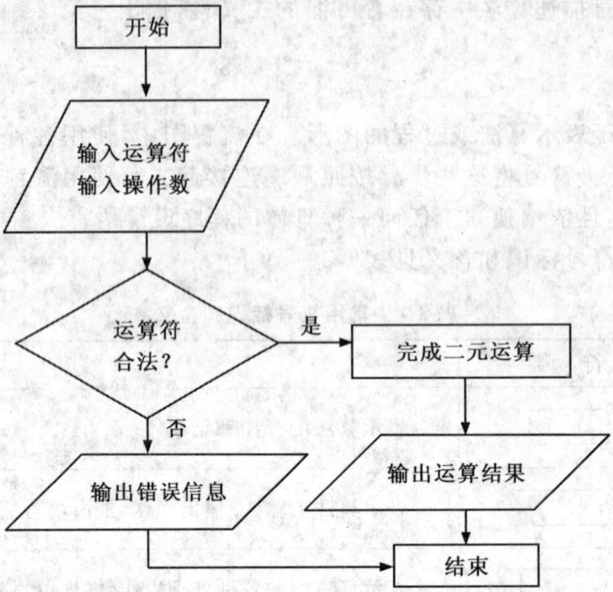

开始
输入运算符
输入操作数
运算符合法？
是
完成二元运算
否
输出错误信息
输出运算结果
结束

图 3-2　简单二元运算计算器示例流程图

流程图便于交流，特别适合于初学者使用。对于一个程序设计工作者来说，会看和会用流程图是很有必要的。本书介绍和使用的都属于传统流程图，关于 N-S 等其他流程图表示方式，读者可以参考相关资料。

3. 伪代码

无论是使用自然语言还是使用流程图描述算法，仅仅是表述了编程者解决问题的一种思路，都无法被计算机直接接受并进行操作。由此，引进了第三种非常接近于计算机编程语言的算法描述方法——伪代码。

伪代码是一种介于自然语言与编程语言之间的描述程序结构的语言，可以综合使用多种编程语言的语法、保留字，甚至会用到自然语言。伪代码结构清晰、代码简单、可读性好，以编程语言的书写形式指明算法职能。使用伪代码，不用拘泥于语言的具体实现，没有严格的语法和规范。上述二元运算计算器的示例使用伪代码可描述如下：

```
Begin(算法开始)
    输入两个操作数 num1,num2
    输入操作符 op
    if (op = +) result = num1 + num2;
    否则 if (op = -) result = num1 - num2;
    否则 if (op = *) result = num1 * num2;
    否则 if (op = /) result = num1 / num2;
```

```
  否则
    输出“操作符错误”
  输出结果值 result
  return 0;
End (算法结束)
```

从上述例子可知，流程图简单直观，比较适合于初学者使用，适用于描述那些不是很复杂的问题或者是分解后的子问题。伪代码则需要具备一定的程序设计语言的语法基础，适用于有了一定学习基础后使用，描述范围更广，也更容易转化为程序。

3.1.3　常见算法举例

1. 递推和递归

递推算法的思想是把一个复杂的庞大的计算过程转化为简单过程的多次重复，即通过构造低阶规模的问题（如规模为 i），并求出解，推导出稍大规模问题（如规模为 i+1）的解，依次递推到规模为 n 的问题。

递归算法的思想是将问题规模为 n 的问题，降解成若干个规模为 n−1 的问题，依次降解，直到问题规模足够小，可以直接求解，再反向代入高阶问题中，求出规模为 n 的问题的解。

斐波那契数列是数学中的经典问题，下面分别通过递推法和递归法求出斐波那契数列的第 n 项。数列的第 0 项和第 1 项为 1，自第三项开始，后面数据项的值为前面两个数据项值的和，可以写出数列的前 10 项分别为：1 1 2 3 5 8 13 21 34 55。依据上述描述，斐波那契数列的第 n 项可以表示为：

$$f(n)=\begin{cases}1 & n=0 \text{ 和 } n=1 \text{ 时}\\ f(n-1)+f(n-1) & n>=2 \text{ 时}\end{cases}$$

● 递推法：直接从 f(1)和 f(0)入手，根据递推公式，求出 f(2)，进而求出 f(3)，依次类推到 f(n)。

● 递归法：从 f(n) = f(n−1)+f(n−2)入手，逐渐将问题降解到 f(1)和 f(0)，即可直接求解的规模，然后在利用 f(1)和 f(0)的解反向求 f(n)的解。

如果同一问题如果既能够用递归解决，也能够用递推解决，那么，递推算法要比递归算法的效率高，递归算法的设计则相对简单。因此，设计解题方案时尽可能优先使用递推算法，除非那些不用递归做不出来的问题，或者递推算法实现起来过于复杂的问题适合使用递归算法。实际推导时往往是先采用递归的形式，最后尽可能再转化为递推，以提高程序执行效率。

2. 穷举法

穷举法，也称为暴力破解法。其基本思路是：对于要解决的问题，列举出它的所有可能情况，逐个判断其是否符合问题所要求的条件，全部情况都遍历结束后就得到了问题的解。

穷举法常用于对于密码的破译，即对所有可能的密码组合进行逐个检验，直到找出真正的密码为止。例如一个已知是四位并且全部由数字组成的密码，共有 10000(10^4)种组合，因此最多尝试 10000 次就能找到正确的密码。理论上利用这种方法可以破解任何一种密码，问题只在于如何缩小检验的范围,缩短完成时间。

3.分治法

分治法字面上的解释是“分而治之”,就是把一个复杂的问题分成两个或更多的相同或相似的子问题,再把子问题分成更小的子问题 …… ,以此类推,直到最小子问题可以直接求解为止,原问题的解即为子问题的解的合并。这个技巧是很多高效算法的基础,如快速排序算法和归并排序算法。

4.迭代法

迭代法也称辗转法,是一种不断用变量的旧值递推新值的过程,它利用计算机运算速度快、适合做重复性操作的特点,让计算机对一组指令(或一定步骤)进行重复执行,在每次执行这组指令(或这些步骤)时,都从变量的原值推出它的一个新值。猜数游戏中使用的“二分法”即属于近似迭代法。

3.2 C语言中的语句

C语言程序由若干函数组成,每个函数内部由变量定义和多条语句组成。语句是程序设计的基础,也是程序执行的单位。C语言的语句用来完成一定的操作任务,每条语句编译后产生若干条机器指令,用于向计算机系统发出操作指令。

3.2.1 C语句简述

C语言中的语句可分为两种类型:简单语句和控制语句。简单语句用于执行一些基本操作,控制语句的作用是控制其他语句的执行顺序。

简单语句是C语言中最常见的语句,它由一个表达式加一个分号构成:

```
expression;
```

多数情况下,表达式为一个函数调用、一个赋值操作或一个递增(递减)的变量。若有变量定义“int count=0, num1=4, num2=8;”,则如下面几条语句均为简单语句:

```
count = num1 + num2;
printf("Please input two number:");
count++;
count += 2;
```

控制语句用于控制程序的流程,以实现算法中不同结构。控制语句具体可以细分为:

- 条件判断语句:根据一定的条件是否成立去控制某些语句的执行;
- 循环执行语句:控制一组语句在某些条件成立时得到多次循环执行;
- 转向语句:控制程序中语句执行顺序的跳转;

控制语句的具体使用将在后面章节中介绍。

3.2.2 函数调用语句

我们前面已经见过函数调用,编程中一直使用的 printf 和 scanf 就是函数,是系统提供的标准库函数。为了更好地辅助程序员进行程序设计,C语言的编译系统一般都会提供功能强大的标准库供程序员使用，标准库里的每个函数都能实现一项具体功能，如 printf 用于完成数据的格式化输出，scanf 用于接收终端输入的数据。这两个常用的输入输出函数，我们已经在第二章中详细讲解了其使用方法。标准库提供了非常多的功能强大的函数，如果我们都逐一详细讲解，就不是这样一本教材能够完成的事情了，而且也是完全没有必要的。

对于任何一个标准库函数，我们只要知道了它的名字、使用方法、功能描述和包含其说明的头文件，就可以在程序中自由地使用它们了。完全不必关心这些函数的功能是如何实现的，是谁实现的，用什么技术实现的，等等。

例如，头文件 math. h 中给出了数学函数库所提供的大量标准库函数的说明，部分如下（表 3-2）：

表 3-2　标准库函数说明

函数名	函数使用说明	功能	返回值
fabs	double fabs(double x)；	求 x 的绝对值	计算结果
floor	double floor(double x)；	对实数 x 下取整	该整数的双精度形式
fmod	double fmod(double x, double y)；	求 x/y 所得的余数	余数的双精度形式
log10	double log10(double x)；	求 $\log_{10}X$ 的值	计算结果
pow	double pow(double x, double y)；	求 x^y 的值	计算结果
sin	double sin(double x)；	求 sin x 的值，x 为弧度值	计算结果
sqrt	double sqrt (double x)；	计算 x 的平方根，x≥0	计算结果

依据上面的说明，就可以在程序中调用相应的函数了。下面以 pow 函数的使用为例，详细说明如何看懂函数说明并使用函数。

【例 3-1】从终端键盘接收需要计算的底数 x 和指数 y，输出 x^y 的计算结果。

```
 #include <stdio.h>
 #include <math.h>

int main()
{
     double x, y;
     printf("Please input x :");
     scanf("%lf", &x);
     printf("Please input y :");
     scanf("%lf", &y);
     printf("pow(%.0f, %.0f) = %.0f\n", x, y, pow(x, y));
}
```

```
运行结果：
Please input x：2
Please input y：10
pow(2, 10) = 1024
```

程序中使用标准库函数需要注意如下几点：

(1)要想在程序中使用库函数，需要先通过 include 指令将包含目标库函数的头文件包含到源程序中。

(2)仔细阅读库函数的使用说明，以便获得正确的结果。以 pow 为例，其使用说明为：

double pow(double x, double y);

函数说明由三部分构成：

• 第一个 double 表示函数被调用后返回结果的类型，这里为 double 型。程序设计时往往需要使用本地变量来保存函数调用后的计算结果，或者直接使用此结果参加运算。依据函数说明，用来保存 pow 函数调用结果的变量类型应定义为 double 型，其参与的运算也应为 double 型数据支持的合法运算。如下语句的写法都是正确的：

double result = pow(3,4); // 将 3 的 4 次方运算结果赋值给 double 型变量 result。

result = 10 + pow(3, 4); // 将 10 和 3 的 4 次方的计算结果相加，和赋值给 result。

printf("result = %f\n", pow(x, n)); // 先调用 pow 函数计算 x 的 n 次方，然后输出。要保证该语句执行前，变量 x 和 n 具有符合函数说明规范的合法初值。

• pow 是函数的名字。程序中通过函数的名字来使用该函数，拼写一定要正确；自定义的标识符名字尽量不要和系统标准库函数名字相同，以免编译器混淆；函数说明中的返回结果类型关键字 double 和 pow 中间用空格分隔。

• pow 后面小括号内给出了完成该计算需要给定的参数情况。pow 与左小括号之间没有空格，小括号里面给出了参数的类型和名字，多个参数间通过逗号分隔，每个参数的类型、含义和书写顺序都是十分重要的，不能颠倒。pow 函数有两个参数，分别的 double 型的参数 x 和 double 型的参数 y，第一个参数 x 表示底数，第二个参数 y 表示指数。实际使用时给定的底数和指数类型要和函数说明规定的相符。清楚了函数的具体功能和参数的含义才能正确地使用函数，如 pow(3, 4)和 pow(4, 3)所表示的计算是完全不同的：

pow(3, 4)是计算 3 的 4 次方，结果为 81

pow(4, 3)是计算 4 的 3 次方，结果为 64

(3)正确理解函数说明中给出的返回结果与数学计算结果上的差异，根据需要做出处理。如示例中我们计算 2 的 10 次方，用到数据都是整型数据(可以自动转换为 double 型)，计算结果也是整型。pow 函数是一种通用的设计，能够处理整数和实数运算，故参数和返回值均为 double 型。可以根据需要，通过控制其小数部分的输出，使得其计算结果呈现为我们期望的整数形式。

3.2.3 复合语句与空语句

把多个语句用花括号{}括起来组成的一组语句称复合语句，也称语句块或语句体。程序中把复合语句看成是单条语句，而不是多条语句，其整体作为一个执行单位。实际编程过程中，我们通常使用复合语句来表示一个控制语句所控制的语句范围或一个函数的函数体。

如下语句中，当条件(x>y)成立时，括号里面的三条语句作为一个整体被执行，完成 x 和 y 的交换。如果同样是这样一段语句，将花括号去掉，其表示的语义和执行情况将会完全不同，具体细节将在条件判断语句对应章节中介绍。

```
if (x > y)
{
    t = x;
    x = y;
    y = t;
}
```

块中的语句(花括号内的语句)一般相对上下文缩进，如上示例。这种缩进本身对编译器是没有影响的，但这种视觉效果对阅读程序的人来说有很大的帮助，可以从页面的格式清楚的了解程序的结构。根据经验，每一级缩进 4 个空格(或使用 tab 键)最能使程序的结构得以显现。缩进对于好的程序是十分重要的，应该养成在程序中使用一致的缩进风格的习惯。

C 语言规定每条语句都要以分号结尾，但复合语句是一个例外，起始花括号的后面并没有分号。复合语句强制编译器将花括号中的语句看作一条语句来处理，每条内部语句仍然是以分号结尾，但复合语句本身却不是。

C 语言中还有一种特殊的语句，只包含一个分号，表示什么操作也不做，称为空语句。从语法上讲，它的确是一条语句。在程序设计中，若某处从语法上需要一条语句，而实际上不需要执行任何操作时就可以使用它。

3.3　程序设计的三种基本结构

前面我们接触到了一些使用简单语句完成的 C 语言程序，实际应用中遇到的问题通常要复杂得多，需要执行很多基本操作，而且必须按照特定的顺序执行。为了描述这种操作的执行过程，编程语言就要提供一套描述机制，这种机制称为控制结构。C 语言的控制结构可以将多个单独的指令组合到具有一个入口和一个出口点的单一逻辑单元中。

通过对编程实践规律的总结，人们提出了程序执行的三种基本控制结构，即顺序执行，选择执行和重复执行。在顺序执行时，一个操作完成后接着执行下一个操作；选择执行则是根据遇到的情况，从若干可能事项中选择一种执行，也称为条件控制执行；重复执行则是在某个条件成立的前提下反复做一些事情，也称为循环控制执行。三种控制的示意结构见图 3-3。

人们已经严格证明，任何一个复杂的程序流程，都可以使用这三种基本结构嵌套构造出来。这里的嵌套是指每种结构的语句体中均可以出现其他基本结构，如程序的结构总体上是顺序执行的，其中的某一步可以是选择结构和循环结构，循环结构中的重复执行的部分可以包含顺序结构和选择结构。下面给出一些三种控制结构的代码示例。

【顺序执行】

假设有 int 型变量 a = 3，b = 5，编写代码实现交换 a，b 的值。这个问题类似有两个杯

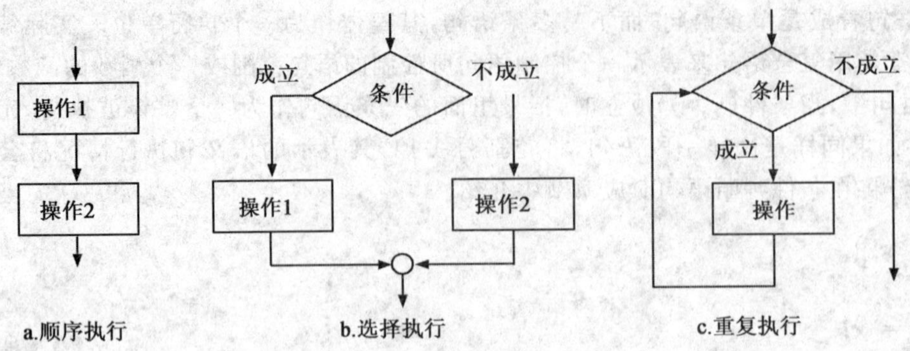

图 3-3 程序执行的控制结构

子，一个杯子里装的是茶，另一个杯子里装的白水，要想把这两个杯子里的茶和白水对换，需要用到第三个杯子。现引入第三个 int 型变量 c，正确的交换代码为：

```
c = a; a = b; b = c;
```

或者

```
c = b; b = a; a = c;
```

如果不小心颠倒了上述语句的书写顺序，误写为：

```
a = b; c = a; b = c;
```

则执行结果就变成 a = b = c = 5，不能达到预期的交换目的。可见，顺序执行时，语句的书写顺序与执行过程是息息相关的，不能随便颠倒。

【选择执行】

从终端键盘输入一个有符号整数，输出此整数的绝对值。输出的绝对值将根据输入整数的不同情况取不同的值，当输入为正整数时，绝对值即为其自身，当输入时负整数时，则绝对值为其相反数。对应实现的伪代码如下：

```
int x, absX; // x用于接收输入的有符号整数,absX用于保存绝对值
printf("Please input one integer :");
scanf("%d", &x);
if (x >= 0)
    absX = x; // 当x大于等于0条件成立时才会执行,否则不会被执行
else
    absX = -x; // 当x大于等于0条件不成立时才会执行
printf("| x | = %d", absX); // 顺序语句,会在判断语句执行后被执行到
```

【循环执行】

统计从终端输入的一段英文中包含多少个单词。程序需要从这段英文的开头开始扫描，每识别出一个单词就为计数器加 1，识别单词和处理计数器的操作将一直重复，直到扫描结束为止。对应实现的伪代码如下：

```
int wordsCount = 0;   // 用于记录单词总数,初始为0
```

```
从文件头开始扫描
while (文件未扫描结束时)
{
    读取一个单词   //作为整体会在文件未结束的情况下反复执行
    wordsCount = wordsCount + 1;   // 计数器加 1
    移动扫描位置到下一个单词的开头;   // 每读取到一个单词后扫描位置后移
}
```

上述给出了三种结构的语句示例,关于每种结构的详细语法规则和使用情况将在后续章节中介绍,读者暂不必深究。

3.4 结构化程序设计

C 语言是一种面向过程的结构化程序设计语言,其主要观点是采用自顶向下、逐步求精及模块化的程序设计方法,使用顺序、选择和循环三种基本控制结构来构造程序。

3.4.1 "自顶向下、逐步求精"的分析方法

自顶向下、逐步求精的思想是指在程序设计时,应先考虑整体,后考虑细节。从主程序的观点出发,将问题作为一个整体考虑,然后试着去找出整个任务的主要构成片段。确定了主程序的主要片段后,就可以沿着这条主线将整个问题继续分解为独立的子问题片段。由于这些子问题中的某一些本身也很复杂,通常还需要进一步将它们分解为更小的片段。这一分解过程将一直持续到每个子片段都足够简单,可以独立解决为止。下面,我们通过实例介绍自顶向下、逐步求精的分析问题方法。

问题

假设我们知道某一年的第一天对应是星期几,如 2014 年 1 月 1 号是星期三,要求按月显示该年的全年日历,每月显示格式如图 3-4。

2014 年 1 月						
周日	周一	周二	周三	周四	周五	周六
			1	2	3	4
5	6	7	8	9	10	11
12	13	14	15	16	17	18
19	20	21	22	23	24	25
26	27	28	29	30	31	

图 3-4 按月显示日期的格式

这个程序比前面我接触过的都要复杂,编程实现也需要使用到后面讲述的控制语句和函数等知识,这里我们只做前期的问题分析和方案设计,程序设计部分留到学完相关知识后再来完成。

分析

根据问题的描述,我们可以推测出日历程序的运行方式大体如图 3-5 所示。

```
请输入需要打印日历的年份:2014
请输入 2014 年 1 月 1 日对应的星期:3

2014 年全年日历如下:

                    2014 年 1 月
周日    周一    周二    周三    周四    周五    周六
                        1       2       3       4
5       6       7       8       9       10      11
12      13      14      15      16      17      18
19      20      21      22      23      24      25
26      27      28      29      30      31

                    2014 年 2 月
周日    周一    周二    周三    周四    周五    周六
                                                1
2       3       4       5       6       7       8
9       10      11      12      13      14      15
16      17      18      19      20      21      22
23      24      25      26      27      28
  ……                ……
```

图 3-5

依据问题的描述和假想的执行情况,可知:

问题输入:需要显示日历的年份,以及当年第一天(1 月 1 日)对应的星期

问题输出:按月份排列的全年日历

采用自顶向下、逐步细化的分析方式对整个问题进行分析可知:

1 年有 12 个月,一年的日历由 12 个月份的日历组成。输出全年的日历可以分解为输出 12 个月份的日历。具体到每个月份的日历,根据格式要求可以细分为三部分:月份标识、星期标识和日期排列。

- 月份标识包含年份和当前月份两个信息;
- 星期标识为固定的排列,不随月份变化而变化,固定从星期日到星期六;
- 日期排列由 1 到这个月的总天数之间的整数组成,以星期为单位分组连续排列,遇到周六后换行显示。

这三部分中,月份标识和星期标识都很简单,可以直接设计解决方案。日期排列依然相对复杂,还需要进一步分解。要想实现日期与星期的对应排列,需要知道两个条件:当前月份的

总天数和该月的第一天对应一个星期中的哪一天。据此，单个月份里具体的日期排列再次细分为三个子问题

- 确定当前月份的总天数。
- 确定当前月份的第一天对应是星期几。
- 根据前面两个条件，输出当前月份的日期排列。

确定某一年某个月份的天数可以按照如下方法确定：

- 2 月：闰年为 29 天，平年为 28 天。
- 1 月、3 月、5 月、7 月、8 月、10 月和 12 月固定为 31 天。
- 4 月、6 月、9 月和 11 月为固定为 30 天。

确定某个月份的 1 号对应的是星期几，可以通过已知的当前年份的第一天对应是星期几来推算。计算出当前月份的第一天和当前年份的第一天之间相隔的天数，对该天数进行模除 7(一个星期有 7 天)取余的操作，即可获得当前月份的第一天对应于星期几。

已知当前月份的总天数和当月第一天对应于星期几，就可以完成具体日期的格式化输出了。首先根据当月第一天对应的星期，在第一排留出足够的空格，此后可通过循环，连续格式化输出即可，遇到星期六后换行。

通过上面的逐步求精，逐层分解，细化后的子问题已经能够直接求解，利用子问题的解就可以构造出整个问题的解决方案了。这种逐层分解的过程没有统一的标准，通常依赖于程序员自身的经验判断。

设计

在确定了问题的输入和输出，以及经过自顶向下的分析后，就可以设计出解决日历显示问题所必需的步骤了。

初始算法：

1. 获得需要显示日历的年份
2. 获得当前年份的第一天对应是星期几
3. 逐个输出一年中 12 个月份的日历，或者重复 12 次输出第 i 个月的日历(i 从 1～12)

步骤 3 细化：

3.1　输出第 i 个月份的标识行

3.2　输出星期标识行

3.3　输出第 i 个月份的日期排列

步骤 3.3 细化：

3.3.1　确定第 i 个月份的总天数

3.3.2　确定第 i 个月份第一天对应是星期几

3.3.3　按照指定格式循环输出日期排列

步骤 3.3.2 细化：

3.3.2.1　计算当前月份的第一天与该年第一天之间相隔的天数

3.3.2.2　根据相隔天数和该年第一天对应的星期数，计算得出当前月份第一天是星期几

有了上述的分析，就可以编程实现每个子问题了，然后通过调用子问题去解决整个问题。具体实现将在后面章节中详述。

3.4.2 结构化程序设计实例

日历程序相对于我们现阶段所学的程序设计知识略显复杂，主要是为了向大家展示自顶向下、逐步求精的分析问题方法。这里我们通过一个相对简单的实例来向大家展示"分析问题—设计算法—编程实现—测试与维护"这一完整的结构化程序设计流程。

问题

我们在很多地方都使用过橡胶的垫圈，用于减少摩擦和防止松脱。要求：根据输入的橡胶圈的内外直径和厚度，以及橡胶的密度，计算出橡胶圈的质量。垫圈示意图见图 3-6。

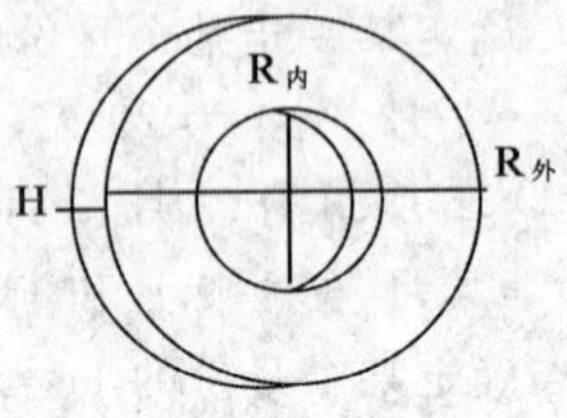

图 3-6　垫圈示意图

分析

通过查询相关数学公式可知，垫圈的质量可用公式"质量＝面积＊厚度＊密度"表示。因此，想要计算垫圈的质量，需要知道垫圈的面积，厚度和橡胶的密度。垫圈的厚度和密度属于问题的输入，所以此问题的关键就在于准确计算出垫圈的面积。垫圈是一个圆环，即一个大的外圆，从中间去掉一个小的同心内圆形成。垫圈的面积可以通过外圆面积减去内圆的面积获得，而外圆和内圆的面积可以通过公式"面积＝π＊半径^2"计算得出。至此，圆形垫圈的质量已经可以通过已知数据计算了。

总结上面的分析结果，我们可以得如下信息：

问题输入：

圆形垫圈的外圆直径

圆形垫圈的内圆直径

圆形垫圈的厚度

用于制作垫圈的橡胶的密度

问题输出：

圆形垫圈的质量

相关公式：

圆面积 ＝ π ＊ r^2（π 为常量，r 为圆的半径）

圆的半径 ＝ 直径/2

圆环面积 ＝ 外圆的面积 －内圆的面积

垫圈质量 ＝ 圆环的面积 ＊ 垫圈厚度 ＊ 橡胶密度

设计

下面我们给出计算圆形垫圈的算法：

初始算法：

(1)获得圆形垫圈的内外直径、厚度和材料密度

(2)计算圆环的面积

(3)计算圆形垫圈的质量

(4)显示结果

步骤 2 细化：

(1)计算圆形垫圈外圈的半径和内圈的半径

(2)利用公式 $S=\pi*r^2$,分别计算外圈面积和内圈面积

(3)计算圆环的面积($S_{外圆}-S_{内圆}$)

实现

在使用 C 语言编程实现算法时,我们通常把初始算法及其细化步骤当作程序的注释来使用。这样的注释可以描述出算法的每一个步骤,并可以提供程序文档来指导我们编写 C 语言代码。

```
#include <stdio.h>
#include <math.h>
#define PI 3.14

int main()
{
    double outerRing_diamiter, innerRing_diamiter;
    double thickness;
    double density;
    double outerRing_radius, innerRing_radius;
    double jointRing_area;
    double jointRing_weight;

    // 1. get input data : outerRing_diamiter, innerRing_diamiter, thickness, density
    printf("Please input outerRing_diamiter : ");
    scanf("%lf", &outerRing_diamiter);
    printf("Please input innerRing_diamiter : ");
    scanf("%lf", &innerRing_diamiter);
    printf("Please input thickness : ");
    scanf("%lf", &thickness);
    printf("Please input density : ");
    scanf("%lf", &density);

    // 2. calculate the jointRing's area
    // 2.1 calculate the outerRing_radius and innerRing_radius
    outerRing_radius = outerRing_diamiter / 2;
    innerRing_radius = innerRing_diamiter / 2;
    // 2.2 calculate the outerRing's area and innerRing's area
    // 2.3 calculate the jointRing area
    jointRing_area = PI * pow(outerRing_radius, 2) - PI * pow(innerRing_
radius, 2);
```

```
    // 3. calculte jointRing's weight
    jointRing_weight = jointRing_area * thickness * density;

    // 4. show the result
    printf("The area of jointRing is : %.2f\n", jointRing_weight);


}
Please input outerRing_diamiter : 4
Please input innerRing_diamiter : 2
Please input thickness : 2
Please input density : 1.3
The area of jointRing is : 24.49
```

测试

程序接收数据并能产生输出结果,这并不意味着程序计算的结果就是正确的,还需要做进一步的测试进行验证。这里我们用两组简单的,便于手动计算的数据进行测试,以验证程序计算的结果是否达到预期。测试数据如下:

第一组:outerRing_diameter = 4, innerRing_diameter = 2,thickness = 2,density = 1.3

第二组:outerRing_diameter = 6, innerRing_diameter = 4,thickness = 4,density = 1.3

借助计算器,利用公式,分别手动计算两组输入数据所应得出的结果。再让程序运行,使用两组数据作为输入,记录程序计算结果。将两组结果进行比较,以确定结果的准确性。

说明:我们这里做的测试只是简单的验证测试,并不是严格意义上的软件测试,只能判断程序对典型数据的处理结果是否达到预期,辅助程序员完成程序开发。

3.5 程序设计风格

任何程序,不管最初设计的时候考虑多么周到,看起来多么完美,随着需求的变化或者测试发现了逻辑错误,总会需要对其进行修改。作为程序员,应该意识到程序可能会在将来发生改变。因此,在程序设计时应该养成良好的设计风格和习惯,以方便后续可能发生的修改和阅读。

要减轻维护程序所需的工作,一个很重要的途径就是使程序的可读性更强。软件开发过程中,程序员阅读程序的时间要远多于写程序的时间,让程序为编译器所接受只是程序设计工作的一部分。好的程序员会将大部分时间花在诸如给程序添加注释等一些编译器忽略的方面。良好的风格和可读性对程序的维护来说是很重要的,给程序加上精辟的注释并使之对普通读者有所帮助是会花费额外的时间,但也会给以后修改程序节省更多的时间。

关于良好的程序设计风格并没有统一的标准,这里我们给出有助于写出较好的、可读性强的程序的一般原则:

- 用注释告诉读者他们需要知道的内容。要向读者解释那些很复杂或者只通过阅读程序很难理解的部分。为了方便修改，也可适当描述程序设计的思路和做法，但不要过于解释一些浅显易懂的内容，分散读者的注意力。同时，要确保所加的注释能够正确反映程序的当前状态，程序发生修改时，注释也要及时更新。

● 使用缩进来区别程序不同的控制级别。恰当地使用缩进能突出程序中控制主体与控制内容间的层次关系，对增强程序的可读性和结构的清晰性很有帮助。具体控制结构的缩进规则将在相应的控制结构语法介绍中给出。

● 使用有意义的名字。如定义一个变量表示圆的半径，将其名为 radius 就能够清楚地告诉读者变量值的含义，而如果只使用一个字母 r，输入简单了，但对读者来说程序的可读性就降低了。

● 指定变量和函数的命名规则，使读者能够从名字中了解其功能。一般情况下，变量名和数据类型名以小写字母开头，例如 num1，count 等。函数名则常以大写字母开头，如 GetData，CalculateCircleArea 等。当名字由多个单词组成时，每个单词的首字母都要大写，以便区分，或者采用下划线（"_"）进行分隔。

● 在适当的情况下使用标准习语和约定。许多软件公司都有自己的内部标准，如果你身在其中，就应该遵守它，这样才能使其他程序员更容易理解，利于团队合作。

● 避免不必要的复杂性。为了程序的可读性和可靠性，牺牲一些程序的效率常常是值得的。随着计算机硬件的发展，一些为了提高执行效率而使得编码变得过于复杂的做法建议尽量少使用，以提高程序的可读性和可维护性。

● 通过定义符号常量提升程序中数据的可修改性，以及降低复杂数据的输入错误几率。一些容易发生修改和经常使用的数据，将其定义为符号常量，书写在程序的前面，以便于查找和修改。例如前面程序中使用的圆周率常量 π，其小数位数很多，而且经常使用，适合定义为符号常量。

习　题

(1)列出程序设计的三种基本结构，并画出流程图。

(2)举例说明自顶向下的设计思想。

(3)编写程序，获取键盘输入的整数 x，计算此整数的平方根和 10 次方，并通过计算机自带计算机器简单验证输出结果是否正确。

(4)编写程序，接收键盘输入三个学生两门课的成绩，计算出每个学生的平均成绩并输出，结果要求保留小数点后 2 位有效数字。

(5)编写程序，根据用户输入的直角三角形的两个直角边，然后使用 pow 和 sqrt 函数以及勾股定理来计算斜边的长度。

第4章 选择结构

选择结构对应于第三章中介绍的选择执行模式，指在程序设计过程中，根据条件测试的结果，在两个或多个独立的程序执行路径中选择一条路径执行。决定程序执行路径的控制语句称为条件语句或条件判断语句。

现实生活中我们经常要做判断，根据不同的情况去做不同的事情，例如：

(1)如果外面阴天，出门就把雨伞带上。

(2)如果周末天气好，我们就去郊游，否则就去看电影。

(3)如果能在上课前1个小时起床，那就去食堂吃早餐；否则，如果能够在上课前40分钟起床，就在宿舍吃早餐；否则，直接去上课。

(4)如果你有空，并且天气好，我们就去踢足球。

程序设计里，也经常需要根据某一条件的成立与否而执行不同的程序段。例如，正常成年人静止状态下心率的波动范围为60～100/分钟，过高或过低都说明心脏可能存在潜在的疾病。我们可以用一个程序来获得人静止状态下的心率，并将该值与60和100做比较，如果该值小于60或大于100，那么就显示一条警告消息。这里的60～100之间就是条件，程序根据这一条件的判断结果，做出相应的处理。

本章主要介绍控制条件的表示，以及C语言中支持的条件控制语句。

4.1 条件的表示

选择结构通过对指定条件是否成立进行判断，决定要选择执行的程序分支。要做判断，就需要一种比较机制，现实生活中我们经常用到的比较词汇包括“大于”、“小于”、“等于”、“大于等于”等等，判断的结果则通常用“真”和“假”来形容。如“3比5大”这个描述的结果就是“假”，“1米等于100厘米”这个描述的结果是“真”。

C语言里相应规定了用于判断的关系运算符，以及多个条件组合的逻辑运算符。

4.1.1 关系运算符与单一条件的判断

关系运算符的作用是确定两个数据之间是否存在某种关系。C语言规定的6种关系运算符及其有关的说明见表4-1。

关系运算符的操作对象是表达式，用于对两个表达式的值进行比较，表达式中可以包含变量和常量。如果被比较的表达式类型不同，就按照算术运算符相同的类型转换规则，对表达式求出的值进行类型转换，转换成同类型的数据之后再做比较。关系运算符都是双目运算符，其结合性是从左向右结合。优先级分为两级。

高级：＜、＜＝、＞、＞＝

低级：＝＝、！＝

表 4-1　C 语言规定的关系运算符及其功能

运算符	名称	示例	功　能
＜	小于	a＜b	a 小于 b 时返回真；否则返回假
＜＝	小于等于	a＜＝b	a 小于等于 b 时返回真；否则返回假
＞	大于	a＞b	a 大于 b 时返回真；否则返回假
＞＝	大于等于	a＞＝b	a 大于等于 b 时返回真；否则返回假
＝＝	等于	a＝＝b	a 等于 b 时返回真；否则返回假
！＝	不等于	a！＝b	a 不等于 b 时返回真；否则返回假

关系运算符的优先级低于算术运算符，但高于赋值运算符。

用关系运算符将两个表达式连接起来的式子称为关系表达式。关系表达式的结果只有两种：它描述的关系或者成立，或者不成立。当关系成立时，结果为逻辑“真”，当关系不成立时，结果为逻辑“假”。在程序设计时，这种逻辑判断和逻辑值主要用于控制程序的执行路径。

C 语言没有专用的表示逻辑值的类型（如布尔型的 true 和 false），对于关系表达式的结果，C 语言采用 int 类型的 0 和 1 表示，若比较结果为“真”，则表达式值为 1，否则值为 0。C 语言中的任何基本类型的数据都可以当作逻辑值使用，值是 0（无论是整数 0 还是浮点数 0 等）表示逻辑值“假”，任何不等于 0 的数值都表示为逻辑值“真”。下面给出一些变量的定义，以及由这些变量构成的关系表达式（见表 4-2）：

```
int x ＝ －5，y ＝ 10，num1 ＝ 100，num2 ＝ 100；
float min_value ＝ 1.3，max_value ＝ 99.99；
```

表 4-2　变量构成的关系表达式

运算符	条件表达式	含义	值
＜	x ＜ －10	x 小于－10	0（假）
＜＝	num1 ＜＝ num2	num1 小于等于 num2	1（真）
＞	y ＞ x	y 大于 x	1（真）
＞＝	max_value ＞＝ num1	max_value 大于等于 num1	0（假）
＝＝	num1 ＝ ＝ num2	num1 等于 num2	1（真）
！＝	min_value ！ ＝ max_value	min_value 不等于 max_value	1（真）
	100	整常数 100	1（真）

4.1.2　逻辑运算符与复合条件的判断

关系运算符使得我们可以对原子条件（不能再分解）进行判断，实际应用中经常需要描述复杂的逻辑关系，通过多个条件的组合综合做出判断。

例如，"如果你有空，并且天气好，我们就去踢足球"，此例中，只有同时满足"你有空"和"天气好"两个条件，"去踢足球"这个动作才会发生。

再如，数学中常用的区间取值的表示。如果要检查 int 型变量 x 的取值是否在[1,20]区间，初等数学中通过判断表达式"1=<x<=20"的值来确定，C语言中并不支持这种写法，需要表示为"x>=1"且"x<=20"，这两个表达式同时成立，才表示 x 的取值落在了[1,20]区间。同理，要想表示 x 的取值不在上述区间，则可表示为"x<1"或"x>20"，这两个表达式只要有一个为真，即表示 x 的取值不在[1, 20]区间。

为了表示类似这样的条件组合，需要使用逻辑运算符，C语言提供了三个逻辑运算符：&&(与)、||(或)、!(非)，分别表示并且、或者和否定三种逻辑运算。其中逻辑非运算符(!)为一元运算符，另外两个是二元运算符。逻辑表达式的计算结果均为整数类型的 0 或 1。表 4-3 给出了三个逻辑运算符的计算方式。

表 4-3 C语言逻辑运算符的计算方式

! 表达式	把表达式的值看作逻辑值，以该值的否定作为结果： 如果表达式的结果非 0，则结果为 0； 如果表达式的值为 0，则结果为 1。 示例：逻辑表达式！(3>5)的结果为 1。首先计算关系表达式 3>5，结果为 0，再通过非运算对 0 取反，结果为 1
表达式$_1$ && 表达式$_2$	只有两个表达式的取值都不是 0 时结果才为 1，否则为 0 计算方式：先计算表达式$_1$；如果值为 0 则不再计算表达式$_2$，直接以 0 作为整个表达式的值；否则(表达式$_1$ 非 0)计算表达式$_2$，如果表达式$_2$ 的取值为 0 则整个表达式的值为 0，否则为 1 示例： (3>5) && (5<7)，3>5 结果为 0，故与运算的结果为 0 (3<5) && (5<7)，3<5 结果为 1，5<7 结果也为 1，故与运算的结果为 1
表达式$_1$ ‖ 表达式$_2$	只有两个表达式的取值都为 0 时结果为 0，否则为 1 计算方式：先计算表达式$_1$，如果结果为 1，则不再计算表达式$_2$，直接以 1 作为整个表达式的值；否则(表达式$_1$ 为 0)计算表达式$_2$，如果表达式$_2$ 的取值为 0，则整个表达式的值为 0，否则为 1 示例： (3<5) ‖ (5<7)，3<5 结果为 1，可直接确定或运算结果为 1，无须继续计算 5<7 的值 (3>5) ‖ (5>7)，3>5 的结果为 0，继续计算 5>7，结果为 0，故或运算的结果为 0

逻辑非(!)是一元运算符，其优先级与其他一元运算符相同；二元逻辑运算符的优先级低于关系运算符，与运算(&&)的优先级高于或运算(||)。

【例 4-1】假设有 double 型变量 x=3.0，y=4.0，z=2.0，写出如下自然语言描述所对应的表达式，并依据现有取值计算表达式的值(表 4-4)。

表 4-4

自然语言表达式	逻辑表达式	求值
x 和 y 都大于 z	x>z && y>z	1 &&1,结果为 1
x 等于 1.0 或 3.0	x==1.0 ‖ x==3.0	0 ‖1,结果为 1
x 介于 z 和 y 之间,包含 z 和 y	x>=z && x<=y	1 &&1,结果为 1
x 位于 z 到 y 之外	z>x ‖ y<x	0 ‖0 ,结果为 0

【例 4-2】假设有 int 型变量 y,用于表示年份,试通过表达式判断 y 是否为闰年。

分析:根据历法,闰年的年份值是 4 的倍数但又不是 100 的倍数,或者是 400 的倍数。采用自顶向下的分析方法,分析过程如下:

(1)从整体上看,构成闰年的条件是满足上面描述的两个条件之一即可,是逻辑或关系,即最后判断闰年的表达式可表示为(条件 1) ‖(条件 2)。

(2)对于条件 1,满足"是 4 的倍数但又不是 100 的倍数",这里面又蕴含了两个条件:,"是 4 的倍数"(条件 1.1)、"不是 100 的倍数"(条件 1.2);而且要求这两个条件必须同时成立,是逻辑与的关系。故条件 1 可细化为:(条件 1.1) && (条件 1.2)。

(3)对于条件 2,满足"是 400 的倍数",这是单一条件,直接表示即可。

(4)整理得出判断是否为闰年的表达式模式为:

((条件 1.1)&&(条件 1.2)) ‖(条件 2)

上述分析过程可用图 4-1 表示:

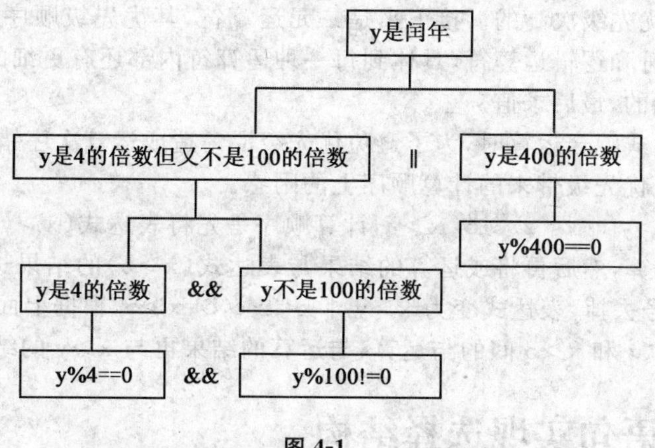

图 4-1

综合得出,判断变量 y 是否为闰年的完整表达式为:

((y % 4 == 0)&&(y % 100 ! = 0)) ‖(y % 400 == 0)

当该表达式结果为真时,表示 y 是闰年,否则 y 不是闰年。同理,如果需要判断某一年份是否为非闰年,可通过对上述表达式取反进行表示:

!(((y % 4 == 0)&&(y % 100 ! = 0)) ‖(y % 400 == 0))

注意:当逻辑表达式比较复杂,出现多个条件的连接时,建议采用"()"来明确层次关系。

4.1.3 运算符优先级

到目前为止，我们已经学习了算术运算符，赋值运算符，关系运算符，逻辑运算符，也接触了同类运算符间的优先级关系，当多种运算混合时，这种优先级关系更为复杂，现将上述运算符的优先级汇总为表4-5。

表4-5 运算符的优先级汇总

运算符	优先级
函数调用	最高
!（非） -（负号） +（正号） &（取地址符）	↓
* / %	
+（加号） -（减号）	
＜ ＜＝ ＞＝ ＞	
＝＝ !＝	
&&	
||	
＝	最低

从表4-4可以看出，函数调用是优先级最高的，在混合运算中最先求值。一元运算符都是只有一个操作数，是优先级次高的。接下来是二元运算符，其优先级顺序从高到低依次是：算术运算符、关系运算符和逻辑运算符，具体到每一种运算符内部还有更细的优先级划分。赋值运算符是优先级最低的，最后求值。

当出现多种表达式混合运算时，为了避免优先级混淆造成运算次序错误，建议通过适当增加括号的方式来降低优先级带来的计算顺序上的困惑。

例如，表达式(x＞y ‖ x＜z)&& x＞5，计算顺序是先将表达式(x＞y)的结果和表达式(x＜z)的结果进行或运算，然后再将或运算的结果与表达式(x＞5)的结果进行与运算。如果将(x＞y ‖ x＜z)的括号去掉，表达式变为x＞y ‖ x＜z && x＞5，根据上面给出的优先级，计算顺序变为：先进行x＜z和x＞5间的与运算，与运算的结果再与x＞y的结果进行或运算。

4.2 使用if语句实现选择结构

前面，我们学习了使用关系运算符和逻辑运算符编写用于控制程序流向的条件，本节将在上一节的基础上研究如何根据表达式的取值来选择一条路径去执行。在C语言里，if语句是最主要的选择结构。根据条件判断后执行路径的情况，可以将if语句简单划分为单选择方案，双选择方案和多选择方案三种结构。

4.2.1 基本的if语句——单选择方案

单选择方案是指在程序设计时，仅去控制当给定条件成立时需要执行的路径，其他情况不做处理。

例如，设计程序，接收从终端输入的 4 个整数，计算其中偶数的和数。程序设计过程中，需要对输入的 4 个整数分别进行判断，如果其中的某一个整数是偶数，则将其数值累加到结果变量上。4 个整数都判断结束后，结果变量中就保存了偶数的和数。

这里，对单个整数的判断即属于单选择方案的条件判断语句，只给出了当该整数满足“是偶数”这一条件时的处理结果，而没有处理其他情况。

单选择方案的 if 语句是最为常见和普通的一种选择结构，其一般形式见图 4-2：

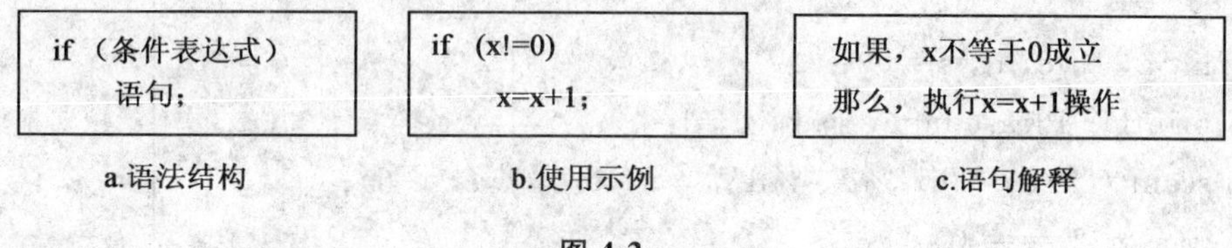

图 4-2

对于单选择方案的 if 语句说明如下：

- if 为关键字，表示当前语句是一个条件判断结构。
- 条件表达式必须使用()括起来，其与关键字 if 间用空格分隔，小括号的后面没有分号。条件表达式部分可以是单一算术表达式，也可以是多个条件复合的逻辑表达式，整个表达式的结果为逻辑“真”或“假”。
- 语句部分被称为选择结构的语句体。当条件表达式结果为“真”时，执行对应的语句体，反之，当条件表达式为“假”时，语句体将不会被执行。当语句体和控制语句没有书写在同一行时，通常语句体要相对于控制语句进行缩进。
- if 语句的执行过程为：首先计算条件表达式的值，若为“真”，则执行对应的语句体，然后再继续执行程序的其他部分；若表达式的值为“假”，将跳过语句体，直接执行程序的其他部分。具体见图 4-3。
- 如果 if 结构的语句体只有一条语句，且较短的情况下，可直接写在条件表达式的后面，即写成 if（条件表达式）语句。
- 如果 if 结构的语句体为多条语句，则必须使用{}将其括起来，形成复合语句。即按照如下方式书写：

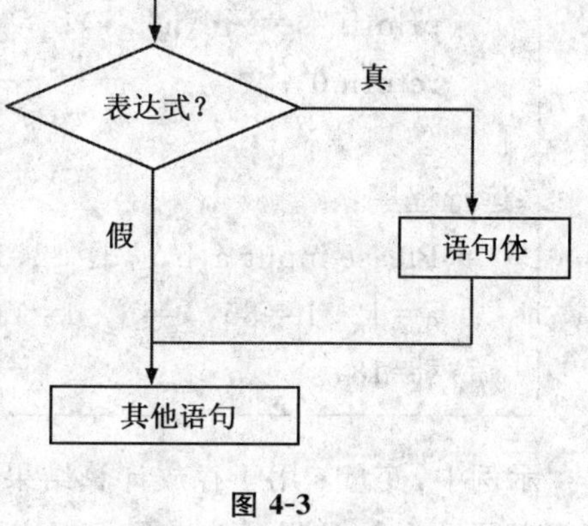

图 4-3

```
if（条件表达式）
{
    语句 1；
    语句 2；
    ……
    语句 n；
}
```

• 无论 if 结构的语句体是单条语句,还是多条语句,使用{}将其括起来,写成带有缩进的复合语句都是一个好的习惯。

【例 4-3】求 4 个整数中的偶数之和问题,用 if 语句编程实现如下:

```
#include <stdio.h>
int main( )
{
    int a, b, c, d, s = 0;
    printf ("Please input a, b, c, d: ");
    scanf ("%d, %d, %d, %d", &a, &b, &c, &d);
    if(a % 2 == 0)
        s += a;
    if ( b % 2 == 0)
        s += b;
    if ( c % 2 == 0)
        s += c;
    if ( d % 2 == 0)
        s += d;
    printf("a=%d, b=%d, c=%d, d=%d\n", a, b, c, d);
    printf("s=%d\n", s);
    return 0;
}
```

运行程序:

```
    Please input a,b,c,d: 12,35,6,11↙
    a=12, b=35, c=6, d=11
    s=18
```

示例中,变量 s 用于存放计算结果,必须在使用前对其赋初值为 0(并不是所有变量的初值都必须设为 0,这里设为 0 是根据实际需要),否则不能保证参与计算前 s 的准确取值,可能产生不可预知的结果。

程序中的四个 if 选择结构是平行关系,即不管变量 a 是否为偶数,处理过 a 后一定会执行到对变量 b 的判断。同理,当对变量 d 进行判断后,不管 d 是否为偶数,都会执行后续的 printf 语句,输出变量 a、b、c 和 d 的值。

【例 4-4】编写程序,计算输入整数的绝对值。

分析

求整数 x 的绝对值的算法很简单,若 $x \geqslant 0$,则 x 即为所求;若 $x<0$,则 $-x$ 为 x 的绝对值。

问题输入:x

问题输出:x 的绝对值

计算公式

$$|x|=\begin{cases}x & x\geqslant \\ -x & x<0\end{cases}$$

算法设计

(1)定义变量 x,用于保存输入的整数

(2)输入整数 x

(3)计算 x 的绝对值

(4)输出结果

程序实现

```
#include <stdio.h>
int main( )
{
    int x, absX;
    printf("Please input x : ") ;
    scanf("%d", &x);
    absX = x;
    if (x>0)
    {
        absX = -x;
    }
    printf("x=%d, |x|=%d\n", x, absX);
}
```

运行程序：

```
Please input x : -5↙
x=-5, |x|=5
```

思考

(1)如果一不小心将语句“if (x>0)”,写成“if (x>0);”,程序会如何运行？为什么？

(2)本例中,if 语句体如果不用{},是否可行。

4.2.2 扩展的 if 语句——双选择方案

单选择方案的 if 语句只给出了条件为“真”时程序的执行情况,如果需要同时处理条件为“假”时程序的执行情况,则需要使用双选择方案的 if 语句。双选择方案的 if 语句结构见图 4-4。

关于双选择方案的 if 语句,说明如下：

- 双选择方案可以看作两部分构成,第一部分处理条件表达式为真时的程序执行情况,语法结构与前面讲述的单选择方案结构相同,遵守相同的规则。
- 双选择方案的第二部分处理条件表达式为假时的程序执行情况,其中 else 为关键字,翻译为否则,表示当前面的条件表达式为假的情况；else 后面的语句$_2$ 称为 else 对应的语句体,即当条件表达式为假时程序要去执行语句$_2$。

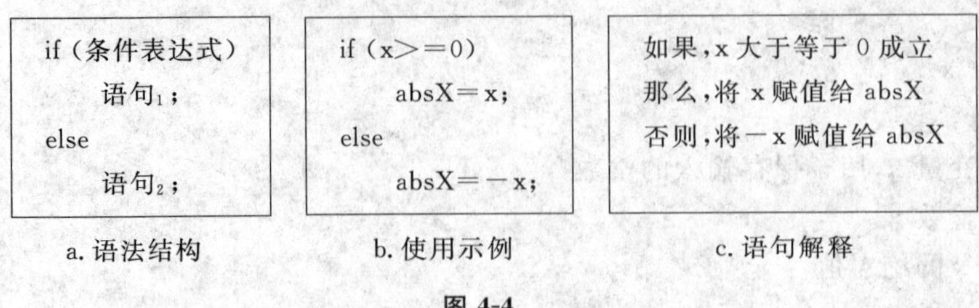
if (条件表达式)
    语句$_1$;
else
    语句$_2$;

a. 语法结构

if (x>=0)
    absX=x;
else
    absX=-x;

b. 使用示例

如果，x 大于等于 0 成立
那么，将 x 赋值给 absX
否则，将 -x 赋值给 absX

c. 语句解释

图 4-4

● 双选择方案的 if 语句的执行过程：首先计算条件表达式的值，若表达式的值为“真”，执行语句$_1$，并跳过语句$_2$，继续执行 if-else 结构后面的其他程序语句；若表达式的值为“假”，跳过语句$_1$，执行语句$_2$，然后继续执行 if-else 结构后面的其他程序语句。执行过程如图 4-5 所示。

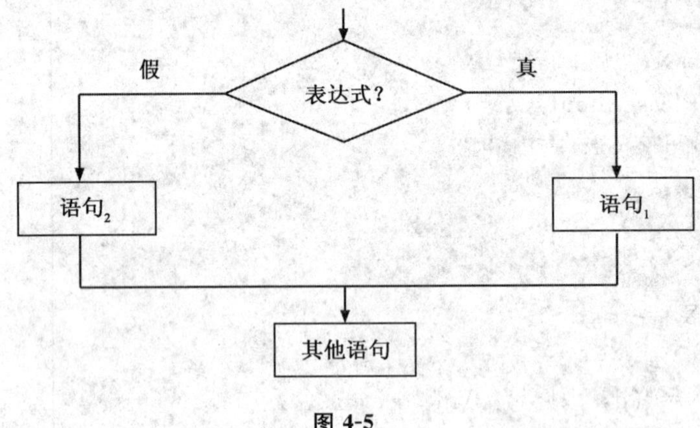

图 4-5

● else 必须和 if 成对出现，不能单独使用。else 和 if 都是控制结构的关键字，本身不是独立的执行语句，后面不能有分号。

● else 关键字本身就代表了条件表达式为假的情况，无须再添加任何条件表达式。上述 else 语句写成“else (x<0)”是错误的。

● 语句$_1$ 和语句$_2$ 分别作为 if 和 else 的语句体，遵守前面给出的控制结构语句体的书写规则，即当语句体为单条短语句时，可直接书写在控制语句的后面，成一行；当为多条语句时，必须写成{}括起来的复合语句形式。

上述计算整数绝对值的示例用 if-else 结构可改写如下：

```
#include <stdio.h>
int main( )
{
    int x, absX;
    printf("Please input x : ") ;
    scanf("%d", &x);
```

```
    if (x<=0)
        absX = x;
    else
        absX = -x;
    printf("x=%d, |x|=%d\n", x, absX);
}
运行程序:
    Please input x : 3↙
    x=3, |x|=3
```

【例 4-5】某 T 恤生产厂商开发了一个自动检测衣服中是否含有金属残留物的程序，所有衣服逐件的通过检测设备，一旦发现某件衣服上含有金属物品，则产生报警，并将不合格衣服数量加 1；如果衣服合格，则将合格服装的数量加 1。若用条件判断语句表示上述结构，相关伪代码如下：

```
int qualifiedCount = 0, disqualifiedCount = 0;
if (设备没有报警)
{
    qualifiedCount += 1;
}
else
{
    printf("衣服中含有金属物品，请检查！\n");
    disqualifiedCount += 1;
}
```

当衣服没有通过检测时，要做两件事情，输出警告信息和累计不合格产品数量，故必须使用复合语句形式，如果漏写了复合语句所需的大括号，即写成如下形式：

```
if (设备没有报警)
{
    qualifiedCount += 1;
}
else
    printf("衣服中含有金属物品，请检查！\n");
    disqualifiedCount += 1;
```

编译器会认为，最后一行“disqualifiedCount += 1;”并不是条件判断结构中 else 对应的语句体，而是与整个 if—else 结构平行的语句，即无论“设备没有报警”这个条件是否成立，都会执行到“disqualifiedCount += 1;”这条语句，显然这与程序设计的最初想法是不同的。

4.2.3 多选择方案的 if 语句

前面我们介绍了单条件和双条件的选择结构，实际程序设计中常常面对更多的选择。当一个问题不仅有两种可能的结果，有多种可能的情况进行处理时，可以将 if-else 结构扩展成为 if-else if-else 结构，即构成多选择方案的 if 语句，其语法结构如图 4-6 所示：

if (表达式$_1$)
　　语句$_1$
else if (表达式$_2$)
　　语句$_2$
else if (表达式$_3$)
　　语句$_3$
……
else if (表达式$_n$)
　　语句$_n$
else
　　语句$_{n+1}$

```
if (noise_db <= 50)
    printf("quiet\n");
else if (noise_db <= 70)
    printf("intrusive\n");
else if (noise_db <= 90)
    printf("annoying\n");
else if (noise_db <= 110)
    printf("very annoying\n");
else
    printf("uncomfortable\n");
```

如果，噪音<=50 分贝
　　那么，是比较安静的；
否则，如果噪音<=70 分贝
　　那么，有些打扰了；
否则，如果噪音<=90 分贝
　　那么，有些讨厌了；
否则，如果噪音<=110 分贝
　　那么，非常讨厌了；
否则
　　让人很不舒服了；

图 4-6

多选择方案的 if 语句执行过程见图 4-7：

(1)首先计算表达式$_1$ 的值，若为真，则执行语句$_1$，然后跳过其后面所有的 else if 和 else 语句，转而执行程序的其他语句。

(2)若表达式$_1$ 的值为假，则计算表达式$_2$ 的值，若为真，则执行语句块$_2$，然后跳过其后面所有的 else if 和 else 语句块，转而执行后面的其他语句。

(3)若表达式$_2$ 的值为假，则继续测试下一个条件，以此类推。

(4)如果所有的条件均为假，则执行 else 对应的语句体，然后转而执行程序的其他语句。

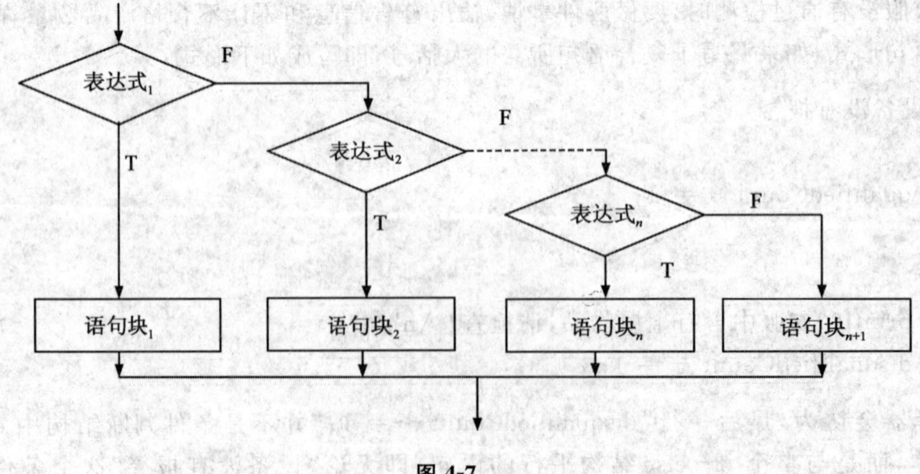

图 4-7

说明：

- if、else if 和 else 对应的语句体部分，均遵守单选择方案中对控制结构语句体的书写规则；
- else if 的数量没有限制，根据条件分支情况确定；
- 在多选择方案中，下一个条件的 else 和 if 出现在同一行上，用空格分隔，表示在前一个条件为假的时候，判断当前条件。
- 所有的 else 都是对齐的，每个条件对应的控制语句都在控制条件下缩进对齐。
- 最后一个 else 可以省略，但 else if 和 else 都不能单独出现，必须和 if 配对使用。

【例 4-6】设计一个程序，将输入的百分制成绩转换为等级表示的成绩。转换规则如下：

A 级：90—100

B 级：80—89

C 级：60—79

D 级：0—59

分析

解决这个问题的关键在于通过对成绩取值范围的判断，找出对应的等级。根据等级的划分规定，成绩对应了多个取值区间，故适合采用多选择方案的 if 语句表示。

程序实现

```
#include <stdio.h>
int main ( )
{
    double score ;
    printf ("Please input score : ");
    scanf("%lf", & score);
    if (score >100 || score <0)
        printf ("score should be in [0, 100]! \n");
    else if (x>=90)
        printf ("score = %.2f → grade A\n", score);
    else if (x>=80)
        printf ("score = %.2f → grade B\n", score);
    else if (x>=60)
        printf ("score = %.2f → grade C\n", score);
    else
        printf ("score = %.2f → grade D\n", score);
    return 0;
}
```

程序分析

(1)程序首先通过条件表达式“score >100 || score <0”，判断当前输入的成绩是否为合

法的成绩数值，即是否在[0, 100]范围内。如果表达式取值为假，即输入数值不合法，则输出提示信息，并结束程序。

(2)如果输入成绩合法，则继续执行条件判断语句“else if (x>=90)”，若对应的条件表达式取值为真，则输出A级，if语句结束，转而执行语句“return 0”返回。即A级对应的条件是“! (score >100 ‖ score <0) && (x>=90)”为真，else的作用相当于条件表达式“! (score >100 ‖ score <0)”，无须显示表述。

(3)如果条件判断语句“else if (x>=90)”取值为假，则继续执行语句“else if (x>=80)”，else相当于条件表达式“! (x>=90)”，即在表达式“x>=90”取值为假的前提下，计算表达式“x>=80”，若取值为真，则输出B级，if语句结束，转而执行语句“return 0”返回。

(4)其他else if语句以此类推。

(5)如果前面所有的条件均不成立，则直接执行最后一个else对应的语句体，输出D级，转而执行语句“return 0”返回。

上述条件判断，也可以改写为如下形式：

```
if (score >100 || score <0)
    printf ("score should be in [0, 100]! \n");
else if (x<=59)
    printf ("score = %.2f → grade D\n", score);
else if (x<=79)
    printf ("score = %.2f → grade C\n", score);
else if (x<=89)
    printf ("score = %.2f → grade B\n", score);
else
    printf ("score = %.2f → grade A\n", score);
```

多选择方案的if语句是顺序求值的，只有第一个为真的条件对应的语句体会被执行，后续的其他部分就会被跳过，条件的顺序会对程序的效率和结果产生影响。

上述两组判断语句的顺序是不同的，如果我们知道当前考试的成绩偏高，那么以(x>=90)为第一个判断语句效率会更高些，因为条件判断的次数减少了。

如果将上述条件判断结构改写为如下形式结果就不正确了。只要输入的成绩是[0,100]区间的合理数值，且小于等于90，都会输出为A级。因为第一个else if对应的条件(x<=90)为真，所以后面的其他判断均被跳过了。

```
if (score >100 || score <0)
    printf ("score should be in [0, 100]! \n");
else if (x<=90)
    printf ("score = %.2f → grade A\n", score);
else if (x<=80)
    printf ("score = %.2f → grade B\n", score);
```

```
else if (x<=60)
    printf ("score = %.2f → grade C\n", score);
else
    printf ("score = %.2f → grade D\n", score);
```

4.2.4　嵌套的 if 语句

前面我们学习了三种常见的 if 语句使用方式，其中每个条件判断对应的语句体都是简单语句，实际应用中，C 语言里允许任何有效的语句出现在 if 语句的语句体中，即 if 语句的语句体里依然可以出现选择结构语句。这种 if 语句的语句体里再次包含 if 语句的结构，我们称为 if 语句的嵌套，或嵌套 if 语句。

例如，猜数游戏中，一次猜数的过程为：用户输入猜测的数据，系统接收到数据后，与事先产生的随机数进行比较，并根据比较结果，做出相应的提示，如“高了”、“低了”、“猜中了”等。要表示这样的比较，可以采用如下 if 语句嵌套实现：

```
假设 int 型变量 input_data 里保存了用户输入的猜测数据
    int 型变量 aim_data 里保存了事先生成的随机数
if (input_data == aim_data)
    printf("You got it!");
else
{
    if (input_data > aim_data)
        printf("higher!");
    else
        printf("lower!");
}
```

前面根据分数判断等级的示例也可以用嵌套 if 实现。具体如下：

```
#include <stdio.h>
int main ( )
{
    double score;
    printf ("Please input score : ");
    scanf("%lf", &score);
    if (score>100 || score<0)
        printf ("score=%.2f data error! \n",score);
    else
    {
```

```
        if (score>=90)
            printf ("score=%.2f →grade A\n",score);
        else
        {
            if (score>=80)
                printf ("score=%.2f →grade B\n",score);
            else
            {
                if (score>=60)
                    printf ("score=%.2f →grade C\n",score);
                else
                    printf ("score=%.2f →grade D\n",score);
            }
        }
    }
}
```

说明：

(1)嵌套 if 结构与普通的 if 结构无本质区别，只是其语句体里包含了 if 语句而已。

(2)当出现嵌套 if 结构时，需要特别注意 if 和 else 的配对关系，其关系不是由写法决定(缩进，远近)，而是根据最近未配对的原则，即 else 与其上方同一语句块内最近未配对的 if 构成一对。为了避免这种配对带来的结构混淆，建议通过花括号的形式将不同层次的结构区分开。

(3)初学者建议不要过多使用嵌套 if 结构，尽量将程序简单化。

4.3 选择结构的其他表示方法

通过上一节的学习，我们已经掌握了使用 if 语句实现选择结构的基本方法，C 语言还提供了 switch 语句和条件表达式来简化某些特定选择结构的写法，使得程序结构更加清晰易读。

4.3.1 switch 结构

在 C 语言中，可以使用 switch 结构来处理某些特定形式的多分支条件判断，尤其适用于根据单个变量(或表达式)的值进行判断的情况。相比较于前面介绍的多选择方案的 if 语句和嵌套 if 语句，switch 结构更加简洁，可读性也更强。下面通过一个简单的例子来说明其工作原理。

假设一家彩票销售点提供一种刮刮卡形式的彩票，如果卡片刮开后是数字 79 可赢得一等奖，数字 14 可获得二等奖，数字 83 可获得三等奖，其他数字不获奖。使用下面的 switch 语句可以检查购买彩票者是否中奖：

```
int ticket_num //表示彩票上的数字
switch ( ticket_num )
{
    case 79:
        printf("First prize! \n");
        break;
    case 14:
        printf("Second prize! \n");
        break;
    case 83:
        printf("Third prize! \n");
        break;
    default:
        printf("Sorry, you lose! \n");
        break;
}
```

```
switch ( e )
{
    case c_1:
        statements_1;
        break;
    case c _2:
        statements_2;
        break;
        …  …
    case c _n:
        statements _n;
        break;
    default:
        statements _n+1;
        break;
}
```

这段程序将根据关键字 switch 后面括号内的控制表达式 ticket_num 的值，确定执行后面复合语句中的哪一部分。如果 ticket_num 的取值与某个 case 关键字后面的指定值匹配，就从该 case 语句处开始执行。例如，如果 ticket_num 的值为 83，就显示如下信息：

```
Second prize!
```

printf 后面的 break 语句的作用是跳出 switch 结构，转而执行 switch 结构后面的其他程序语句。如果 ticket_num 的值不对应任何一个 case 语句给出的常量值，就执行 default 关键字后面的语句，执行默认处理。switch、case、default、break 均为 C 语言中的关键字。

switch 语句的一般形式中，e 是一个表达式，称为控制表达式，即通过该表达式的取值控制语句体的执行。switch 语句的主体分成若干由关键字 case 或 default 引入的语句组。一个 case 关键字和紧随其后直到下一个 case 或 default 之前的所有语句合成为 case 子句。default 关键字及其后面的相应语句合成为 default 子句。如，下面就是一个 case 子句

```
case c_1:
    statements_1;
    break;
```

switch 结构的执行过程为：首先计算控制表达式 e 的取值，然后依次与每个 case 指定的常量值 c_1、c_2 进行比较，若表达式的值与某一个 case 语句指定的常量值相等，则从相应的 case 子句开始执行，遇到 break 语句后结束，并跳出 switch 结构，转而执行 switch 结构后的其他程序语句。若所有的 case 值均与表达式的取值不相符，就执行 default 后面的语句。

说明：

- switch 结构中控制表达式 e 的取值必须为 int 型或 char 型，不能是浮点型。

- switch 语句中只能选择一个 case 对应的语句开始执行，所以所有的 case 值都必须互不相同；
- case 值必须是常量表达式，即可以静态计算出明确结果的表达式，不能含有变量。
- case 子句的语句体部分可以包含一条或多条语句，可以包含任何 C 语言规定的合法语句，包括控制语句，均无须用{}括起来。
- default 语句一般出现在所有 case 语句之后，default 语句可以缺省。

上述 switch 语句也可以使用多选择方案的 if 语句实现：

```
int ticket_num //表示彩票上的数字
if (ticket_num == 79)
    printf("First prize! \n");
else if (ticket_num == 83)
    printf("Second prize! \n");
else if (ticket_num == 14)
    printf("Third prize! \n");
else
    printf("Sorry, you lose! \n");
```

上一节将百分制成绩转换为等级的示例，同样可以通过简单的转换使用 switch 语句表示：

```
#include <stdio.h>
#include <math.h>

int main ( )
{
    double score ;
    printf ("Please input score: ");
    scanf ("%lf ", &score);
    switch ( floor(score/10) )
    {
        case 10:case 9:
            printf ("score= %f →grade A\n", score);
            break;
        case 8: case 7:
            printf ("score= %.2f →grade B\n", score);
            break;
```

```
    case 6:
        printf ("score=%.2f →grade C\n", score);
        break;
    case 5: case 4: case 3: case 2: case 1: case 0:
        printf ("score=%.2f →grade D\n", score);
        break;
    default :
        printf ("score=%.2f data error! \n", score);
        break;
    }
}
```

switch 结构中的 case 子句为顺序执行，不管从哪一个 case 子句开始，都会顺序往下执行，直到遇到 break 语句或 switch 语句结束。这里我们将某些 case 子句对应的语句体省去，使得其与后续的 case 子句共享同一语句体，这是 switch 结构支持的。如当 score＝52 时，floor(score/10)取值为 5，即从“case 5”语句开始往下执行，一直执行到“case 0”子语中的 break 语句结束，即输出“score = 52.00 →grade D”，当 score＝38 时，同样会得出上述结果。当 floor(score/10)取值为 5、4、3、2、1 和 0 时，共享“case 0”子句对应的语句体。

本书在 switch 结构的语法中，故意将 break 语句作为 switch 语法的一部分。如果子句中没有 break 语句，程序将在执行所选 case 子句后执行紧接其后的子句，直到遇到 break 语句或语句体结束。这种情况在某些情况下是有用的(如上例)，但其带来的麻烦远多于利用这一特点所解决的问题，故不建议大家使用省略 break 语句的 switch 结构。

switch 语句只能处理条件判断结果可以转化为 int 型常量集合的情况，对于其他多分支选择结构只能使用嵌套 if 语句或多选择方案的 if 语句实现。在条件允许的情况下，使用 switch 语句会使程序更具可读性、更高效。

4.3.2　条件运算符

在 if—else 双选择方案情况下，如果无论条件表达式结果为真或假，对应的执行语句都只是对同一个变量赋值时，可以使用条件运算符进行简写。

即，图 4-8 中 if 语句，可简写为对应的条件运算符构成的表达式。

当 C 语言遇到?:运算符时，首先计算条件表达式的值，根据取值结果，选择执行两个表达式中的一个。如果结果为真，则计算 expression1 的值，并将其作为整个表达式的值。如果结果为假，则整个表达式的值为 expression2 的值。

示例：假设超市在对一种商品做促销，该产品的单价 unit_price 为￥2.4，当一次性购买数量超过 10 时，提供 5%的优惠。若一个顾客购买了 n 件此种商品，那么其应付的总价 total_price 可以使用如下表达式表示：

```
total_price = n * unit_price * (n > 10 ? 0.95 : 1.0);
```

```
if (condition)
{
    value = expression1;
}
else
{
    value = expression2;
}

简写为:
value = (conditon) ? expression1 : expression2;
```

```
if (x >= y)
{
    max = x;
}
else
{
    max = y;
}

简写为:
max = (x >= y) ? x : y;
```

图 4-8

4.4 选择结构综合应用

问题

国家地震局要编写一个地震等级与危害的对照程序,通过 Richter 的等级数来描述一场地震。具体对照关系见表 4-6。

表 4-6 地震等级与危害对照

地震等级(里氏)n	特征
n < 5.0	危害小或无危害
5.0=<n<5.5	些许危害
5.5=<n<6.5	严重危害:墙会倒塌
6.5=<n<7.5	灾难:房屋和建筑物可能会坍塌
更高	大灾难:大部分建筑物被摧毁

分析

程序运行时的交互情况可描述为:用户输入里氏地震等级 n,程序给出对应的地震特征描述。要求程序能够接收终端用户输入的里氏地震等级,并根据上述对应关系,通过对等级数值范围的判定,确定与等级相对应的特征描述,将其输出给用户。

程序输入:地震的里氏等级 n

程序输出:与地震里氏等级对应的特征描述

相关公式:对照表

设计

(1)提示用户输入地震的里氏等级 n。

(2)接收输入数据并保存。

(3)对输入数据进行判断,确定其所属范围空间,进而输出特征描述

实现

根据上表,地震里氏等级的对应的特征描述共有 5 种情况,属于多选择方案的选择结构。通过前面的学习,我们知道,多分支的 if 语句和 switch 语句都是处理多选择方案的结构,switch 结构更为简洁,故一般能够用 switch 结构表示的多分支结构尽可能采用 switch 语句表示。那么对于这个问题,是否能够采用 switch 语句来描述呢?

switch 结构适合处理条件判断结果为整数值集合的情况,且集合内元素的数量要有限,过多会显得结构过于臃肿。如果条件判断的结果无法转化为有限的整数集合,为区间值,则只能使用多分支的 if 语句实现了。上表中给出的范围为浮点数区间,在区间内的有效取值数量趋于无穷,如条件“5.0=<n<5.5”对应的区间为[5.0,5.5],可以取 5.1、5.2、5.23 等等。故建议采用多分支的 if 语句实现,具体如下:

```
#include <stdio.h>

int main ( )
{
    double shock_grade;
    printf ("Please input earth shock grade : ");
    scanf ("%lf ", & shock_grade);
    if (shock_grade < = 0)
    {
        printf("shock grade error! \n");
        return -1;
    }
    else if (shock_grade <5.0)
        printf("shock grade : %.1f, smaller dangerous! \n!", shock_grade);
    else if (shock_grade <5.5)
        printf("shock grade : %.1f, some dangerous! \n!", shock_grade);
    else if (shock_grade <6.5)
        printf("shock grade : %.1f, lager dangerous! \n\n!", shock_grade);
    else if (shock_grade <7.5)
        printf("shock grade : %.1f, disaster! \n\n!", shock_grade);
    else
        printf("shock grade : %.1f, big disaster! \n\n!", shock_grade);
}
```

程序运行:

```
Please input earth shock grade : 6.2
Shock grade : 6.2, lager dangerous!
```

习　题

(1)编写程序,接收从键盘终端输入的两个实数 f1 和 f2,找到较大者并输出。

(2)接收键盘输入的 3 个整数,并使得这 3 个整数降序排列,使得最大者存放在 a 中,次大者存放在 b 中,c 中存放最小者。最后输出排序后的 a、b 和 c。程序运行示例如下:

```
Please input a, b, c: 10, 20, 6
Before sort : a = 10, b = 20, c = 6
After sort : a = 20, b = 10, c = 6
```

(3)请解释下面左右两侧的语句有什么不同?当 x 的初始值等于 1 时,两组语句会给出的 x 的最终取值是什么?

```
if (x>=0)
    x = x + 1;
else if (x>=1)
    x = x + 2;
```

```
if (x>=0)
    x = x + 1;
if (x>=1)
    x = x + 2;
```

(4)编写程序完成体型判断。从键盘输入身高 h 和体重 w,根据给定公式计算体指数 t,并依据相关规则给出体重对应类型的描述。要求画出流程图,并编写程序,上机运行调试。

体指数(t)= 体重(w)÷身高(h)的平方　(注:w 单位为千克,h 单位为米)

体型判断规则如下:

当 t < 18 时,为低体重;

当 t 介于 18 和 25 之间时,为正常体重;

当 t 介于 25 和 27 之间时,为超重体重;

当 t >= 27 时,为肥胖。

(5)完成下面的程序填空,并纠正可能存在的错误,使得程序能够实现 a 比 b 小

```
#include <stdio.h>

void main()
{
    int a, b;
    printf("Please input a and b :");
    scanf(________________________);
    printf("before swap : a = %d, b = %d\n", a, b);
    int c;
    if (a > b)
```

```
        c = a;
        ____________;
        ____________;
    printf("after swap : a = %d, b = %d\n");
}
```

程序理想运行结果如下：

```
Please input a and b : 25 9
before swap : a = 25, b = 9
after swap : a = 9, b = 25
```

第5章　循环结构

前面我们已经讨论了程序设计三种基本结构中的两种——顺序结构和选择结构。顺序结构相对简单,按照语句书写的顺序自上而下,依次执行;选择结构则是根据条件表达式的结果,有选择的执行不同语句块,正确的描述条件是关键。这两种结构相对都比较容易掌握,能够用于编写简单、没有大量重复操作的程序。然而,在日常我们接触的大多数软件中,都会多次重复执行某个过程。例如,很多计算机初学者都曾使用过的打字小程序,用户每次完成一个单词的输入,系统就会检查,并根据拼写正确与否进行计数,这一过程会一直重复,直到用户完成了所有当前给定的单词输入为止。

这种在一定条件下重复执行一些动作的程序,就可通过本章介绍的循环结构实现。循环结构的设计是程序设计学习初期的主要难点和重点。

本章的主要内容:

- 循环结构的使用时机
- 常用的循环结构介绍
- 循环结构的构成要素
- 递增和递减运算符的作用及其用法
- 三种循环控制语句:while、for 和 do-while
- 循环的嵌套

5.1　循环结构概述

在实际应用中,经常需要对不同的数据值进行相同的计算。没有循环,要处理多少组数据,就要重复编写多少组相同的计算。循环可以简化程序,使用相同的程序代码,处理多组具有相同意义的数据。

5.1.1　循环结构的使用时机

要想写好循环,首先要能够从问题的描述和解题步骤中去发现是否需要使用循环。在分析问题时,要注意识别出解决步骤中重复执行的类似动作,这是重要的线索,说明可能需要引进一个循环结构,统一处理这些重复的动作,尤其是重复次数不确定或者过多的情况。

首先我们看下面两个程序中的常见操作:

(1)应用中我们经常会使用一行“-”或“*”,作为项目间的分割线或者对输出进行布局,程序是如何编写这样的输出呢?

分析:如果使用当前学习过的顺序设计,有两种方法。

方案一:通过一条 printf 语句一次性输出指定数量的字符,书写时需要仔细核实字符数量,以免出错。

```
printf("----------------------------------------------------\n");
printf("*********************************\n");
```

方案二：连续写 n 条 printf 语句，每个 printf 语句输出一个字符。

```
printf("—");
printf("—");
… …
printf("—");
printf("—");
```

当 n 过大时，就会出现整个屏幕都是重复的 printf 语句，可读性差。

(2)数学中常见的累加问题。如，计算从终端键盘输入的所有整数的立方和，输入整数的数量不确定，以－1 作为结束标识。

分析：计算一个数的立方可以使用数学函数库中的 pow 函数实现，此题中需要多次调用 pow 函数来分别计算每个输入整数的立方和，再进行累加，得到最后的和数。部分程序代码可编写如下：

```
int cub=0, num, sum=0;
scanf("%d", &num);
if (num ! = -1)
{
    cub = pow(num, 3);
    sum += cub;
}
scanf("%d", &num);
if (num ! = -1)
{
    cub = pow(num, 3);
    sum += cub;
}
……
scanf("%d", &num);
if (num ! = -1)
{
    cub = pow(num, 3);
    sum += cub;
}
```

上面两个程序很明显无法令人满意，里面有太多重复的类似语句，尤其是当重复次数大到一定程度时，其程序书写的繁琐程度已经使得其失去了计算机辅助计算的优越性。通过观察可以发现，这两个程序共同的特点就是有很多重复类似的操作语句，如果能够将其合并或者简化将会使程序变得更为简洁和高效。

通过对下面三个问题自问自答的方式,可以帮助程序员确定是否需要引入循环结构来实现算法。

(1)在解决问题的过程中,是否有一些步骤是重复的? 如果有,是哪些?

(2)如果第一个答案是肯定的,那么进一步询问自己是否能够明确这些步骤被重复了多少次?

(3)如果第二个答案是否定的,那么这些步骤是无限重复,还是在一定的条件下停止? 如果会停止,那么停止条件是什么?

第一个问题的答案指出了算法中是否需要循环,以及哪些步骤应该出现在循环体(重复执行的部分)中。后两个问题则是帮助我们选择合适的循环结构。C语言里提供了多种循环,分别对应了已知重复次数、在一定条件下重复和无限重复等情况。找到了上述三个问题的描述语句,程序里的循环结构也就随之确定了。

5.1.2 两种常见的循环结构

根据循环结构的特点,大体可以将循环划分为两类,即当型循环和直到型循环。前面我们已经知道,循环结构中的循环体是会被重复执行的,但这种重复通常并不是无休止的,而是在满足一定条件下重复,或者直到一定条件发生时停止。那些当一定条件满足时重复执行的循环结构,称为当型循环;那些重复执行,直到一定条件满足时停止的循环,称为直到型循环。两种循环结构的示意图见图5-1。

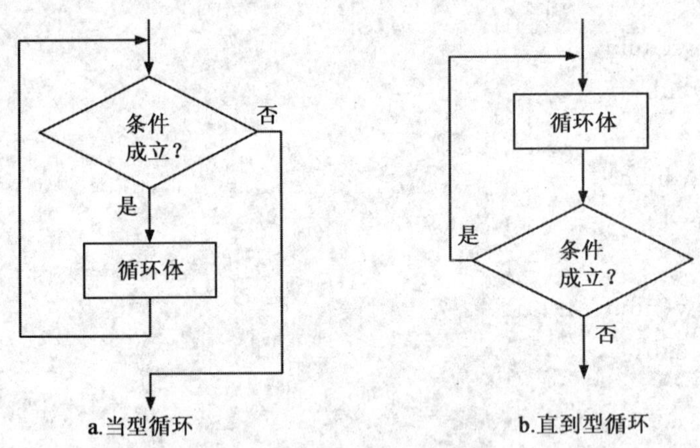

图5-1 循环的两种常见结构

当型循环是先进行条件判断,然后再根据判断结果决定是否执行循环体,如果初始状态,用于判断的条件表达式即为假,则循环体一次都不会被执行。对于直到型循环,每次循环时,都是先执行一次循环体,然后才做判断,即使初始时用于判断的条件表达式为假,循环体也会被执行一次。

1.当型循环示例

设计一个铁路售票系统,完成对某一时刻出发到达某地的火车进行售票(假设火车中间不停站,直接一站到达目的地)。

分析:实际售票时,售票员一直坐在售票窗口处等待,每当有顾客要求买票时,售票员均需先确认该次火车是否还有车票剩余。如果有剩余，收取票款，并出票给用户；否则，告知客户该车次的车票已经售完。售票这一过程对于售票员而言是多次重复的，每次售票前都需要先检查"车票有剩余"这一条件，当条件成立时才能执行售票这操作。分析可知，该问题属于典型的当型循环，流程如图 5-2 所示。

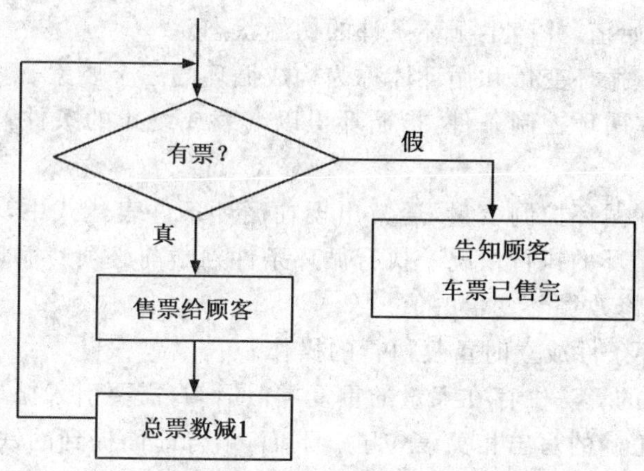

图 5-2　售票问题的流程图

2. 直到型循环示例

设计一个猜数游戏，系统自动产生一个 1～100 的随机数，用户通过终端输入设备进行猜数，猜测的次数没有限制，直到猜中为止。

分析：系统产生随机数后，用户至少需要猜测 1 次，才知道是否猜中。用户需要不断重复"猜数"这一动作，直到猜中为止。适用于直到型循环，流程见图 5-3。

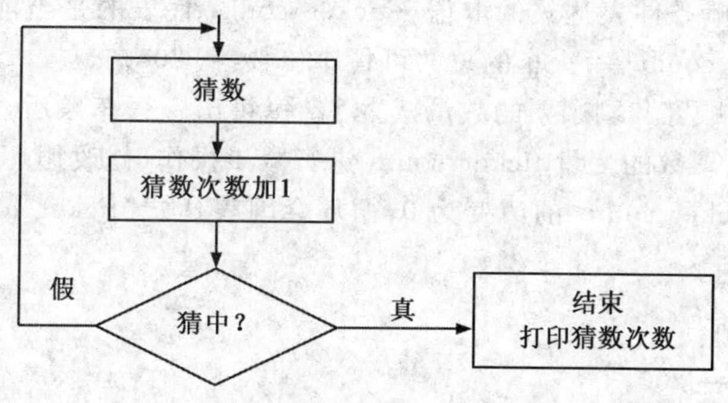

图 5-3　猜数游戏的流程图

C 语言中通常可以使用 while 语句和 for 语句来实现当型循环，使用 do－while 语句来编写直到型循环。

5.1.3　循环结构的构成要素

从发现重复类似的操作到采用循环结构实现，需要考虑和解决很多具体问题。首先是确定哪些是要重复处理的动作，这是实现循环的基础；再有就是循环的控制条件，需要确定循环操作在何种条件下开始，以及在何种条件下停止。控制循环执行的条件通常称为循环控制条件，简称循环条件。当条件成立时重复执行的动作为循环体。

循环条件通常体现为一个表达式（关系表达式或逻辑表达式），根据表达式的取值来控制循环执行的次数。每执行一次循环，条件表达式的取值都可能发生变化，从而影响循环的执行。影响循环条件表达式取值的变量，通常称为循环变量。循环开始前，循环变量根据其代表的含义要有一定的初始值，并产生循环条件的初始状态。

我们将循环条件、循环变量和循环体称为构成循环的三个要素。

- 循环条件：也称循环控制条件，指循环得以继续或终止的条件，通常用逻辑表达式或关系表达式表示。
- 循环变量：也称循环控制变量，通常出现在循环条件表达式中，该变量的值影响循环条件的取值，进而影响循环的执行情况。执行循环条件判断前必须对循环变量进行初始化，循环执行过程中根据需要修改循环变量的值。
- 循环体：当循环条件成立时重复执行的操作。

当发现解决问题的算法中存在大量的重复类似语句，需要引入循环结构时，只要准确把握上述的要素，就能够正确的写出相关语句了。下面，结合前面提到的铁路售票和猜数两个问题对构成循环的要素进行分析。

问题 1

购买火车票。假设目标火车总共有 200 个可售座位。

分析：根据描述和对应的流程图，可以找出构成循环结构的要素如下：

- 循环条件："是否有票?"。如果用 int 型变量 ticket_count 表示当前剩余票数，可通过条件表达式"ticket_count > 0"表示循环条件，当表达式为真时，表示有票；否则，票已售完。
- 循环变量：ticket_count。循环条件表达式"ticket_count > 0"中只有一个变量 ticket_count，其取值直接影响条件表达式的取值。ticket_count 代表的是当前剩余的票数，初始状态时，剩余票数 ticket_count = 火车的总共可售座位数 = 200。
- 循环体：售票给顾客和剩余票的数量减去 1。每售出一张车票后，需要同步修改剩余票数的值，即对代表剩余票数的变量 ticket_count 进行减 1 操作（修改循环变量），这样能够保证在卖出 200 张票后，ticket_count 的值变为 0，循环会因表达式"ticket_count > 0"不成立，而退出，从而结束循环。

伪代码：

```
int ticket_count = 200;
当 (ticket_count > 0) 时，循环执行下面复合语句
{
    售票给顾客；
    ticket_count -= 1;
}
```

问题 2

猜数游戏。假设 int 变量 aim_num 代表系统产生的随机数，int 型变量 guess_num 保存了用户输入的猜测数据，int 型变量 guess_count 表示猜测的次数，初值为 0。

分析：根据描述和对应的流程图，可以找出构成循环结构的要素如下：

• 循环条件："猜中？"。可通过条件表达式"aim_num ＝ ＝ guess_num"表示，当表达式为真时，表示猜中；否则，没猜中。重复猜数的动作是在没有猜中时执行，故这里循环得以继续的条件表达式为"aim_num ！ ＝ guess_num"。

• 循环变量：guess_num。循环条件表达式"aim_num ！ ＝ guess_num"中，有 aim_num 和 guess_num 两个变量。通过分析可知，aim_num 代表系统随机数，是程序开始执行时就确定了的，而且在整个猜数过程中并不改变，故其不是循环变量。guess_num 代表用户猜测的数据，每次猜测时用户都会输入不同的数据，直到猜测的数据与系统产生的随机数相同为止，故 guess_num 为循环变量。

• 循环体：猜数和猜测次数加 1。每次猜数时，用户都可以输入不同的数(修改循环变量)，直到猜测的数据与系统产生的随机数相同时，条件表达式"aim_num ！ ＝ guess_num"为假，结束循环。

伪代码：

```
int aim_num, guess_num, guess_count = 0;
执行如下复合语句
{
    猜数：scanf("%d", & guess_num);
    guess_count += 1;
}直到 (aim_num == guess_num) 为止；
```

如果循环条件表达式取值恒定，或者循环体中缺少修改循环变量的语句，可能会造成循环无法退出，一直执行下去，称为无限循环。

5.2　递增和递减运算符

在循环结构中，经常需要对循环变量进行加 1 或减 1 的操作，递增运算符(＋＋)和递减运算符(－－)能够简洁高效地完成这样的操作。它们都是一元运算符，只使用一个操作数，作用是将整型变量的值递增 1 或递减 1，且运算结果仍赋给该变量。两者都有前置写法和后置写法，不同写法的运算规则也不同。假定有一个整数变量 number，它的当前值是 6，可以用下面的语句给它加 1：

＋＋number；或 number＋＋；

符号出现在变量名前面的，称为前置写法；符号出现在变量名后面的，称为后置写法。执行这两个语句中的任何一个，都会使整型变量 number 的值从 6 变为 7。

同理，下面的语句将对 number 进行减 1 操作：

－－number；或 number－－；

这种书写为独立语句的递增和递减运算，前置和后置写法是没有差别的，都能对变量的值增进行加 1 或减 1 操作。但是，当递增和递减运算符出现在其他表达式里时，前置和后置两种写法的求值方式就完全不同了。

假设有整型变量 x，表达式＋＋x，是先计算表达式＋＋x，对 x 进行加 1 操作，然后再使用

x 的新值参与表达式的运算；表达式 x＋＋，则是先使用 x 的当前值参与整个表达式的运算，运算结束后，再对变量 x 进行加 1 操作。例如，依次执行如下语句

```
int x = 5;
int y = 3 +++x;
int z = 10 - x++;
```

执行结束后：

变量 x 的值为 7，经历了两次递增运算，一次前置，一次后置。

变量 y 的值为 9，＋＋为一元运算符，优先级高于加法运算符＋，故 3＋＋＋x 相当于 3＋(＋＋x)，＋＋x 为前置递增运算，故先对变量 x 做加 1 操作，5＋1＝6，然后再使用新的 x 的值进行加法运算。

变量 z 的值为 4，x＋＋为后置递增运算，故先使用 x 的值 6 参与减法运算，得到 4，运算结束后，x 再进行递增运算，6＋1＝7。

递减运算符的前置和后置运算规则与上面原理相同，前置写法先减 1 再使用，后置写法先使用再减 1。

对于 int 型变量 x，语句"x＋＋；"和"x = x＋1；"的意义是相同的，都是对变量 x 做加 1 操作。两者的区别在于在"x＋＋；"执行中只计算 x 一次，而在"x = x＋1；"执行中需要计算 x 两次。

C 语言提供递增和递减运算符，一方面为了编程书写方便，另一方面也是考虑编译结果的执行效率。一般硬件 CPU 都提供了递增和递减指令，增量运算可以直接采用这些指令实现，执行效率会高一些。因此，如果程序中只是对变量进行单纯的加 1 或减 1 操作，建议使用递增或递减运算符完成。

5.3 while 循环

C 语言提供了多种循环语句，while 语句是其中最简单的，使用较多。while 语句用于描述当型循环，可翻译为"当循环条件成立时，重复执行循环体语句"。

5.3.1 while 循环的一般语法

while 语句的语法和范例如下：

语法	范例

循环变量初始化；
while (循环条件表达式)
{
    循环体；
}
	int count = 0;
	while (count <= 100)
	{
	    count++;
	}
	功能：当 count<=100 成立时，重复执行 count＋＋；循环结束时 count 值为 101

说明：

- while 为关键字，其后面的条件表达式必须写在()中，关键字与表达式间用空格分隔。

● 循环变量初始化的位置和形式比较灵活，可以是普通的赋值语句、输入语句等任何能够使得循环变量获得有效数值的操作，但一定要出现在循环开始前，以确保循环开始时，循环变量有合理的初值。

● 用{}括起来的复合语句块称为 while 循环的循环体，循环体可以是单条语句或复合语句。通常需要在循环体内修改循环变量的值，以使得循环会在某一时刻由于循环变量的改变，循环条件表达式结果为假而退出。

● 循环体的书写规则与 if 语句的语句体书写规则相同，当循环体只含有一条语句时，可省略{}，当循环体内含有多条语句时，则必须采用复合语句形式书写。

● 条件表达式的括号后面不要有分号，否则会认为 while 循环的循环体为空。

● while 循环的执行顺序为：

(1)首先计算条件表达式的值；

(2)如果条件表达式的结果为假，则整个 while 循环语句结束；否则

(3)执行一次循环体，而后回到步骤(1)继续。

● 条件表达式的检查在每个循环周期开始前进行，包括第一个周期。如果一开始条件表达式结果即为假，则根本不会执行循环体。

● 条件表达式的检查只在一个循环周期开始时进行。如果碰巧条件值在循环体的某处变为假，程序在当前循环周期完成前都不会做出响应。在下一个周期开始前会再次检查表达式的值，若为假，则循环结束。

● while 循环终止时，循环条件表达式的值为假。

【例 5-1】编写程序，输出由 50 个星号(*)构成的一行分隔线。

分析：我们在本章开头曾经提到过本题的两种解决方案：①连续书写 50 行输出 1 个星号的语句；②书写一条包含 50 个星号的输出语句。前者出现了大量的重复语句，后者则需要我们在书写输出语句时，小心翼翼计数，确保星号数量正好为 50 个。很显然，这两种解决方案都不理想。

再次分析第一种解决方案，采用连续书写 50 行输出 1 个星号的语句。这一方案中含有大量重复的操作(输出 1 个星号)，连续重复了 50 次之多。由此，我们想到可以使用循环来解决这一问题。该解决方案对应的流程如图 5-4 可表示：

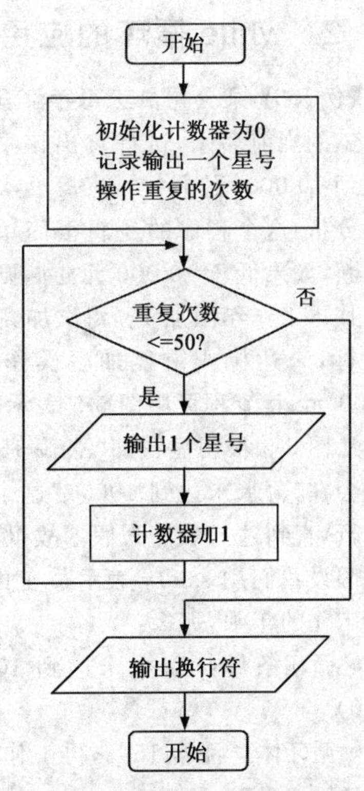

图 5-4　输出星号分隔线的流程

依据上述流程图，找出构成循环的三个要素：循环条件、循环体和循环变量，即可写出对应的 while 循环语句。

● 循环条件是“重复次数小于等于 50”，假设计数器变量为 count，则循环条件可以表示为 count＜＝50；

● 循环变量为 count，用于记录重复操作的执行次数，初值为 0；

● 循环体包含两个操作，输出一个星号和计数器加 1。

通过上面的分析,编写程序如下:

```
#include <stdio.h>

int main()
{                               循环变量初始化
    int  count = 0;
                                循环条件表达式
    while  (count < 50)
    {                           循环体
        printf(" * ");
        count ++;               修改循环变量
    }
    printf("\n");
}
```

运行:

```
* * * * * * * * * * * * * * * * * * * * * * * * * * * * * *
```

5.3.2 while 循环的应用

【例 5-2】某公司员工每年涨薪幅度为 15%,假设给出一个员工的当前薪水,试计算出该员工再工作多少年,薪水可以达到 10 000 元/月。

分析:这个程序的逻辑很简单,根据员工的当前薪水做出判断,如果低于 10 000 元/月,则在下一年为其涨薪 15%,并将其再工作年限加 1。每次加薪后都要重新检测其薪水是否达标,未达标则重复加薪操作,直到其薪水达到或超过 10 000 元。其流程可用图 5-5 表示。

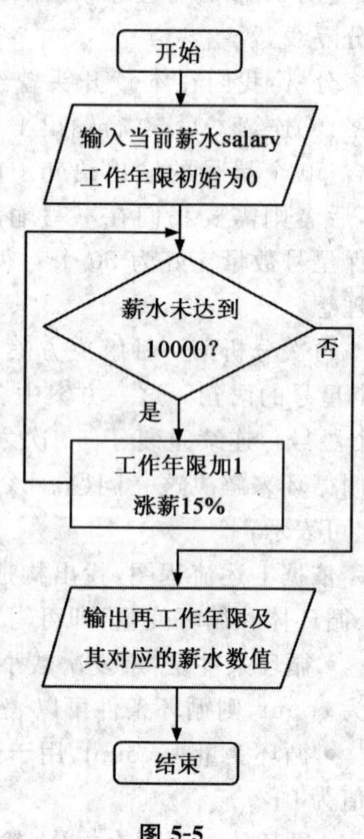

图 5-5

从图 5-5 很明显看到"涨薪 15%,再工作年限加 1"这组操作会在"薪水未达到 10000"这个条件成立的前提下,反复被执行,直到这一条件为假。故可以使用 while 循环来实现。

假设我们用 salary 表示员工的当前薪水值,用 count 记录再工作的年限,那么:

- 循环条件:"薪水未达到 10000"可表示为(salary < 10000)
- 循环体:"涨薪 15%,再工作年限加 1"可表示为 salary *= (1+0.15);和 count++;
- 循环变量为 salary,其在循环开始前的初值由输入给出，循环体内通过加薪操作修改 salary 的值。

程序实现：

```
#include <stdio.h>
#define AIM_SALARY 10000
int main()
{
    double salary;
    int count = 0;

    printf("Please input current salary : ");
    scanf("%lf", &salary);
    while (salary < AIM_SALARY)
    {
        salary *= (1+0.15);
        count++;
    }
    printf("After %d years you can reach %d\n", count, AIM_SALARY);
}
运行情况：
Please input current salary : 4000
After 7 years you can reach 10000
```

为了检测程序的计算结果是否正确，我们通常通过手动跟踪，模拟执行程序的方式来进行验证。手动跟踪是指在纸上逐步模拟程序的执行过程，记录变量值的变化（可借助计算器），最后将模拟执行的结果与计算机执行结果对比验证。

表 5-1 给出了在整个循环过程中，变量 salary 和 count 的变化过程。循环次数用于记录循环执行的情况，循环条件为每次循环开始前循环条件表达式的逻辑值，salary 变量和 count 变量分别给出了循环开始前变量的初值和当次循环结束时的变量的新值。

表 5-1　变量 salary 和 count 的变化

循环语句	循环次数	循环条件	salary(start～update)	count

salary = 4000;
count = 0;
while (salary < AIM_SALARY)
{
    salary *= (1+0.15);
    count++;
}
	第 1 次	真	4000～4600	0～1

	第 2 次	真	4600～5290	1～2
	第 3 次	真	5290～6083.5	2～3
	第 4 次	真	6083.5～6996.02	3～4
	第 5 次	真	6996.02～8045.43	4～5
	第 6 次	真	8045.43～9252.24	5～6
	第 7 次	真	9252.24～10640.08	6～7
	第 8 次	假	10640.08	7

通过跟踪 salary 值的变化，可以清晰看到薪水逐年递涨的情况。以 4 000 元为起薪，经过 7 次涨薪，薪水第一次超过了 10 000 元。与程序给出的结果的一致的。为了更好地进行对比，我们可以在调试阶段，为程序适当的增加临时的变量输出语句，实时观察变量的值在语句执行过程中的变化。

程序修改如下：

```
#include <stdio.h>
#define AIM_SALARY 10000
int main()
{
    double salary;
    int count = 0;

    printf("Please input current salary : ");
    scanf("%lf", &salary);
    printf("Loop start, count = %d, salary = %.2f\n", count, salary);
    while (salary < AIM_SALARY)
    {
        salary *= (1+0.15);
        count++;
        printf("count = %d, salary = %.2f\n", count, salary);
    }
    printf("Loop end, count = %d, salary = %.2f\n", count, salary);
    printf("after %d years you can reach %d\n", count, AIM_SALARY);
}
```

运行情况：

```
Please input current salary : 4000
Loop start, count = 0, salary = 4000.00
count = 1, salary = 4600.00
count = 2, salary = 5290.00
count = 3, salary = 6083.50
count = 4, salary = 6996.02
count = 5, salary = 8045.43
count = 6, salary = 9252.24
count = 7, salary = 10640.08
Loop end, count = 7, salary = 10640.08
after 7 years you can reach 10000
```

这些新增加的输出语句，可以在调试结束后将其删除或者注释掉，以免影响程序的正常输出。除了上述正常情况的测试,我们还需要通过对边界数值和特殊数据进行测试,以检查程序是否能够正确处理。如员工初始薪水为 10000 以上的情况等。

5.3.3　无限循环

当我们在程序中使用 while 循环时,一般都要通过一个条件控制表达式来控制循环体重复的次数。随着循环的执行,在某一时刻,表达式结果会变为为假,从而退出循环。如果 while 循环的条件控制表达式取值始终为真,那么计算机将一个周期接着一个周期不停地执行循环体,这种情况被称为无限循环。

假设某程序中有如下示例代码:

```
int n = 1;
while (n == 1)
{
    printf("These message should be displayed only one time! \n");
    n++;
}
```

我们如果在编写程序时,由于粗心,将 while 循环的条件控制表达式“n == 1”写成了“n = 1”,上述循环语句就变成了无限循环。

这两个表达式相差了一个等号,“n == 1”是用于判断变量 n 取值是否为 1 的逻辑表达式,“n = 1”则是一个赋值表达式,试图将常数 1 赋值给变量 n。当误用赋值表达式作为条件控制表达式时,会先执行赋值操作,只要赋值操作后 n 的值不是 0,条件表达式的取值即为真。此时,无论在循环体中对循环变量 n 做出何种修改,这个循环都会不停地执行下去。

同样,如果我们在编程时,遗漏了循环体中的“n++;”语句,上述循环也会变成无限循环。循环变量 n 的初值为 1,即循环开始时,循环条件控制表达式“n == 1”为真,会执行循环体 1 次。正常情况下,循环体内的“n++;”语句会将变量 n 的值由 1 修改为 2,从而退出循环。但由于我们漏写了这条修改循环变量的语句,导致循环条件表达式始终保持循环初始时的状态(真),从而进入无限循环。

上述两种问题是初学者在程序设计中容易遇到的,读者可以自行测试一下。一旦我们发现程序运行时出现了无限循环,不停运行的情况,一定要去仔细检查循环中使用的条件控制表达式是否书写正确,以及是否在循环体中准确的更新了循环变量的值,确保循环能够最终结束。

除了上述误写情况,编程解决现实问题过程中,我们也可能会需要使用这种无限循环。如,要设计一个监控程序,时刻监控网络上的数据流,并对数据流进行分析,把分析结果及时上传到服务器端。很显然,这样的监控和数据分析操作需要不间断的连续重复执行,属于无限循环。类似这样的无限循环,可以采用如下结构表示:

```
while (1)
{
    循环体
}
```

这里1是一个非0常数，当将其作为关系表达式时，其结果为真。即，while循环的条件控制表达式结果一直为真，循环会一直执行。

可以通过从键盘上输入特殊的命令来中断程序执行并强行退出，如ctrl＋c，这个特殊的命令因机器的不同而不同，具体命令可查询相关资料。

5.3.4 解决半途退出问题

从while循环的执行流程图和前面示例可以知道，while循环适用先进行条件测试，再根据条件测试结果决定是否执行重复操作的情况，属于典型的当型循环。对于这种先判断后执行重复操作的问题，while语句是很好的解决方案。但是，实际应用中，许多问题并不能简单的套用标准while循环来解决。有些问题虽然具有重复执行的动作，但用于决定循环是否继续的条件判断没有出现在重复动作的开始，而是出现在重复动作的中间。当一个循环中有一些操作必须在条件测试之前执行时，就属于半途退出问题。

【例5-3】编写一个成绩统计程序，用于在考试结束后，统计百分制成绩的分布情况（如60以下、60—70，70—85，85—100）。要求程序设计成通用形式，即无论参加考试的学生有多少，都可以通过这个程序来进行成绩统计。

分析：要想统计成绩的分布情况，需要为每个成绩分布段设计一个计数器，用于记录成绩分布在该区间的学生人数。然后，逐个读入学生成绩，并在读入的同时进行检查，判断成绩对应的区间，完成计数工作。由于每次统计时学生的人数都是未知的，故需要设计一个特殊标志数据来告诉程序，何时输入结束。根据题意，输入数据为百分制学生成绩，合理取值范围应为［0，100］，故可设置－1为标志数据。即，以－1为输入结束标记，程序在读到－1后，直接将其丢弃，并结束读入工作。流程如图5-6所示。

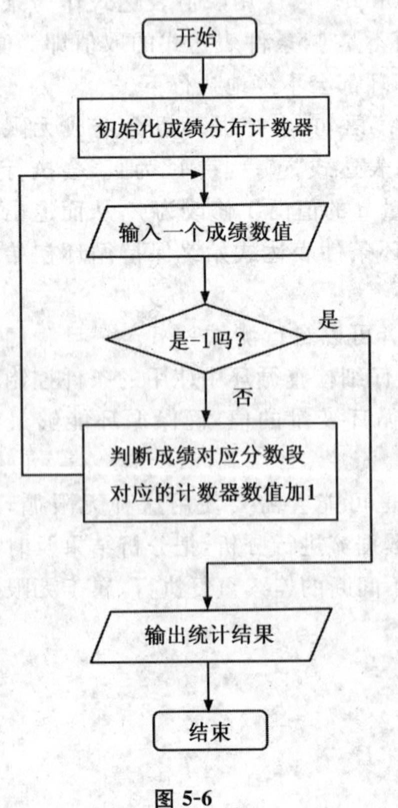

图5-6

从流程图可以看出，条件判断语句（成绩数值是否为－1）正好出现在整个循环结构的中间位置，不符合前面介绍的标准while循环结构，属于半途退出问题。

C语言解决半途退出的一个方法是使用无限循环和break语句结合。前面我们在讲switch语句的时候，已经提到了break语句，用于跳过switch结构中位于break语句后的所有语句。在循环结构里，break语句可以终止当前正在执行的循环，转而执行其他语句。从流程图可以看出，流程控制中有明显的重复执行部分，适合使用循环结构。但是不能够使用前面示例中while循环的一般形式来表示。

这里我们可以借助无限循环结构来完成程序设计，将整个重复执行的部分看作无限循环的循环体，在循环体内将break语句和条件判断语句结合使用，使得在一定条件满足的情况下，通过break语句强制退出循环。程序代码如下：

```
#include <stdio.h>

int main()
{
    int count_under60 = 0, count_between60and70 = 0,
    count_between70and85 = 0, count_uper85 = 0; // 初始化计数器
    double score = 0; // 记录输入的分数
    printf("Please input score [end with -1] : ");
    while (1)
    {
        scanf("%lf", &score); // 输入一个成绩数值
        if (score == -1) // 判断是否为-1
        {
            break; // 如果输入数值为-1,则退出循环
        }
        else
        {
            if (score >= 0 && score <= 100) // 如果输入数值为合法成绩,开
始统计
            {
                if (score < 60)
                    count_under60++;
                else if (score <70)
                    count_between60and70++;
                else if (score < 85)
                    count_between70and85++;
                else
                    count_uper85++;
            }
        }
    }
    printf("input end! \n");
    // 输出统计结果
    printf("[0, 59] = %d, [60, 69] = %d, [70, 84] = %d, [85, 100] = %d\n",
        count_under60, count_between60and70, count_between70and85, count_
uper85);
    return 0;
}
```

运行情况:

```
Please input score [end with -1] : 56 67 78 89 90 34 69 72 81 -1
input end!
[0, 59] = 2, [60, 69] = 2, [70, 84] = 3, [85, 100] =2
```

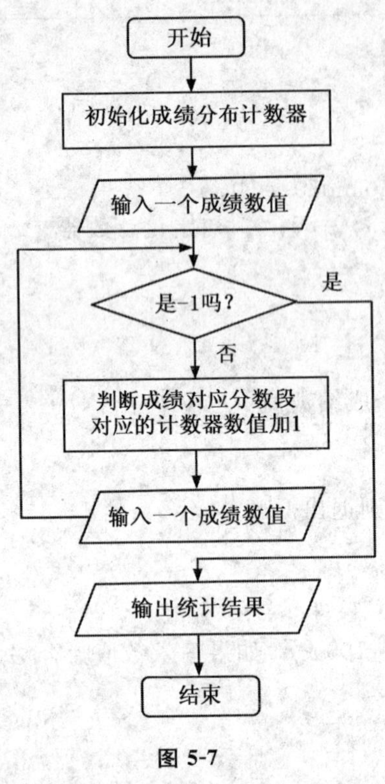

图 5-7

程序中使用 while(1)来构造一个无条件执行的无限循环，循环体内接收输入的成绩数据，并进行判断和统计。当输入-1 时，使用 break 语句强制退出循环，并给出最终的统计结果。

C 语言解决半途退出问题的另一种方法是通过调整流程控制过程，将其改造为 while 循环的一般形式。我们对上述流程图进行修改，如图 5-7。

相比于前面的流程图，对重复执行的部分进行了不同的划分，将首次输入数据的语句放到循环体外，作为对循环变量进行初始化。同时，将下一次输入数据的操作放在循环体的最后，通过输入新的成绩数值，完成对循环变量的修改。通过这样的调整，使得整个流程控制过程符合 while 循环的一般结构，对应的程序代码如下：

```
#include <stdio.h>

int main()
{
    int count_under60 = 0, count_between60and70 = 0,
        count_between70and85 = 0, count_uper85 = 0; // 初始化计数器
    double score = 0; // 记录输入的分数

    printf("Please input score [end with -1]: ");
    scanf("%lf", &score); // 输入一个成绩数值
    while ( score != -1)
    {
        if (score >= 0 && score <= 100) // 如果输入数值为合法成绩,开始统计
        {
            if (score < 60)
                count_under60++;
            else if (score <70)
                count_between60and70++;
```

```
            else if (score < 85)
                count_between70and85++;
            else
                count_uper85++;
        }
        scanf("%lf", &score); // 输入一个成绩数值
    }
    printf("input end! \n");
    // 输出统计结果
    printf("[0, 59] = %d, [60, 69] = %d, [70, 84] = %d, [85, 100] = %d\n",
        count_under60, count_between60and70, count_between70and85, count_
uper85);
    return 0;
}

运行情况:
Please input score [end with -1] : 56 67 78 89 90 34 69 72 81 -1
input end!
[0, 59] = 2, [60, 69] = 2, [70, 84] = 3, [85, 100] =2
```

5.4 for 循环

实际应用中我们发现，很多循环的示例都属于一种常见模式，具备如下三个控制要素：

- 循环开始前对循环中使用的变量进行初始化；
- 进入循环后，首先测试循环继续的条件是否成立，如果成立就执行一次循环体；
- 循环体的最后更新控制循环进程的变量；

这种模式很普遍，C 语言为此提供了专门的 for 循环结构。for 语句的功能非常强大，非常适用于在将一个操作重复执行特定次数的情况下使用，当然它也可以灵活地用于许多其他类型的循环中。

5.4.1 for 循环的一般语法

C 语言中 for 语句的一个重要特性是为上述三个控制要素提供了指定位置，从而使得循环控制结构更为简洁。for 语句的一般语法形式如下：

```
for (表达式1; 表达式2; 表达式3)
    语句体;
```

1.语法说明

(1)for 为关键字,后面为圆括号包含的三个控制要素表达式,表达式之间采用分号分隔。

(2)表达式$_1$ 完成循环中使用变量的初始化,通常为赋值表达式。如果有多个变量需要初始化,赋值表达式间用逗号分隔。

(3)表达式$_2$ 是循环控制条件,通常为逻辑表达式。

(4)表达式$_3$ 常用于完成循环中使用的控制变量的更新。

(5)语句体为循环条件成立时重复执行的部分,若为复合语句需使用大括号。

2.执行过程

(1)执行表达式$_1$,完成对循环变量的初始化。此步骤只在循环开始前执行一次。

(2)求表达式$_2$ 的值,如果得到 0,即循环条件不满足,则循环结束,否则就继续。

(3)执行循环结构中的语句体。

(4)执行表达式$_3$,完成对循环变量的更新。

(5)转到步骤 2 继续执行。

输出星号分割线的程序,可使用 for 循环表示为:

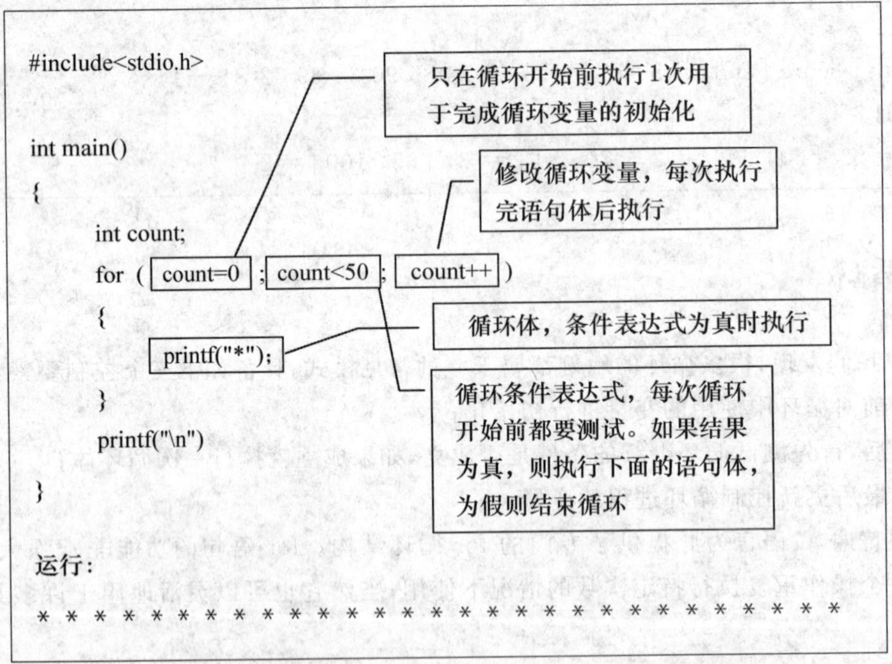

5.4.2 for 循环的应用

【例 5-4】编写程序,计算累加和 s = 1+1/2+1/3+……+1/100。

分析:这是一个典型的数学求和问题,一共有 100 项,第一项为 1,可以看作是 1/1,第二项是 1/2,第三项是 1/3,第 n 项为 1/n,直到第一百项的 1/100。这一问题的基本计算思路就是将这些单个数据项,逐项累加到表示总和的变量 s 上,直至所有的项都处理完毕,部分和就变成了完全和。由于 s 表示的是和数,初值设为 0,计算步骤可描述如下:

s = 0;
s = s + 1/1;
s = s + 1/2;
⋮
s = s + 1/100;

计算步骤中有着明显的重复操作，将当前项的值累加到变量 s 上，一共累加 100 次。这里的重复操作与打印星号分割线程序中的重复操作不同，重复的部分并不是完全相同的，即每次累加的数据项的值是不同的。要想使用循环解决这类问题，需要找到重复操作部分的规律，这一规律通常与当前重复的次数相关。本题中，共有 100 个数据项需要累加，其中第 n 个数据项的值可用通式 1/ n 来表示。因此，可以引入变量 n 作为循环计数器，记录当前需要累加的数据项序号，重复操作可表示为通式：s = s + 1/n，即将当前数据项的值累加到原有的和数上。n 的取值从 1 变化到 100，步长为 1。流程见图 5-8：

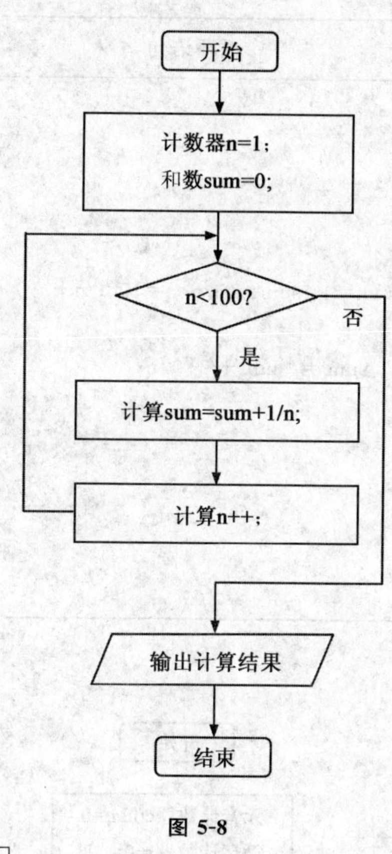

图 5-8

程序实现：

```
#include <stdio.h>
int main()
{
    int n; // 循环计数器，记录重复执行的次数
    double sum; // 记录累积和
    for (n=1, sum=0; n<=100; n++)
    {
        sum = sum + 1.0/n;
    }
    printf("sum is : %.2f\n", sum);
    return 0;
}
运行情况：
sum is : 5.19
```

手动跟踪测试：

<table>
<tr><th>循环语句</th><th>循环次数</th><th>循环条件</th><th>计数变量 n</th><th>和数变量 sum</th></tr>
<tr><td rowspan="9">for (n=1, sum=0; n<=100; n++)
{
    sum = sum + 1.0/n;
}</td><td>第 1 次</td><td>真</td><td>n = 1</td><td>0.00—1.50</td></tr>
<tr><td>第 2 次</td><td>真</td><td>n = 2</td><td>1.50—1.83</td></tr>
<tr><td>第 3 次</td><td>真</td><td>n = 3</td><td>1.83—2.08</td></tr>
<tr><td>第 4 次</td><td>真</td><td>n = 4</td><td>2.08—2.28</td></tr>
<tr><td>第 5 次</td><td>真</td><td>n = 5</td><td>2.28—2.45</td></tr>
<tr><td colspan="4">⋮</td></tr>
<tr><td>第 99 次</td><td>真</td><td>n = 99</td><td>5.17—5.18</td></tr>
<tr><td>第 100 次</td><td>真</td><td>n = 100</td><td>5.18—5.19</td></tr>
<tr><td>第 101 次</td><td>假</td><td>n = 101</td><td>5.19</td></tr>
</table>

程序说明：

(1)表达式 1 为组合表达式，由逗号分隔的两个表达式组成，完成对循环中使用变量的初始化工作。n 表示当前需要累加的数据项序号，sum 用于记录累加和。

(2)表达式 2 和表达式 3 中根据需要也可以是组合表达式，表达式间通过逗号分隔，按照书写的先后顺序执行。

(3)for 语句的循环体中，计算部分和的表达式为"sum = sum + 1.0/n;"，要想获得包含有效小数位的数值，需要使用 1.0/n。读者可以自己测试 1/n 写法的计算结果，并分析原因。

【例 5-5】从标准输入设备读入 10 个字符，统计其中元音的数量。

分析：要想完成对元音字符的统计，需要设置一个计数器用于记录统计结果，并在每个字符输入的同时，判断其是否为元音(a,e,i,o,u,大小写均可)。如果是元音，则将元音字符计数器加 1。根据题意，字符输入和判断计数过程将连续重复 10 次，才能完成整个统计工作。本题属于重复次数固定的计数循环，适合采用 for 循环。为了控制重复执行的次数，需要引入循环计数器 i。流程如图 5-9 所示。

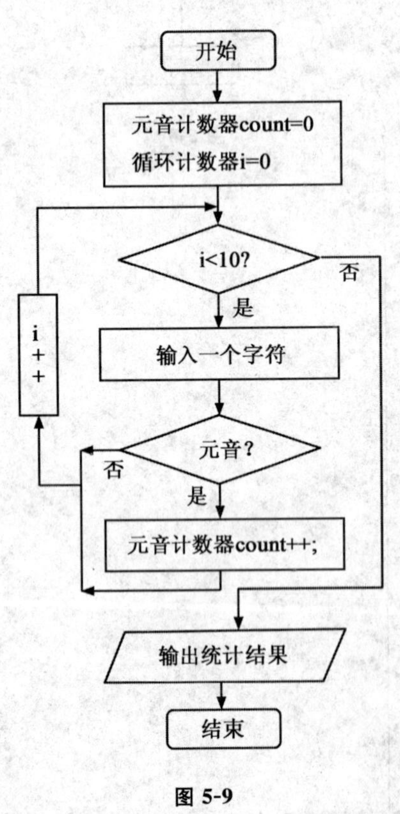

图 5-9

程序实现：

```
#include <stdio.h>
#include <ctype.h>

int main()
{
    int i, count = 0;
    char ch;
    printf("Please input 10 char : ");
    for (i=0; i<10; i++)
    {
        ch = tolower(getchar());
        if (ch == 'a' || ch == 'e' || ch == 'i' || ch == 'o' || ch == 'u')
        {
            count++;
        }
    }
    printf("Vowel character count is : %d\n", count);
    return 0;
}
```

程序说明：

(1)程序中使用了标准库函数提供的 tolower 函数，将所有读入的字符统一转换为小写字符后进行判断，从而减少 if 语句中的判断数量。tolower 函数对应的头文件为 ctype.h，相关说明如下：

函数名称：tolower

函数原型：int tolower(int ch)；

函数功能：将 ch 字符转换为小写字母

函数返回：返回 ch 所代表的字符的小写字母

(2)循环计数变量 i 初值为 0，循环 10 次对应的控制条件为 i<10。为了与后续章节相关操作一致，本书关于 for 循环中的计数变量，一般均从 0 开始计数。

5.4.3　for 循环与 while 循环

前面，我们分别介绍了 C 语言中的两种循环语句：while 循环和 for 循环。两者均属于当型循环，即需要先检测条件，再根据条件判断结果决定是否进行重复操作。事实上，以下形式的 for 语句和 while 语句是等效的。

<table>
<tr>
<td>for（循环变量初始化；循环条件表达式；更新循环变量）
{
    语句体；
}</td>
<td>循环变量初始化
while（循环条件表达式）
{
    语句体；
    更新循环变量；
}</td>
</tr>
</table>

尽管 for 语句可以很容易改写为 while 循环，但在适当的情况下使用 for 语句是很有好处的。for 结构把与循环控制有关的描述都集中在语句头部，有利于人们阅读和理解。如，当在某个程序中看到如下语句时：

```
for (i=0; i<100; i++)
{
    body;
}
```

可以很清楚地知道循环体中的语句将被执行了 100 次，对应循环变量 i 的值从 0～100。等效的 while 循环是：

```
i = 0;
while (i<100)
{
    body;
    i++;
}
```

while 循环底部的更新循环变量操作，在循环体很大时容易被遗漏。对于重复次数固定的循环操作，使用 for 循环更为便捷，易读。

for 循环的三个表达式可以部分省略或全部省略，但用于分隔的两个分号不可省略，如：

```
for (;;)
{
    body;
}
```

这样的 for 循环与 while (1)等效，均表示无限循环。

5.5 do-while 循环

for 循环和 while 循环都属于当型循环，每次循环执行前都要求先检测循环控制条件，当对应的条件表达式值为真时才执行循环体语句。大多数情况下，这种先进行条件判断的方法是合适的，并且能够在没有数据要处理或者循环变量的初始值超出所希望的范围时，禁止循环的执行。但也有一些场合，一般包含交互式输入，这时循环至少要执行一次。此时更适合采用本节介绍的 do-while 循环。

do-while 循环是典型的直到型循环，每次循环开始后都先执行一次循环体，然后再判断循环控制条件是否成立，若成立则继续循环，否则退出循环。do-while 循环的循环体至少会被执行一次。

5.5.1 do-while 循环的一般语法

do-while 循环语句的一般语法如下：

```
do
{
    循环体;
}while (循环条件表达式);
```

说明：

● do 和 while 为关键字，关键字 while 和循环控制条件表达式书写在循环结构的最后，并以分号作为整个循环结构的结束（注意：while 循环结构中循环条件表达式的后面没有分号）。

● do-while 循环是先执行循环体后进行条件判断，故循环变量的初始化和更新操作可以在循环体中进行，但需要保证在进行条件判断时，循环变量有合法的取值。

● 为了便于阅读，do-while 循环的循环体通常都采用大括号包含的复合语句表示，即使循环体只有一条语句。

● do-while 循环的执行顺序为：

(1)执行一次循环体；

(2)计算循环条件表达式的取值

(3)如果条件表达式的结果为假，则整个 do-while 循环结束；否则

(4)回到步骤(1)继续。

● 循环条件表达式的检查在每个循环周期的结束前进行，即使在循环开始前循环控制条件表达式取值已经为假，循环体也会被执行一次。

示例：某程序能够完成四项子功能，分别用 A～D 间的字母代表。程序执行时，用户从终端输入 A～D 间的合法字母并回车，计算机就会完成相应的子功能。下面一小段代码，用于提示用户输入合法的字母选项。如果用户的输入为合法字母，则执行后续操作，否则，重复提示用户重新输入，直到用户按照说明输入了合法字符为止。

```
char ch;
do
{
    printf("Enter a letter from A to D > ");
    ch = gechar();
}while (ch < 'A' || ch > 'D');
printf("You have enter the letter : %c, we will execute the related function.\n", ch);
```

代码执行时先提示用户输入 A～D 的某个字母，然后通过函数 gechar 获取到一个输入字

符并保存到变量 ch 中，最后执行循环条件表达式。测试 ch 的值是否为 A～D 之间的大写字母。如果是，那么循环条件为假，表明用户的输入合法，就会跳出循环，转而执行后续操作。如果 ch 包含的是其他字母，那么循环条件为真，表明用户的输入不符合约定，就会再次执行循环体，提示用户重新输入。

do-while 循环同样具备循环所必需的要素，ch 为循环变量，其在程序开始前并未被显示初始化，而是在第一次执行循环体时，使用终端输入的字符完成变量 ch 的初始化工作。后续循环中同样通过终端输入的字符完成对循环变量 ch 的更新操作，循环变量的初始化和循环变量的更新对应了代码中的同一条语句。这种方式与当型循环是明显不同的，当型循环在循环开始前，需要先计算含有循环变量的循环条件表达式的值，要求循环变量在第一次循环开始前已经初始化，否则将无法准确获取循环条件表达式的值。

在通常情况下，do-while 结构的使用比 while 结构要少得多。上述示例代码中要求用户至少完成输入一次，适合使用 do-while 语句实现。

5.5.2 do-while 循环的应用

【例 5-6】反转正整数中数字的顺序。如输入 456，将其反转后输出为 654。

分析：要实现正整数中数字的翻转，首先要能够获取正整数中各个位上的数字，然后再将其重新组合。

联想前面我们做过的练习，可以通过模除 10 的方式，来获取一个正整数个位上的数字(456 % 10 = 6，即得到个位上的数字 6)。而将一个正整数除以 10，则可以得到其截去个位后的新整数(456 / 10 = 45，即正整数 456 截去个位上的 6 后变为正整数 45)。将两个操作结合，重复使用，即可依次获得原有正整数中各个位上的数字，获取过程为从低位到高位(依次为 6、5、4)，对应于反转后新整数从高位到低位各个位上的数字。在获取单一数字的过程中，可借助乘以 10 的操作可以将其重新组合为新的正整数。即，最先获取的是反转后整数的高位数字，再次循环获得新的低位数字后，将原有高位数字乘以 10，再与新的低位数字相加，作为新的正整数，直到所有位数都处理结束即可获得反转后的正整数。

编程实现：

```
#include <stdio.h>

int main()
{
    unsigned int number = 0, reversed_num = 0, temp = 0;
    printf("Please input number to reversed : ");
    scanf("%d", &number);
    temp = number;
    do
    {
```

```
        reversed_num = reversed_num * 10 + (temp % 10);
        temp = temp / 10;
    }while (temp > 0);
    printf("The number is : %d, reverse number is : %d\n", number, reversed_
num);
    return 0;
}
程序运行：
Please input number to reversed : 456
The number is : 456, reverse number is : 654
```

手动跟踪测试：

循环语句	循环次数	temp	reversed_num	循环条件

unsigned int number = 0,
reversed_num = 0, temp = 0;
do
{
　　reversed_num =
reversed_num * 10 + (number % 10);
　　temp = temp / 10;
}while (temp > 0);
	第 1 次	456—45	0—6	真

	第 2 次	45—4	6—65	真
	第 3 次	4—0	65—654	假

程序说明：

(1)由于反转过程中需要不断修改原数，为了能在最后将原数和反转后的数一同输出，代码中将存放在 number 中的原数复制给 temp 来使用。

(2)循环体中每次都将上一次获得的反转数乘以 10，再加上本次模除获得的个位数字，产生新的反转数。初始时，并没有反转数，reversed_num 初值为 0。

(3)temp 为整数，10 为整型常数，temp/10 的结果为两数相除数学结果中的整数部分。

(4)当 temp 通过不断的整除，处理到原数的最高位时，其整除 10 的结果为 0，从而结束循环，完成反转。

(5)在这个程序中，do-while 循环是最适合的，因为任何正整数都至少有一位数字，都需要执行一次循环体。

5.5.3　do-while 循环与 while 循环

while 循环属于当型循环，先判断循环条件是否成立，再决定是否执行循环体。do-while 循环则是先执行循环体，然后再去判断循环条件是否成立。对于 while 循环，如果循环开始前，循环条件表达式已经为假，则循环体一次都不会被执行。而对于 do-while 循环，循环体至少会被执行一次。如果 while 循环的循环条件表达式在循环开始前为真，循环体至少能被执行一次，这样的 while 循环和 do-while 循环是可以互相改写的。

【例 5-7】使用典型数据测试如下 while 循环和 do-while 循环的执行情况，并分析。

```
#include <stdio.h>

int main()
{
    int sum = 0, i;
    printf("Please input i :");
    scanf("%d", &i);
    while (i<=10)
    {
        sum = sum + i;
        i++;
    }
    printf("sum = %d \n", sum);
    return 0;
}
```

运行情况(一)：
Please input i ：1 ↙
i = 11, sum = 55

运行情况(二)：
Please input i ：11 ↙
i = 11, sum = 0

```
#include <stdio.h>

int main()
{
    int sum = 0, i;
    printf("Please input i :");
    scanf("%d", &i);
    do
    {
        sum = sum + i;
        i++;
    }while (i<=10);
    printf("sum = %d \n", sum);
    return 0;
}
```

运行情况(一)：
Please input i ：1 ↙
i = 11, sum = 55

运行情况(二)：
Please input i ：11 ↙
i = 12, sum = 11

分析：两个循环的构成要素相同，区别在于循环条件判断语句出现的位置不同。

当输入 1 作为变量 i 的值时，循环条件表达式“i<=10”为真，while 循环和 do-while 的循环体均重复执行 10 次，计算结果相同。

当输入 11 作为变量 i 的值时，循环条件表达式“i<=10”为假，while 循环由于循环条件表达式初始即为假，而直接结束，循环体一次都没有被执行。故，变量 i 和 sum 均保持为循环前的初值，i=11，sum=0；do-while 循环在接收终端输入的数据并保存到变量 i 后，并没有立即进行条件判断，先执行一次循环体，从而修改了变量 sum 和 i 的值，sum = 0 + 11 = 11，i++后变为 12，然后才去进行条件判断，由于条件表达式“i<=10”为假，循环结束。因此 do-while 循环结束时，i=12，sum=11。

至此，我们已经学习了 C 语言提供的全部三种循环语句。for 语句和 while 语句都是在循环体第一次执行前对循环条件进行求值，属于当型循环。do-while 循环则是在执行一次循环体后才去对循环条件进行求值，属于直到性循环。在实际应用中，当型循环使用的更为广泛，其中 for 循环尤其适用于重复次数固定的循环操作，while 循环则通常用于重复次数无法预知的循环操作。do-while 循环则适用于重复动作至少执行一次的情况，使用较少。

5.6　循环的嵌套

循环也可以像条件控制结构一样进行嵌套，即循环结构的循环体里仍然包含循环结构，而且可以多级嵌套。通常将最外面的一层循环称为外层循环，里面的一个或多个循环称为内层循环。具有一个外层循环和一个内层循环的双重循环是较常见的嵌套循环结构，此时外层循环每执行一次，内层循环都要完整的执行一次。

例如：要统计小区内某栋楼的居住人数，整栋楼有 5 个单元，每个单元有 12 间房子。

分析：统计的方法是从第一单元开始，依次统计 12 间房子的居住人数，然后再统计第二单元，直到五个单元全部统计完成。统计过程中，从整体上对 5 个单元重复做统计单元内的居住人数的操作，可以通过循环实现。程序结构可描述为：

```
for (unit_no = 1; unit_no <=5; unit_no ++)
{
    sum += 每个单元内的居住人数(unit_no);
}
```

具体到统计一个单元的居住人数，是对单元内的 12 间房子进行重复的统计单间房子内居住人数的操作。程序使用循环结构可描述为：

```
for (house_no = 1; house_no <= 12; house_no++)
{
    sum += 每间房子内的居住人数(house_no);
}
```

将上述两段描述合并，即可完成对整栋楼内居住人数的统计工作，程序结构可描述为：

```
    sum = 0;
for (unit_no = 1; unit_no <=5; unit_no ++)
{
    sum_one_unit = 0;
    for (house_no = 1; house_no <= 12; house_no++)
    {
        sum_one_unit += house_no 号房子内的居住人数;
    }
    sum += sum_one_unit;
}
```

外层循环处理的是所有单元，内层循环处理的是具体一个单元。外层循环每次迭代，都需要完整的执行一次内部循环来计算当前单元的 12 间房子内的居住人数，并累加到总数上。

【例 5-8】运行如下嵌套循环代码，查看结果，并分析执行过程。

```
#include <stdio.h>

int main()
{
    int i, j;
    printf(" I J\n");
    for (i=1; i<5; i++)
    {
        printf("Outer%5d\n", i);
        for (j=0; j<i; j++)
        {
          printf(" Inner%8d\n", j);
        }
    }
    return 0;
}
```

运行结果：

```
    I  J
Outer    1
  Inner     0
-----------------------------------
Outer    2
  Inner     0
  Inner     1
-----------------------------------
Outer    3
  Inner     0
  Inner     1
  Inner     2
-----------------------------------
Outer    4
  Inner     0
  Inner     1
  Inner     2
  Inner     3
-----------------------------------
```

外层循环会重复 4 次，i 为循环变量。每次外层循环重复时会输出字符串“Outer”和变量 i 的当前值，接着进入内层循环，j 为循环变量，初值为 0，内层循环的重复次数取决于外层循环变量 i 的当前值。每次内层循环重复时会显示字符串“Inner”和变量 j 的当前值。

从程序运行结果中，可以清晰地看到：外层循环每执行一次，内层循环都会全部执行一次。当外层循环变量 i=2 时，内层循环变量 j 从 0～1，执行 2 次；当外层循环变量 i=4 时，内层循环变量 j 从 0～3，执行 4 次。每次外层循环开始时，内层循环变量 j 都会重新初始化为 0，不受上一次运行的影响。

【例 5-9】输出星形图案（图 5-10）

```
*
* *
* * *
* * * *
* * * * *
```

图 5-10

分析：这是一个二维平面星形图案，共有 5 行，每行由若干星号和空格构成。

前面我们曾经编写程序，通过循环输出一行由若干星号构成的分割线，这一图案中每一行均可通过类似方法实现。输出图形中一行可使用如下通用代码表示（常量 COUNT 代表星号数量）：

```
for (j=0; j<COUNT; j++)
{
  printf(" * ");
}
printf("\n");
```

如果我们把每一行看成一个整体，那么整个二维图形就由 5 行构成，同样可以借助循环来描述。

```
for (i=1; i<=5; i++)
{
  输出第 i 行;
}
```

仔细观察可发现，每一行中星号的数量是有规律的，从 1 开始递增到 5，与对应的行号相等。如果使用变量 i 表示行号，只要将第一段代码中的常量 COUNT 修改为 i，就可以实现输出第 i 行的操作了。根据题意，i 取值为 1～5 之间的整数。完整程序代码如下：

```
#include <stdio.h>
int main()
{
    int row_no, column_no;
    for (row_no=1; row_no<=5; row_no++)
    {
        for (column_no=1; column_no<=row_no; column_no++)
        {
            printf(" * ");
        }
        printf("\n");
    }
    return 0;
}
```

手动跟踪测试：

<table>
<tr><th>外层循环变量</th><th>内层循环变量</th><th>程序输出</th></tr>
<tr><td>row_no=1</td><td>column_no = 1</td><td>输出 1 个 *，然后输出换行</td></tr>
<tr><td rowspan="2">row_no=2</td><td>column_no = 1</td><td rowspan="2">输出 2 个 *，然后输出换行</td></tr>
<tr><td>column_no = 2</td></tr>
<tr><td rowspan="3">row_no=3</td><td>column_no = 1</td><td rowspan="3">输出 3 个 *，然后输出换行</td></tr>
<tr><td>column_no = 2</td></tr>
<tr><td>column_no = 3</td></tr>
<tr><td rowspan="4">row_no=4</td><td>column_no = 1</td><td rowspan="4">输出 4 个 *，然后输出换行</td></tr>
<tr><td>column_no = 2</td></tr>
<tr><td>column_no = 3</td></tr>
<tr><td>column_no = 4</td></tr>
<tr><td rowspan="5">row_no=5</td><td>column_no = 1</td><td rowspan="5">输出 5 个 *，然后输出换行</td></tr>
<tr><td>column_no = 2</td></tr>
<tr><td>column_no = 3</td></tr>
<tr><td>column_no = 4</td></tr>
<tr><td>column_no = 5</td></tr>
</table>

程序说明：

• 不能使用同一个变量同时控制内层和外层循环。上述示例中，外层循环每次开始执行时，内层循环变量 column_no 都会重新初始化为 1，如果使用同一变量，就会造成混乱，导致程序出错。

• 嵌套循环中有很多情况下内层循环变量的取值会与外层循环变量的当前值有关系，这种关系是基于内层循环变量和外层循环变量所代表数据的实际含义产生的。

• 循环嵌套的重点是逐层分析，注意内层循环变量每次执行时的初始状态和外层循环变量的当前值。

不仅 for 循环可以嵌套，while 循环和 do－while 循环都可以嵌套，而且可以在这三种循环语句间根据需要混合嵌套。例如，外层为 for 循环，内层为 while 循环，都是允许的。

5.7 break 语句和 continue 语句

为了使程序设计更加灵活，能够方便的从循环中退出或跳转，C 语言提供了 continue 语句和 break 语句。break 语句用于跳出当前循环，continue 用于跳过本次循环，直接进入下一次循环。包含 break 语句和 continue 语句的程序执行流程如图 5-11 所示：

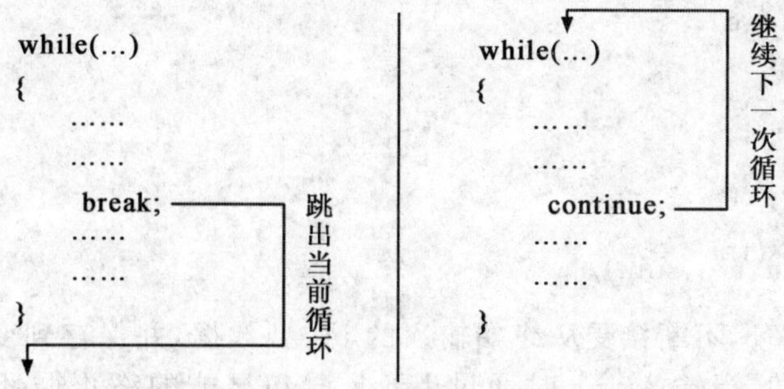

图 5-11　break 语句和 continue 语句的执行流程

5.7.1　continue 语句

程序设计过程中，有时不希望结束循环，但要跳过当前正在执行的本次循环，转而执行下一次循环。continue 语句即可实现这样的功能。它的书写格式为：

continue；

这里，continue 是系统关键字，不能再用于其他用途。下面是使用 continue 的一个代码示例：

```
int day;
for (day=1; day<7; day++)
{
    if (day == 4)
        continue;
    其他语句块
}
```

此例中，循环变量 day 从 1 变化到 7，当 day 的值从 1 变化到 3 时，都会执行到“其他语句块”，接下来 day 的值加 1 变为 4，会因为“day ＝ ＝ 4”条件成立而执行 continue 语句，从而跳过本次循环(位于 continue 后的循环体语句均被跳过)，转而执行 day＋＋，day 的值变为 5，然后进入下一次循环。

5.7.2　break 语句

前面我们已经在 switch 结构使用过了 break 语句，用于终止 switch 块中代码的执行，跳出 switch 结构，并继续执行 switch 结构后面的语句。break 语句在循环体内的作用是跳出当前循环，转而执行其后面的语句。需要特殊注意的是，如果在多重循环中使用 break 语句，只会跳出当前的循环，不会一下跳出多重循环。

在如下示例代码中，通过 break 语句终止循环的执行。

```
int n, sum = 0;
for (;;)
{
```

```
        scanf("%d", &n);
        if (n == -1)
            break;
        sum += n;
    }
    printf("sum = %d\n", sum);
```

此例是一个无限循环,不断接受从终端输入的 int 型数据,并保存到变量 n 中,进而将其累加到 sum 上进行求和,当输入 -1 时通过 break 语句显式的终止循环,转而执行后面的 printf 语句。

如下示例代码中,通过 break 语句跳出双层循环中的内层循环。

```
int i, j;
for (i=0; i<5; i++)
{
    for (j=0; j<5; j++)
    {
        if (j>i)
            break;
        printf(" * ");
    }
    printf("\n");
}
```

此例中存在嵌套的 for 循环,外层循环变量 i 从 0 变化到 5,内存循环变量 j 虽然也是 0~5,但一旦 j 的值满足 j>i 时,就会执行 break 语句,进而跳出当前的内层循环,转而执行外层 for 循环的 printf("\n");语句。故内层循环条件 j<5 实际上等同于 j<i,执行效果和签名的代码相同,打印了一个星形的直角三角形图案。

5.8 循环结构综合实例

【例 5-10】编程实现百钱买百鸡问题。

问题:相传我国南北朝时期,京城有个卖的张姓老汉,他有一个儿子非常聪明,尤其擅长算术,到十二三岁时已是远近闻名的"小神童"了。当朝宰相听说后想试探个究竟,于是派仆人到张老汉的店里打听鸡的价钱,张老汉告知:"公鸡五文钱一只,母鸡三文钱一只,小鸡一文钱三只"。于是,仆人给他一百文钱,要求公鸡、母鸡、小鸡都要,数量不多不少正好一百只,命他次日送到府上。这可难为了张老汉,他怎么凑也凑不够这个数,只好问儿子。"小神童"不慌不忙,掐指一算就给出了答案,第二天照数送到宰相府。宰相见难不倒"小神童",又让仆人给张老汉一百文钱,要求再买一百只鸡,搭配方法不能和上次一样。结果"小神童"又很快给出了答案,宰相暗暗称奇,想最后再试一次,谁知还是没有难倒"小神童"。请借助计算机给出百钱买百鸡的所有组合方法。

分析:分别用 cock、hen、chick 来代表鸡翁、鸡母、鸡雏的只数,上述问题可以通过两个等式来表示:

(1)cock + hen + chick = 100
(2)5 * cock + 3 * hen + chick/3 = 100

确定鸡翁、鸡母和鸡雏的组成，就演变成了求解上述两个等式构成的方程组。显然，其解是不定的，但从实际情况分析，鸡翁、鸡母和鸡雏都应为整数，所以实际是求不定方程组的整数解。

解决这一问题最简单直接的方法就是对鸡翁、鸡母、鸡雏的所有可能组合逐一进行测试，直到所有组合全部测试完毕，就找出了百钱买百鸡的所有组合。这种通过列举所有可能，逐个判断的方法，正是第三章介绍到的穷举法的基本思想。

在引入计算机以前，当组合数量大到一定程度时，穷举法就会由于计算量过大和计算时间过长，而变得人工很难完成。计算机的最大特点是运算速度快，擅长进行重复性的工作。穷举法中要进行大量重复操作，可通过循环结构实现，充分发挥计算机的优势，把复杂问题的求解过程转换为操作的多次重复。

通过分析第 1 个等式可知，鸡翁、鸡母和鸡雏一共 100 只，要保证 100 只里面每个种类都包含，则单一种类的数量最多为 98 只；通过分析第 2 个等式可知，单一种类的最多购买资金为 100 文钱减去另外两个种类各买一只后的结余，再除以单价，即为该种类的数量上限。上述两个条件需要同时满足，故，方程组中三个未知数的可能取值范围分别为：

cock ：min(98，(100－3－1/3) / 5) = 19
hen ：min(98，(100－5－1/3) / 3) = 31
chick ：min(98，(100－5－3) / (1/3)) = 98

这样，cock、hen、chick 可能的组合方式有 19 * 31 * 98＝57722 种。对每一种组合方式，测试是否符合“百钱”和“百鸡”这两个条件，若符合，则该组合就是问题的一个解。

程序实现：

```
#include <stdio.h>

int main()
{
  int cock, hen, chick;
  for(cock=1; cock<=19; cock++)
  {
    for(hen=1; hen<=31; hen++)
    {
      for(chick=1; chick<=98; chick++)
      {
        if(cock+hen+chick == 100 && cock*5+hen*3+chick/3 == 100)
        {
          printf("cock=%d, hen=%d, chick=%d\n",cock ,hen, chick);
        }
      }
    }
  }
}
运行情况：
cock=4, hen=18, chick=78
cock=8, hen=11, chick=81
cock=12, hen=4, chick=84
```

程序说明：

● 进一步分析可知，chick 必须是 3 的倍数才能保证等式 2 成立，所以上述第三个 for 语句中的表达式可改为 for (chick＝3；chick＜＝98；chick＋＝3)。

● 通过深入分析，还可以进一步缩小三个变量的取值范围，提高程序的运行效率，读者可自行思考。

【例 5-11】编程完成猜数游戏。计算机产生一个 1～20 的随机数作为目标数，用户通过终端输入猜测的数据。如果用户没有猜中，系统会给出输入数据与目标数据相比较后的大小提示，并要求用户重新开始新一轮的猜数。如果用户猜中，则游戏结束，并给出猜数次数。

分析：猜数的流程大致如下：

(1)系统产生用于猜测的目标数。

(2)提示用户输入猜测的数据，并记录猜测次数。

(3)如果用户猜测的数据与目标数相同，则猜数结束。否则就继续

(4)给出猜测数据与目标数据的大小比较结果，然后返回步骤(2)继续。

对应的流程图如图 5-12 所示。

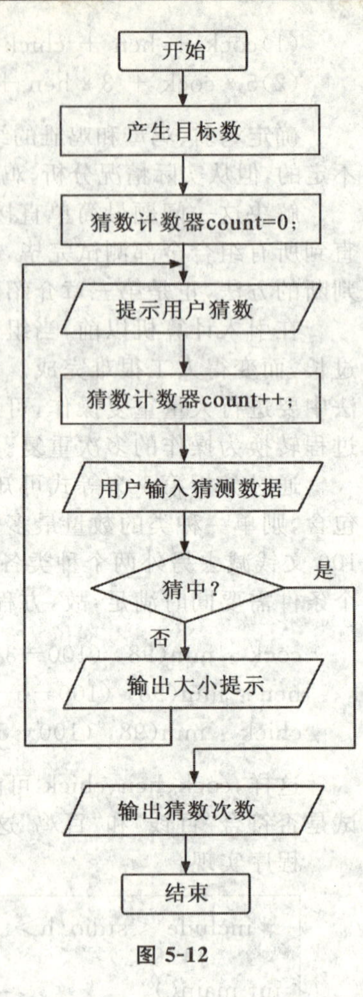

图 5-12

根据流程图可知，猜数过程中有重复操作，可以通过循环结构实现。用于结束重复操作的判断条件出现在整个重复部分的中间，适合采用无限循环和 break 语句相结合的方式实现。

程序实现：

```
#include <stdio.h>
#include <stdlib.h>
#include <time.h>

int main()
{
    int magic_num, guess_num, count = 0;


    srand((unsigned)time(NULL));
    magic_num = 1 + rand() % 20;


    printf("Magic number has been produced successful! \n");
```

```
    while (1)
    {
        printf("Please input guess number [1 - 20] : ");
        scanf("%d", &guess_num);
        count++;
        if (magic_num == guess_num)
        {
            break;
        }
        else if (guess_num > magic_num)
        {
            printf("Larger than magic number! \n");
        }
        else
        {
            printf("Smaller than magic number! \n");
        }
    }
    printf("You win, magic number is : %d, you got it by %d times! \n",
magic_num, count);
    return 0;
}
```

运行情况：

```
Magic number has been produced successful!
Please input gusee number [1 - 20] : 10
Larger than magic number!
Please input gusee number [1 - 20] : 5
Smaller than magic number!
Please input gusee number [1 - 20] : 7
You win, magic number is : 7, you got it by 3 times!
```

程序说明：

• 关于产生随机数的语句。可借助系统提供的标准库函数(需要包含 stdlib. h 和 time. h 两个头文件)，依据当前时间，产生随机数。再通过模除的方法，将产生的随机数限制在具体范围内。下面给出产生 0～N 的随机数的示例代码：

```
#include <stdio.h>
#include <stdlib.h>
#include <time.h>
#define N 20
int main()
{
    //用于保存产生的随机数
    int magic;
    //使用系统时间作为随机数种子
    srand((unsigned)time(NULL));
    /* 借助随机数种子,产生随机数,并通过模除的方式,将随机数限制在 0~N 之
间,最后将产生的随机数保存在变量 magic 中。*/
    magic = rand() % (N + 1);
}
```

● 代码中通过 break 语句,使得当猜数与系统产生的随机数相同时,循环得以退出。这一循环也可采用 do-while 循环改写,代码如下:

```
#include <stdio.h>
#include <stdlib.h>
#include <time.h>
int main()
{
    int magic_num, guess_num, count = 0;
    srand((unsigned)time(NULL));
    magic_num = 1 + rand() % 20;
    printf("Magic number has been produced successful! \n");
    do
    {
        printf("Please input gusee number [1 - 20] : ");
        count++;
        scanf("%d", &guess_num);
        if (guess_num > magic_num)
        {
            printf("Larger than magic number! \n");
        }
        else if (guess_num < magic_num)
```

```
        {
            printf("Smaller than magic number! \n");
        }
    }while (guess_num != magic_num);
    printf("You win, magic number is : %d, you got it by %d times! \n",
magic_num, count);
    return 0;
}
```

习　　题

(1)从键盘输入整数 m,计算 $m^1+m^2+\cdots+m^{10}$。要求画出流程图并编写程序。

(2)使用 for 循环改写习题 1,并上机实现。

(3)接收键盘输入的若干字符,以换行符'\n'结束。要求统计所有接收字符中数字字符的数量,字母字符的数量和其他字符的数量。部分流程图如图 5-13 所示,要求如下:

a)首先补流程图 5-13 中的空白处"?"。

b)选择合适的循环结构,上机实现。

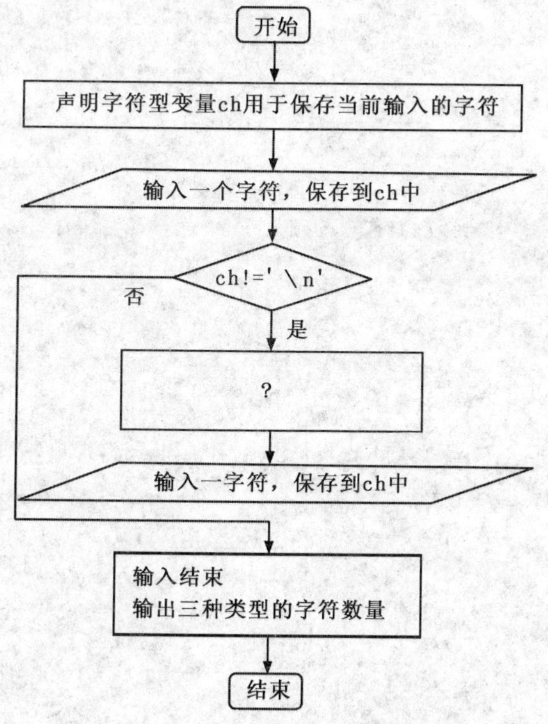

程序试运行示例如下:

请输入一行字符:abCD78 sdD%*&sa#23

统计结果如下:

1)字母字符数量:8

2)数字字符数量:4

3)其他字符数量:4

图 5-13

(4)编写一个程序,遍历 ascii 码值为 0～127 之间的所有字符,将能够在屏幕上显示的字符进行输出。输出每个字符的 ascii 码和对应符号并对齐。

(5)改写猜数程序,使得猜数游戏能够多次进行。可在每次猜数结束后询问终端用户"是否继续猜数游戏(y/n) :",如果用户输入 y,则重复猜数游戏;如果用户输入 n,则退出游戏。猜数游戏相关代码可参考教材。

(6)输出如下形式的乘法九九表。

1	2	3	4	5	6	7	8	9
—	—	—	—	—	—	—	—	—
1								
2	4							
3	6	9						
4	8	12	16					
5	10	15	20	25				
6	12	18	24	30	36			
7	14	21	28	35	42	49		
8	16	24	32	40	48	56	64	
9	18	27	36	45	54	63	72	81

第6章 函 数

我们在前面章节中曾经多次提及函数(function)这一概念,并使用编译系统提供的标准库函数辅助完成了一些程序的设计。函数简单来说就是一个小程序,由一系列语句组成,并被指定了一个名字,能够对给定的数据进行处理,完成一定的功能,并将计算结果返回。

到目前为止,我们接触到的程序都是由一个 main 函数构成的,所有的代码都书写在 main 函数中。引入函数机制后,一个大型程序就可以按照一定原则划分成若干小的模块,每个模块设计为一个独立的函数,main 函数中通过对这些模块的调用来实现最终的程序功能。对大型程序进行模块划分的过程称为程序的函数分解;编写一个功能模块的实现代码,并用函数进行封装的过程称为定义一个函数,封装好的函数代码称为函数定义;程序中对已经定义好了的函数的使用称为函数调用。描述函数的基本特征,以说明如何使用函数的语句称为函数声明。

为了与程序中的主函数(main 函数)进行区分,一般也将其他自定义函数称为子函数。C 语言中的函数,从用户使用的角度,可以分为标准库函数(简称库函数)和用户自定义函数。库函数由编译系统提供,用户在程序设计时可以直接根据函数声明进行使用,无须关注函数是如何实现的。自定义函数是指用户根据程序需要,自己编写完成特定功能的函数定义代码,进而在程序中使用它。

本章将重点学习如何编写除 main 函数以外的其他函数,理解函数的调用机制,通过程序的函数分解降低问题的复杂度,以及函数中变量的使用情况,并通过实例讨论模块化编程。

主要内容包括:

- 函数的声明
- 库函数的使用
- 程序的函数分解
- 函数定义的构成要素
- 定义函数的一般原则
- 函数的调用机制
- 函数中变量的作用域和生存期
- 函数的嵌套和递归
- 模块化编程

6.1 程序的函数分解

到目前为止,我们所编写的程序功能都很简单,代码量也较小,所有代码都集中书写在 main 函数中。实际应用中,随着需要处理的问题变得复杂,程序也会变得更长,随之而来会出现很多问题:

- 长程序开发困难,牵扯情况复杂,代码量大,编程人更难把握。

• 长程序的阅读和理解更困难，这又反过来影响程序的开发和维护。开发过程中，程序需要不断地进行修改和调试。由于代码间的内在联系，每次修改都可能对程序整体产生影响。程序越大，理解和把握代码修改的影响也会变得更加困难。

• 程序变大的同时，会出现程序中许多不同位置需要做相同或类似工作的情况。分别编写代码片段即使程序变长，也增加了阅读和修改的难度。

处理复杂问题的基本方法就是设法将其分解为一些相对简单的子问题，分别处理这些子问题，然后用子问题的解去构造整个问题的解。为了支持复杂计算过程的描述和程序设计，程序设计语言需要提供分解复杂描述的手段，需要有把代码片段抽象出来作为整体来使用和处理的手段。C语言提供了针对计算过程的抽象机制，即函数机制。借助函数的抽象机制，可以将一个大型复杂程序切割成若干相对独立的功能片段，每个功能片段定义为一个函数，最后通过调用这些函数来实现程序的整体功能。这种自顶向下，分而治之的编程方法也称为模块化程序设计。

函数的作用是可以把一段相对独立的功能代码抽取并封装起来，使之成为程序中一个独立实体。为这样的封装代码起个名字，就形成了一个函数定义。当程序中需要执行这段计算时，通过一个简洁的函数调用即可完成。

例如，需要使用C语言编写程序完成一个财务的统计报表工作，为了更好地布局，程序中需要多次使用星型横线作为分割线。前面我们已经学过，输出指定数量星号的功能可以通过如下循环语句实现：

```
int i=0, star_count =50;
for (i=0; i< star_count; i++)
{
    printf("*");
}
printf("\n");
```

其中 star_count 为星号的数量，打印不同数量的星号修改对应的 n 值即可。现在程序中多处使用到了输出分割线这一功能，如果不引入函数，就需要在所有需要输出分割线的地方重写上述代码。程序中会出现大量重复相似的代码，即不利于阅读，也不利于后续的维护。

引入函数后，就可以把上述代码抽取出来，像下面这样封装好，并起名为 PrintStarLine。

```
void PrintStarLine(int star_count)
{
    int i;
    for (i=0; i< star_count; i++)
    {
        printf("*");
    }
    printf("\n");
}
```

后续程序设计中，所有需要输出星号分割线的地方，均可以通过下面的函数调用语句实现：

```
PrintStarLine(star_count);
```

前面已经展示了使用函数的好处,那么,在具体程序设计时,什么样的程序片段应该封装为函数呢?程序的函数分解并没有万能的准则,需要程序员不断通过实践总结经验,根据实际问题去具体分析。这里提出两条线索,供读者学习时参考:

(1)程序中重复出现的相同或类似的片段,可以考虑从中抽取出共同的代码,定义为函数。这样做能缩短程序的代码量,也将大大提高程序的可读性和易修改性。

(2)程序中具有逻辑独立性的功能代码,一般定义为函数。即使这种片段只出现一次,也可以考虑把它们定义为独立的函数,在原位置上使用函数调用。这种做法的主要作用是分解程序的复杂性,使之更容易分析和把握。

适当的函数分解使得复杂问题更容易分析和把握,提高了代码的重用率,同时也使得程序设计中的分工合作成为可能。大型应用程序在开发过程中通常依据模块化编程思想进行功能模块划分,由于模块间具有较高的独立性,在设计好模块间接口的情况下可将各个模块分配给不同的编程人员实现。对于程序中常用的基础功能模块,也可由专门的编程人员将其封装为子函数,集成到自定义的函数库中,供程序开发人员共用,既避免了重复开发,也有利于提升代码质量。这种分工合作使得软件开发效率有了显著的提高,同时也促进了代码编写的标准化。

编写大型程序时必须特别注意程序的功能分解,把程序写成一组函数,通过函数间的相互调用完成所需工作。初学者往往不太注意函数分解,很多教材上给出的程序例子也经常是大片代码,缺少函数封装,误导了初学者不良的编程习惯。实际上,在学习程序设计的过程中,对于函数分解,无论怎样强调都不过分。没有合理的函数分解,完成较大程序将更困难,花费更多的时间,写出的程序更难理解,发现错误时更难改正和定位。

6.2　函数声明与库函数的使用

在自己设计函数之前,我们已经多次使用了系统提供的标准库函数辅助完成程序设计。标准库函数由编译系统提供,能够独立完成一定的功能,也是程序的函数分解思想的一种体现。库函数带来的这种分解不是针对某一具体应用的,而是对程序设计中常用功能的一种抽取和封装,使得我们在程序设计中需要使用这些常规应用时,无须每次都自己去编写相关的实现代码,既降低了程序设计的复杂度和难度,也提升了编程的效率。

前面对库函数的使用过程中,大家可能会有如下疑惑:

- 库函数被调用时,其对应执行的语句是什么,在哪存放?
- 为什么必须要先包含头文件才能使用对应的库函数?
- 库函数的说明语句在哪能找到,具体起什么作用呢?

程序中对函数的使用和对变量的使用有很多相似之处,它们都属于程序中的命名对象,程序里每个有名字的对象(如变量、函数)都有定义点和使用点。一般说,一个对象应该只有一个定义点,但可以在多处使用。为保证使用与定义的一致,通行的原则是“先定义后使用”。例如,复合语句中就要求所有变量定义出现在语句之前,以保障这一原则。规定“先定义后使用”,是因为对象的使用方式依赖于他们的定义(定义时会明确对象的特征和属性)。如果没有定义在先,就无法判断其使用是否正确。因此,程序里使用对象的基本原则是:保证从每个对象的每个使用点向前看,都能得到与正确使用该对象的完备信息。

在函数的使用点,需要的信息就是函数的类型特征,包括函数的名字,参数的个数和类型,以及返回值的类型。在调用处需要检查参数的个数是否正确，各实际参数的类型是否与函数定义一致，如果不一致能否转换等。由于返回值可能参与进一步计算，因此也要做类似处理。看不到函数的类型特征，就不可能正确完成这些检查和处理，进而正确的使用函数。

C语言中的函数声明称为函数原型(也称函数的原型声明)，其语法格式为：

语法：函数原型

result-type name(argument-specifiers);

其中：

result-type 是函数返回值的类型。

name 是函数的名字。

argument-specifiers 是一组由逗号分开的参数类型规格说明列表。每个参数的规格说明都包含一个类型，后面可以跟也可以不跟一个参数名。

例如，数学函数库 math.h 中用于计算平方根的 sqrt 函数，其对应的函数原型声明为：

```
double sqrt(double x);
```

这个原型说明函数名为 sqrt 的函数有一个参数，参数的类型为 double 型，同时返回一个 double 型的值。原型只说明了调用程序与函数之间传递的值的类型，从原型中看不出函数定义的相关语句，甚至看不出函数的功能。函数的具体作用，参数和返回值的含义是通过函数的名字和相关文档告诉程序员的。

有了上述函数原型及相关文档说明，就可以在程序设计时使用 sqrt 函数来计算指定参数的平方根了。如：

```
#include <stdio.h>
#include <math.h>

int main()
{
    double result = 0;
    result = sqrt(3.0);
    printf("sqrt (3) = %.2f\n", result);
    return 0;
}
```

运行情况：

```
sqrt (3) = 1.73
```

函数原型在程序设计中主要起媒介作用，保证函数定义和使用之间的一致性。要想调用函数完成指定的功能，只有函数的原型是不够的，编译器必须要知道去哪找函数的定义，并在发生函数调用时转而去执行函数定义对应的代码。

对于标准库函数，函数的定义由编译器开发者提供，以链接库的形式保存在系统的指定目录中，通过头文件与外界通信。头文件(以.h 结尾的文件，如 stdio.h 和 math.h)里列出了相关库函数的原型说明，供编译器使用。当程序中需要使用标准库函数时，首先要将其对应的头文件包含在程序中，编译系统根据头文件中给出的函数原型对相关的函数调用语句进行合法性检查，并在源程序的编译过程中，将包含该库函数实现代码的库文件集成到最终的可执行文件中。

在函数的原型声明中为每个参数提供一个描述性的名字也是很有意义的，该名字可标识特定参数的作用(还可以包含相应的参数规格说明)。参数的名字能够为使用该函数的程序员提供重要的提示信息，但对程序的执行没有任何实质性的影响。例如，math.h 中用于计算一个数的 n 次方的 pow 函数被声明为：

```
double pow(double, double);
```

它仅指出了参数的类型。如果将整个原型声明改写为：

```
double pow(double base_num, double exp_num);
```

这样，会更有利于程序员使用。新的原型中不仅说明了 pow 函数需要两个参数，而且从参数的名称中可知：第一个参数是底数，第二个参数是指数。当我们自己编写函数时，一般应在函数的原型声明中为参数指定名字，并在相关的介绍函数操作的注释中使用的这些名字，标识出参数的意义和函数的用法。

标准库函数由编译系统的开发者提供，在准确性、高效性和可移植性方面具有突出的优势，建议程序中能使用标准库函数完成的工作尽可能多用库函数，而不是去编写自定义函数完成。

- 准确性：编译程序的开发单位通常比个人程序员更有能力通过全面的检测来保证标准库函数的准确性。
- 高效性：标准库函数能够更好的发挥系统的性能优势，更容易获得高效率。
- 可移植性：标准库函数在任何硬件平台上，对任何编译程序都具有同样的功能和使用方法，使用标准库函数编写的程序能够在多种平台间更好的移植。

6.3　自己编写函数

标准库函数的引入，使得程序变得更加简洁和高效。然而，实际应用中程序的功能需求无以计数，任何函数库都不可能提供可能用到的所有函数。为此，C 语言提供了函数定义机制来允许程序员自己定义函数，并在程序中使用，以方便对程序功能的分解和封装。

标准库函数与自定义函数的关系可以通过机械生产中对标准化零件和自加工零件的使用进行类比说明：标准化零件具有一定的通用性，被广泛使用，通常市场上是可以直接买到的，无须自己独立加工。然而，具体到某一实际生产过程中，并不是所有需要的零件都是标准的，那些为这一生产过程量身定做的零件就需要工程师自己设计和生产了。

编程时，首先要依据函数分解的一般原则对程序进行功能分解，编写相关的函数定义，对各个功能模块进行封装。函数编写好了，将其加入到主程序中，按照正确的方式使用，才能使其发挥作用。

6.3.1 函数定义的一般形式

前面我们已经多次见到过函数的定义，包括 main()函数的定义和用于输出星号分割线的 PrintStarLine()函数的定义。函数定义整体上由两部分组成：函数头部和函数体。

函数头部用于说明函数的名字和类型特征，必须出现在函数定义的第一行。函数头部在形式上由顺序的几个部分构成：函数的返回值类型、函数名以及紧跟在函数名后面用一对括号括起的参数描述（也称参数列表）。当参数列表中包含多个参数时使用逗号分隔，每个参数的描述形式为空格分隔的参数类型和参数名字。函数的返回值是指函数被调用后需要返回给调用程序的结果，其类型可以是C语言中规定的任何合法数据类型。输出星号分割线的函数定义中，函数的头部是：

```
void PrintStarLine(int star_count)
```

这表示本函数的名字是 printfStarLine，返回值类型为 void。这个函数只有一个形参，所以参数表里只有一对类型描述和参数名，说明参数的类型是 int，名字是 star_count。

函数体是一个复合结构，紧跟在函数头的后面，通常另起一行。函数体里包含一些变量的定义和一些需要执行的C语句，必须使用大括号括起。函数体内变量和语句的书写同样需要遵守前面介绍的程序书写规范。函数体里定义的变量只能在这个函数体的内部使用，遵循变量“先定义，后使用”的约定。函数头里定义的参数变量也可看作是函数内部定义的变量，可以直接在函数体中使用。

函数定义的一般形式和 main()函数相同，如下所示：

```
retun_type function_name(parameters_1, parameters_2, … , parameters_n)
{
    function_body;
}
```

对比前面输出星号分割线的函数定义，可找到如下构成函数定义的要素：

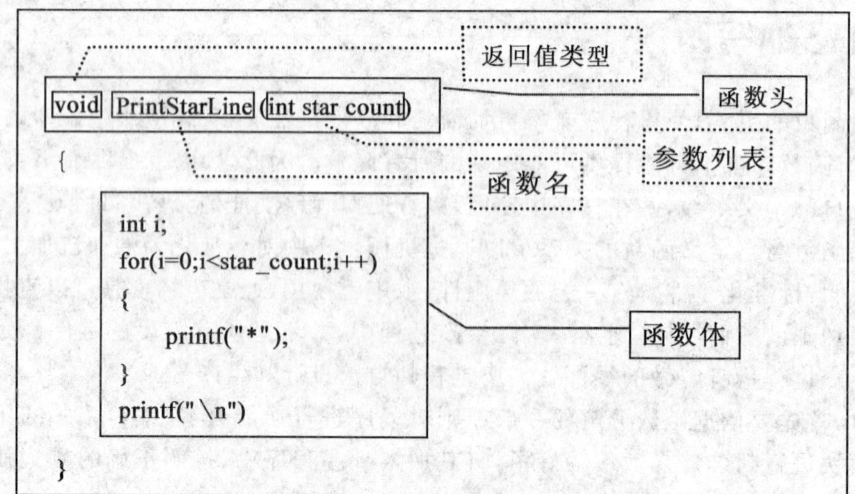

重要说明：

(1)函数的命名。在 C 语言中，函数的名称可以是任何合法的名字，但不能是系统的关键字(如 int、double、for 等)，不能和程序中其他函数的名称相同，也不要使用与任何标准库函数相同的名称，以避免混淆。函数名称最好能够表明函数的作用，通常采用相关英文单词的组合构成。有两个常见的方法可以采用：

- 在函数名称中用下划线分开每个单词。如 find_max、print_star_line 等。
- 将每个单词的第一个字母大写。如 FindMax、CircleArea、PrintStarLine 等。

这两种方法都很好，采用哪一个取决于程序员，但最好在选择了一种方法后就固定使用它。当然，可以对函数使用一种命名方法，对变量使用另一种方法。

(2)函数的返回值类型可以分为两大类：空类型和非空类型。空类型就是前面使用到的 void 类型，它表示函数没有返回值，即函数被调用后没有明确的数值结果需要返回给调用程序。如，上述的输入星号分隔线函数，其被调用后会在输出端显示指定数量的星号分割线，而并没有明确的计算结果返回给调用程序，故返回值定义为 void 类型。没有返回值的函数必须在函数定义中将返回值类型指定为 void。

(3)对于那些有明确计算结果需要返回的函数，其返回值类型不能是 void，需要根据返回数据的实际特征来确定返回值类型。例如，我们要编写一个函数来计算圆的面积，函数被调用后应该返回指定圆的面积数值给调用程序。依据实际情况，圆的面积应该是一个实数，故该函数的返回值类型应为 double 型。

(4)返回值不是 void 的函数都要在函数体使用 return 语句，在终止函数执行的同时将函数被调用后的计算结果返回给调用程序。return 语句有两种形式：

```
return 表达式；  或  return(表达式)；
```

返回语句的基本作用是结束本函数的执行，结束前先计算 return 后面表达式，并把表达式的值作为本次函数调用的返回值。上述计算圆面积的函数定义可书写为：

```
double CircleArea(double r)
{
    return 3.14 * r * r;   //或使用 return(3.14 * r * r);
}
```

return 语句后面表达式的计算结果类型要与函数定义中规定的返回值类型相匹配，如果两者不一致，则编译器会在计算完 return 语句表达式的值后进行类型转换，将转换后的结果返回。如果不能正确完成转换，编译器会生成一条错误信息。

(5)参数列表中的参数是变元，起占位符的作用，规定了函数能够加工的数据形式，常被称为形式参数，简称形参。在定义函数时，形参并没有实际数值。形参的初始化发生在函数被调用时，通过拷贝调用程序传入的实际参数完成。编写函数体时，可将形参看作已经正确初始化了的本地变量，直接参与到计算中，无须考虑其当前值是多少。参数的引入可以使得函数更通用，在每次调用时能处理不同的数据。

(6)定义了一个函数后，其函数体中的代码并不会被主程序自动执行，只有在主程序中需要使用这个函数完成一定功能，显式通过函数调用语句调用它，这个函数才会起作用，对应的代码才会被执行。

(7)函数体内的语句也可以含有嵌套的语句块,但不能在一个函数体内定义另一个函数。如下写法是错误的:

```
int functionName1(int x, int y)
{
    statements;
    …
    double functionName2(int z)
    {
        …
    }
    …
}
```

(8)函数头给出了该函数的返回类型、每个参数的次序和类型等函数原型信息,所以当没有专门给出函数原型说明语句时,系统就从函数头中获取函数原型信息。

(9)函数体中可以有多个 return 语句,但只会执行其中的一个。如果函数体代码中使用了控制结构,有多个出口,需要在每个出口地方都设置 return 语句进行返回。

6.3.2 如何定义一个函数

函数的定义包括函数头部和函数体两部分,定义一个函数就是根据模块的功能描述,对其进行函数封装,设计出定义函数所需的函数头部信息并编写函数体相关代码。

函数本身是一个相对独立的功能实体,是对完成一定功能的程序代码的封装,能够对一定的输入数据进行加工,产生预期的输出结果并返回。因此,编写函数定义的过程和完成一个程序是类似的,都需要根据问题的描述,设计出解决方案,并编写相关的实现代码。两者一个很重要的区别在于其与外界交互的方式不同:程序是可以独立运行的,通过输入输出和使用该程序的终端用户通信;函数不能独立运行,只能被主程序调用执行,通过参数和返回值与它的调用程序之间进行信息交互,接收调用程序传递的输入数据,并将运行结果返回给调用程序。

可见,在针对具体问题编写函数定义时,同样需要首先分析出问题的输入和输出,然后通过自顶向下、逐步求精的方法来设计解决问题的主要步骤,最后用函数对其进行封装,编写对应的函数定义。一般情况下,问题的输入固定对应于函数的形式参数,而问题的输出则有两种方法返回给调用程序。

第一种方法是通过返回值将输出结果返回给调用程序。函数体内通过 return 语句显式结束函数的执行,并返回一个特定类型的值作为函数调用的结果。此时,函数调用的作用与使用该类型的变量相当,可以作为表达式的一部分参与运算。例如,对于 sqrt 函数,当调用该函数时,会通过返回值返回应用程序作为参数传送给它的数值的平方根,返回值类型为 double 型。因此,该函数调用可以和任意 double 型变量一样,参与到相关运算中。如:

```
double result = 5.3 + sqrt(3);
```

这样的语句是合法的,依据优先级,会先执行函数调用计算 3 的平方根,再将函数调用结果与 5.3 相加后赋值给 result 变量。

第二种方法是通过特殊形式的参数将输出结果返回给调用程序。具体做法是在定义函数时，除了给出与输入相对应的形式参数外，额外增加一个或多个地址型参数，用于传递函数的输出结果。发生函数调用时，调用程序除了传入实际的输入数据给函数，还要在地址型参数的位置传入本地变量的地址作为实际参数，从而在函数调用结束时，将结果通过这个变量带回到调用程序中。例如，使用 scanf()函数从键盘上读入数据时，输入数据就会存储到作为参数提供的变量地址中。

明确了问题的输入和输出的传递方式，函数头部特征也就随之确定了，剩下的工作就是编写函数体代码，对输入数据进行加工，并按照指定的输出方式将计算结果返回给调用程序。

据此，可以总结出针对具体问题编写函数定义的一般步骤如下：

(1)根据问题的描述，找出问题的输入和输出；

(2)根据输入输出的特点，明确输入和输出在函数定义中的表现方式，进而确定函数头部信息；

(3)设计问题的解决方案，并转换为算法；

(4)编写函数体代码，实现解决方案。

上述四个步骤中，除了对输入和输出的处理方式不同，其他步骤均与针对具体问题编写程序实现的过程相似。由于问题的输入一般固定对应于函数的形式参数，函数定义中尚未明确的问题就只剩下了对输出的处理方式，即确定通过返回值还是通过地址型参数来将函数的计算结果返回给调用程序。

具体到对输出方式的选择，主要取决于待封装问题的输入输出特征。从某种意义上讲，参数提供了函数的输入，返回值是它的输出，输出返回给调用程序。故，一般情况下，只有当返回值无法很好满足传递调用结果的需要时，才会考虑通过地址型参数来传递调用结果。

本节将重点讨论通过返回值将函数的输出结果带回主程序的情况，以及没有明确输入参数或输出结果的函数定义情况，并总结出函数定义时输入输出设计的一般原则供读者参考。通过地址型参数传递函数结果给调用程序的情况将在后面详述。

函数定义原则 5-1 ：一般情况下，待封装问题功能描述中的输入固定对应于函数定义中的形式参数。即，问题描述中有多少输入，函数定义中就要设置相应数量的形式参数与之对应。如果问题描述中没有明确的输入数据，则函数定义中可以没有形式参数，但函数名后面的括号必须有。

这里的输入指的是函数被调用时由调用程序传入的需要加工的变量，那些在功能描述中明确给定的常量(如 1、2、'a'、3.14 等)无须设置为参数，直接在函数体内使用常量值即可。

函数定义原则 5-2 ：如果待封装问题的功能描述中，输出结果为单一数值，适合通过返回值将问题的输出返回给调用程序。

【例 6-1】编写函数定义，用于完成简单的二元运算(加、减、乘、除)。

分析：二元运算需要输入两个操作数，以及对应的运算符，再依据相应的运算规则完成运算，产生计算结果。问题的输入和输出如下：

输入：两个操作数，一个运算符；

输出：运算结果；

依据上述函数定义原则，函数定义中需要有三个形式参数，分别对应于需要输入的操作数和运算符。考虑到实际应用，二元运算的操作数一般为实数，操作符在C语言中无专有数据类型，可以使用单个字符表示，故参数列表中与操作数对应的参数类型应为double型，与运算符对应的参数类型应为char型。两个实数的运算结果也为实数，函数的返回值类型也为double型。根据函数的功能描述，函数名字可命名为Calculator。综上，函数定义的头部信息可定义如下：

```
double Calculator (double num_1, double num_2, char op)
```

设计：二元运算的解决方案可用如下步骤表示。

(1)输入两个操作数和运算符；

(2)对输入的字符型运算符进行判断，并根据判断结果执行相应的算术运算；

(3)输出运算结果。

依据上述步骤，增加函数体代码后，完整的函数定义如下：

```
double Calculator (double num_1, double num_2, char op)
{
    double result = 0;
    switch (op)
    {
        case '+':
            result = num_1 + num_2;
            break;
        case '-':
            result = num_1 - num_2;
            break;
        case '*':
            result = num_1 * num_2;
            break;
        case '/':
            result = num_1 / num_2;
            break;
    }
    return result;
}
```

程序说明：

(1)步骤1中对输入的要求已经转化为函数定义中的形式参数，故函数体内无对应的输入语句。其中，num_1代表第一个操作数，num_2代表第二个操作数，op代表操作符。

(2)形参变量是占位符，代表了函数调用时需要加工的实际数据，编写函数定义时可直接在函数体内使用形参变量参与运算，无须考虑变量的当前值。

(3)由于已经定义了函数通过返回值来传递计算结果，且返回值类型为double型。故，函数体内必须有明确的return语句，在计算结束后，将double型的结果(变量或表达式)返回。

即,return result;,此处 result 变量的类型必须要与函数头部给出的返回值类型相匹配(至少要能转换)。

【例 6-2】编写函数定义,用于产生 1～20 的随机整数。

分析:产生 1～20 随机数这一功能曾经在猜数程序中使用,相关代码如下:

```
int magic_num;
srand((unsigned)time(NULL));
magic_num = 1 + rand() % 20;
```

现在需要做的是使用函数将这一功能封装。功能描述中没有输入要求(1 和 20 为常数,无须输入),而输出则是一个随机整数(范围为 1 至 20 之间)。故,函数头部的参数列表中无须给出参数信息,可使用返回值将产生的随机数返回给调用程序,返回值类型为 int 型。函数头部设计如下:

```
int GetRandomNum()
```

函数体中的功能实现代码可参考上述示例代码,只需在随机数产生后,通过 return 语句将其返回即可。完整函数定义如下:

```
int GetRandomNum()
{
    int magic_num;
    srand((unsigned)time(NULL));
    magic_num = 1 + rand() % 20;
    return magic_num;
}
```

思考:上述函数定义能够在调用时返回 1～20 区间的随机整数,但在实际应用中,我们需要的随机数的范围可能并不局限在 1～20 之间,能否对上述函数重新定义,使得其能够产生任意指定区间的随机数呢?答案是肯定的。

分析:待封装问题可重新描述为:产生一个位于指定区间的随机整数。指定区间可用一个整数上限和一个整数下限来表示,这里的上限和下限是变化的,由调用程序具体给出,属于输入数据。因此,可总结出新问题的输入和输出分别为:

输入:整数上限、整数下限(定义函数时需要有两个 int 型形式参数与之对应)。

输出:随机整数(可通过 int 型返回值将输出结果返回)。

函数头部可重新定义为:

```
int GetRandomNum2(int low, int high)
```

函数体内的实现代码,只需将原来的固定下限(常数 1)和固定上限(常数 20)使用相应的形式参数代替即可。完整函数定义如下:

```
int GetRandomNum2(int low, int high)
{
    int magic_num;
```

```
    srand((unsigned)time(NULL));
    magic_num = low + rand() % high;
    return magic_num;
}
```

【例 6-3】将输出指定数量的星号作为分隔线这一功能封装为子函数。前面虽然已经见过了实现这一功能的函数定义,但并未给出函数设计的过程。

分析:星号的数量由调用程序给出,是变元,属于输入,对应于函数定义中的一个形式参数。输出结果为屏幕显示,即在终端输出设备上显示一行星号分割线,没有明确的数值结果需要返回,返回值应设置为空类型(void)。函数可定义如下:

```
void PrintStarLine(int star_count)
{
    int i;
    for (i=0; i< star_count; i++)
    {
        printf("*");
    }
    printf("\n");
}
```

至此,我们接触了函数定义和函数声明两个概念。在 C 语言里,定义和声明两个术语的含义是不同的。一个定义总是去建立被定义的对象,完成从无到有的过程;而一个声明仅说明有某个东西存在,被声明的东西必须在其他地方已经定义,否则这个声明是无效的。函数的定义和声明也是如此,函数定义建立了一个函数,函数体对应的复合语句描述了函数执行时要完成的动作。而函数的原型声明仅说明了存在具有这个名字和类型特征的函数,并没有具体实现部分,函数应该事先在其他地方被定义。如果只有函数原型声明而没有对应的定义,连接时编译器就会报错,提示缺少函数定义。

对于变量,同样存在声明和定义两个概念。在初学阶段容易将定义一个变量和声明一个变量混淆。实际上,变量也是有定义和声明的区分的。定义一个变量需要为变量命名并分配存储空间,而声明一个变量则是告诉编译器这个变量已经在其他地方定义了,在这里可以直接使用。这种情况通常出现在多个源文件共同构成一个程序的情况下,不同文件中定义的变量可通过外部声明的方式实现共享。

6.3.3 使用自定义函数

函数定义本身并不能构成一个完整的程序,需要将其加入到主程序中,才能在主函数中通过函数调用语句使用它。为了更好地使用子函数,通常会在将子函数的定义添加到主程序的同时,还会在主程序中增加子函数的原型声明,以方便对函数的调用。

引入自定义子函数前,主程序的结构大体可描述为:

```
//标准库头文件的包含,如
#include <stdio.h>

//符号常量的定义,如
#define PI 3.14;

//main 函数的定义
int main()
{
    statements;
}
```

其中,main 函数是整个程序的入口,一个可执行程序中有且只能有一个 main 函数。运行一个 C 程序时,其执行就从它的 main 函数的函数体代码开始,逐条执行其中的语句,直到函数结束(语句都执行完了或者遇到 return 语句退出),这个程序的执行就完成了。通常,建议将 main 函数的返回值类型定义为 int,用于返回程序的执行状态,这一状态值由操作系统自动捕获,需要时可通过命令行查看。如果把 main 函数的返回值定义 void,函数体里没有 return 语句进行返回,当 main 函数里所有语句都执行结束后,系统将自动产生一个表示程序正常结束的值(通常就是 0)。

由于 main 函数的特殊作用,其函数体内包含了问题的主要处理流程,放在最前面能够使读者一目了然,迅速了解程序的结构和功能。引入子函数后,一般将子函数的定义平行书写在 main 函数的下方,同时在主函数的上方增加子函数的原型声明,这样就可以在主函数中通过函数调用语句使用子函数的功能了。引入子函数后的源程序的结构可大体描述如下:

```
//标准库头文件的包含,如
#include <stdio.h>

//符号常量的定义,如
#define PI 3.14;

//子函数的原型声明,如
double func1(double x, double y);
int func2();

//main 函数的定义
int main()
{
    statements0;
}
```

```
//子函数的函数定义,如
double func(double x, double y)
{
    statements1
}

int func2()
{
    statements2;
}
```

函数定义的头部给出了函数的名字、参数的个数和类型以及返回值的类型等特征信息,与函数的原型声明要求一致。因此,自定义函数的原型声明可直接使用函数头部的定义,只需在尾部加一个分号即可。例如,前面用于完成二元运算的子函数定义,其对应的原型声明可书写为:

```
double Calculator (double num_1, double num_2, char op);
```

函数原型可以出现在任何可以写变量定义的地方。目前人们认为最合理的方式是将它们统一书写在源程序的最前面(通常位于预编译语句和 main 函数定义之间),从而保证了本程序中所有函数的使用点都可以看到这些原型,便于编译器的检查。标准库函数的原型声明书写在头文件中,源程序开始部分使用预编译语句(#include)将头文件包含进来的做法,实际上就保证了库函数的原型声明出现在整个源程序的最前面。main 函数不需要原型,因为在程序开始执行时,main 函数的调用由系统指定完成,不能被其他函数调用。

有了函数定义和原型声明,就可以在主程序中调用子函数了。自定义函数的调用方式与库函数类似,都是按名调用,并在调用时根据原型声明的规定为其传递实际需要处理的数据。如果函数的返回值非空,通常需要在主程序中捕获函数调用的结果,或者在表达式中直接使用函数调用参加运算。调用无形式参数的函数时需要在函数名后写一对空括号。无返回值的函数通常书写为单独的调用语句。

上一节我们定义的几个函数可以分别采用如下方式进行调用:

1. 完成二元运算的函数调用

原型:double Calculator (double num_1, double num_2, char op);

调用示例一:

```
double result=0, x = 5.3, y = 4.8;
result = Calculator(x, y, '+');
```

说明:首先调用子函数计算 x+y,并将其相加的结果赋值为变量 result。

调用示例二:

```
char op = '*';
printf("3 %c 2 = %.0f\n", op, Calculator(3, 2, op));
```

说明:首先调用子函数计算 3*2,然后使用该函数调用的结果作为 printf 函数的一个实际参数,实现格式化输出。Calculator 子函数的返回值为 double 型,使用.0f 作为格式控制符使得小数部分不输出。输出结果为 3 * 2 = 6。

2.产生 1~20 随机数的函数调用

原型:int GetRandomNum();

调用示例:

int magic_num = GetRandomNum();

说明:主程序中声明了一个 int 型变量 magic_num,并使用函数调用 GetRandomNum()的结果对变量进行初始化。

3.输出星号分割线的函数

原型:void PrintStarLine(int star_count);

调用示例:

int count = 100;

PrintStarLine(50);

PrintStarLine(count);

说明:上述代码将在屏幕上输出两条星号分割线,第一条包含 50 个星号,第二条包含 100 个星号。

【例 6-4】阅读下面程序代码,并分析其执行情况。

```
//预编译指令
#include <stdio.h>
#include <stdlib.h>
#include <time.h>
#include <windows.h>

//自定义函数的原型声明
double Calculator (double num_1, double num_2, char op);
int GetRandomNum();
void PrintStarLine(int star_count);

//主函数的定义
int main()
{
    int magic_1, magic_2;
    char op;
    double result;

    magic_1 = GetRandomNum(); //函数调用
    Sleep(1000);
```

```
    magic_2 = GetRandomNum();
    printf("First magic num is : %d\n", magic_1);
    PrintStarLine();
    printf("Second magic num is : %d\n", magic_2);
    PrintStarLine();
    printf("Please input operator for two magic number : ");
    op = getchar();
    result = Calculator(magic_1, magic_2, op); //函数调用
    PrintStarLine(); //函数调用
    printf("%d %c %d = %.0f\n", magic_1, op, magic_2, result);
    PrintStarLine();
    return 0;
}

//自定义函数
void PrintStarLine(int star_count)
{
    int i;
    for (i=0; i< star_count; i++)
    {
        printf(" * ");
    }
    printf("\n");
}
double Calculator (double num_1, double num_2, char op)
{
    double result = 0;
    switch (op)
    {
        case '+':
            result = num_1 + num_2;
            break;
        case '-':
            result = num_1 - num_2;
            break;
        case '*':
            result = num_1 * num_2;
            break;
```

```
    case '/':
        result = num_1 / num_2;
        break;
    }
    return result;
}

int GetRandomNum()
{
    int magic_num;
    srand((unsigned)time(NULL));
    magic_num = 1 + rand() % 20;
    return magic_num;
}

运行情况:
First magic num is : 16
* * * * * * * * * * * * * * * * * * * * * * * * * * * * * *
Second magic num is : 19
* * * * * * * * * * * * * * * * * * * * * * * * * * * * * *
Please input operator for two magic number : +
* * * * * * * * * * * * * * * * * * * * * * * * * * * * * *
16 + 19 = 35
* * * * * * * * * * * * * * * * * * * * * * * * * * * * * *
```

程序运行时,会先调用 GetRandomNum 函数,产生两个随机数,并将其保存在主函数中定义的变量中,作为二元运算的操作数。然后,接收用户从终端输入的操作符,并保存,最后调用 Calculator 函数,完成二元运算,输出结果。程序中每个普通输出语句的后面都调用 PrintStarLine 函数输出 50 个星号构成的分割线。

程序说明:

(1)程序中所有用到的标准库函数,都需要将其对应的头文件包含进来。无论其出现在 main 函数中还是出现在其他子函数中。

(2)多个函数定义在源程序中是平行书写的,不能交叉,即使 main 函数也不例外,不能将子函数的定义书写在 main 函数中。一定要注意函数体大括号的配对,养成良好的书写习惯,大括号成对书写。

(3)在正确书写了所有子函数的原型声明的前提下,子函数定义的书写先后顺序对程序的执行没有影响。

(4)函数体内定义的变量仅在本函数定义内有效,不同函数体内可以定义相同名字的变量。

(5)函数调用时实参变量的名字和函数定义中形参变量的名字没有任何关联,可以不同,即使相同也不会相互影响。

(6)函数调用时要注意实际参数和形式参数间的一致性:数量相同、类型匹配、顺序一致。即,调用时给定实参的数量要和函数声明中形参的数量相同,并且实参数据的含义和类型要与形参一一对应。

(7)子函数的定义只需要编写一次,可以被多次调用。

(8)主程序中的 sleep 函数是系统提供的睡眠函数,其原型包含在 windows. h 中,用于在程序执行过程中进行短暂的停止,其需要一个参数来传递需要睡眠的时间,单位是毫秒。示例中睡眠 1000 毫秒=1 秒钟。这里让程序临时睡眠 1 秒钟主要是为了能够产生两个不同的随机数,因为随机数生成子函数中使用系统时间作为随机数产生的种子,而连续的两条语句在执行时间上几乎无差别,容易因随机数种子相同而产生相同的随机数。

(9)对于返回值非空的子函数,调用时也可不处理返回值,直接写成单独的调用语句,如 Calculator(3, 2, '+');。这种写法是否有意义要依具体情况而定。

多数情况下,可以通过将子函数定义书写在 main 函数的前面,来确保从子函数的使用点向前能够找到对应的函数定义,从而省去子函数的原型声明。但不建议这样做,会影响程序的可读性,这种影响会随着程序中代码长度的增加越发明显。下面写法从语法角度是允许的。

```
#include <stdio.h>
#define PI 3.14

double CircleArea(double r)
{
    return PI* r* r;
}

int main()
{
    double r = 5;
    printf("Radium = %.2f, Circle area = %.2f\n", r, CircleArea(r));
}
运行情况:
Radium = 5.00, Circle area = 78.50
```

很多时候,在定义函数时,都是在假设未来调用程序传入的实际参数符合子函数原型规定的情况下,去考虑子函数的设计。对于实参类型不匹配或者实参不符合实际意义的情况较少考虑,函数定义中也缺少对参数合法性的检查。为了避免对函数的错误使用,建议在定义函数时通过注释等方式对形式参数的含义和使用规范给出详细的说明,并在使用函数时,关注函数对各种特殊情况的处理,采取相应的措施(如调用前检查参数值,或者在调用函数后检查返回值),保证函数调用的合理性。这一问题本文仅作提示,不做详述,读者可随着编程的深入逐步去理解和掌握上述技巧。

6.4　函数的调用机制

上一节我们详细讨论了如何定义一个函数，以及在主程序中使用自定义函数。本节将重点讲述发生函数调用时程序的执行情况，以及调用程序与子函数之间参数的传递机制。

6.4.1　函数的调用过程

【例 6-5】根据如下代码（计算 5～10 之间所有整数的阶乘），分析函数调用过程。

```
#include <stdio.h>
int Factorial(int n);
int main()
{
    int i;
    for (i=5; i<=10; i++)
    {
        printf("%d! = %8d\n", i, Factorial(i));
    }
    return 0;
}
int Factorial(int n)
{
    int result = 1, i;
    for (i=1; i<=n; i++)
    {
        result = result * i;
    }
    return result;
}
输出情况：
5! =       120
6! =       720
7! =      5040
8! =     40320
9! =    362880
10! =  3628800
```

对于含有一个或多个自定义函数的应用程序，将主函数与其他子函数分开理解是很有意义的。主函数是程序执行的入口，显示了整个程序的逻辑结构。任何时候我们去阅读一个源程序，从 main 函数开始入手都是一个非常明智的选择。子函数只是实现了整个程序中需要的一个子功能模块，当主函数中需要使用这个功能的时候，通过函数调用语句显式的调用子函数来完成。

程序的主体结构是一个循环，循环变量从 5 变化到 10，代表了当前需要计算阶乘的目标数。每次循环时，都会调用 Factorial 函数计算当前循环变量的阶乘，并将结果作为 printf 函数的一个参数，输出到屏幕上。

子函数用于实现计算一个数的阶乘，其定义中的形式参数 n 代表了需要计算阶乘的目标数，函数体内通过一个循环来计算从 1 到 n 的累乘结果，从而获得 n 的阶乘，并通过 return 语句将最终结果返回给调用程序。

当主程序中调用子函数时，程序的执行情况可以通过在源代码中增加适当的输出来直观查看。主函数在发生函数调用的 printf 语句前增加一条输出语句，输出循环变量 i 的当前值。在子函数定义的函数体语句开头和结尾分别增加两条输出语句，分别输出参数 n 的当前值和子函数的计算结果。为了与主函数中的输出进行区别，子函数的输出会预留一段空白，同时以 F()开头。子函数代码修改结果如下：

```
#include <stdio.h>
int Factorial(int n);

int main()
{
    int i;
    for (i=5; i<=10; i++)
    {
        printf("i = %d\n", i);
        printf("%d! = %8d\n\n", i, Factorial(i));
    }
}

int Factorial(int n)
{
    int result = 1, i;
    printf(" F() : n = %d\n", n);
    for (i=1; i<=n; i++)
    {
        result = result * i;
    }
    printf(" F() : n! = %d\n", result);
    return result;
}
```

重新编译运行程序，可得如下输出：

```
i = 5
    F() : n = 5
    F() : n! = 120
5! =      120

i = 6
    F() : n = 6
    F() : n! = 720
6! =      720

i = 7
    F() : n = 7
    F() : n! = 5040
7! = 5040
```

```
i = 8
    F() : n = 8
    F() : n! = 40320
8! =     40320

i = 9
    F() : n = 9
    F() : n! = 362880
9! =    362880

i = 10
    F() : n = 10
    F() : n! = 3628800
10! = 3628800
```

程序运行时从 main 函数开始，执行主函数的循环结构。每次循环开始后，先输出主函数中循环变量 i 的值，然后再执行 printf 语句输出 i 的阶乘。执行 printf 时出现了函数调用，先调用 Factorial 子函数，使用主程序中的循环变量 i 作为实际输入参数，完整的执行了一遍子函数的函数体，产生了两条屏幕输出，并在执行到 return 语句后，结束子函数的执行，使用其返回结果代替函数调用作为主函数中 printf 语句的实际参数，完成主函数中的输出。随后主程序进入下一次循环，重复上述操作。

结合上述示例，当函数被调用时，其执行步骤可总结如下：

(1)计算每个实参表达式的值。函数体内需要使用形参变量参与运算，形参变量则需要根据实参变量的值进行初始化。因此，需要先计算出实参表达式的值，再进入循环体执行。

本例中有两处有函数调用，一处是调用标准库函数 printf 进行输出，另一处是调用自定义函数 Factorial，并将 Factorial 的调用结果作为 printf 函数的参数值。对于 printf 函数，有一个实参是表达式 Factorial(i)，故在 printf 函数真正调用前，需要首先计算出实际参数 Factorial(i)的值，而 Factorial(i)本身又是一个函数调用，需要先计算出 i 的值，然后才能使用 i 的值计算出函数调用的结果。

(2)将每个实际参数的值复制到对应的形式参数变量中。如果有多个实际参数，必须按次序依次完成复制。如果有必要的话，在实际参数值和形式参数之间要执行自动类型转换，就如在赋值语句中一样。

本例中将实参 i 的值复制给 Factorial 函数定义中的形参 n，两者类型相同，无须转换。

(3)执行函数体中的语句，直到遇见 return 语句或全部语句执行完为止。

本例中将在实参变量 i 的值传递给形参变量 n 后，进入 Factorial 的函数体，执行循环语句，计算 n 的阶乘。

(4)计算 return 语句中表达式的值。如果需要的话,将表达式的值转换为函数指定的返回类型。

本例中 return 语句的表达式是变量 result,其值的类型与函数定义中的返回值类型 int 相符,故直接将 result 变量的值返回即可。

(5)在函数调用的地方用返回值替代,继续执行调用程序中其他语句。

本例中用子函数中 result 变量的值替代 Factorial(i),进而完成 printf 语句的调用操作。

6.4.2 参数的值传递机制

函数调用过程中将实际参数值复制给形式参数的传递方法称为参数的值传递。在函数调用时,形参变量相当于是实参变量的一个副本,整个函数体内对形参变量的使用(包括修改),均是在实参变量的副本进行。也就是说,函数体内对形参变量的修改不会影响到主调函数中实际参数的值,实际参数的值在函数调用前和函数调用后保持不变。

【例 6-6】分析如下程序代码,理解参数值传递的机制。

```
#include <stdio.h>
void Func(int m);

int main()
{
    int number = 10;
    printf("m() start number = %d\n", number);
    Func(number);
    printf("m() end number = %d\n", number);
}

void Func(int m)
{
    printf("    F() start m = %d\n", m);
    m = 5;
    printf("    F() end m = %d\n", m);
}
运行情况:
m() start number = 10
    F() start m = 10
    F() end m = 5
m() end number = 10
```

程序代码结构很简单，主程序中会在调用子函数 Func 前和后分别输出本地变量 number 的值。子函数 Func 被调用时，主程序中的 number 变量将作为实际参数传递给 Func 函数，Func 函数体内先输出形参变量 m 的当前值，然后将 m 的值修改为 5，并进行输出验证。

从运行情况可知：调用子函数前后，主函数中用作实际参数的 number 变量的值是不变的，都是 10。而在发生函数调用时，子函数内部形式参数变量 m 的值则由最初 number 变量传递过来的 10 变为 5。子函数中对形式参数 m 的修改，并未影响到主程序中的实际参数 number。

要想通过调用子函数修改主程序中的变量，只能将主程序中变量的地址作为实际参数传递给子函数。地址作为实参传递时，依然遵循上述值传递的原理，子函数的形式参数仍然只获得了实际参数的副本，这是一个地址的副本，使得形参变量指向了主程序中的变量，可以通过这一地址型形参去间接访问主程序中的变量。下节中将讨论这一情况。

6.5　带有指针型参数的函数定义

前面已经介绍了有关函数定义、函数的原型声明以及函数调用的相关机制，学习了如何将输入传递给函数，以及如何使用 return 语句从函数返回单一结果值。本节将介绍通过参数从一个函数返回多个输出值的情况。

根据 scanf()函数的使用经验，特殊形式的参数（如，变量的地址）也能够实现输出的功能，将函数的结果返回给调用程序。下面是使用 scanf()函数从标准输入设备读入数据的语句：

```
int number;
scanf("%d", &number);
```

number 是主程序中定义的整型变量，调用 scanf 函数时，通过取地址运算符（&）将 number 变量的地址作为 scanf 函数的实际参数传递，终端输入的数据会存储在作为参数的指定内存地址（&number）中，即保存在变量 number 中。

上述函数调用时作为参数传递的是变量的地址（也称指针），根据值传递的原理，形参获得了实参地址值的拷贝，使得形参和实参同时指向了主程序中的同一变量，进而能够在子函数中通过指针类型的形参变量间接访问其所指向的主程序中的变量，达到通过参数传递输出结果的目的。

据此，我们可以将函数定义中的参数进一步细分为输入型参数和输出型参数。前者用于接收调用程序传递给函数的输入数据，后者则用于将函数的计算结果返回给调用程序。当待封装问题的输出结果不是单一数值时，就可以通过输出型参数来实现多个结果值的返回。

下面，我们通过一个程序实例来讨论一下函数如何返回多个输出值。

【例 6-7】编写程序，将给定实数分解为符号位、整数和小数三部分。

```
#include <stdio.h>
#include <math.h>
void Separate(double num, char * p_sign, int * p_int, double * p_frac);

int main()
{
    double value;
    char sign;
    int int_part;
    double frac_part;

    printf("Enter a value to separate : ");
    scanf("%lf", &value);
    Separate(value, &sign, &int_part, &frac_part);
    printf("part of sign is : %c\n", sign);
    printf("part of int is : %d\n", int_part);
    printf("part of frac is : %f\n", frac_part);
}
void Separate(double num, char * p_sign, int * p_int, double * p_frac)
{
  double temp;
  if (num > 0)
     * p_sign = '+';
  else if (num == 0)
     * p_sign = ' ';
  else
     * p_sign = '-';
  temp = fabs(num);
  * p_int = floor(temp);
  * p_frac = temp - * p_int;
}
```

程序的主要功能就是对输入的实数进行分解，找出实数的符号位，整数部分和小数部分。其中对单个实数进行分解的功能封装为子函数 Separate。通过分析可知，Separate 子函数应该有 1 个输入（待分解的实数）和 3 个输出（符号部分、整数部分、小数部分）。这种通过一个函数返回多个结果的情况暂时无法使用返回值来实现结果的传递，需要使用输出型参数。下面来仔细研究一下子函数 Separate 的头部：

```
void Separate(double num, char *p_sign, int *p_int, double *p_frac)
```

共有 4 个形式参数，第一个参数对应问题的输入，即待分解实数；后面三个则属于输出型参数，分别用于保存分解后的符号部分、整数部分和小数部分。由于问题的三个返回结果均通过输出型参数返回，故返回值设置为 void。

输出型参数体现在函数定义中就是指针类型的形参，发生函数调用时通常将主程序中变量的地址作为实参传递，子函数体内通过形参指针间接访问其所指向的变量。示例程序调用 Separate 函数时，主程序中将三个本地变量的地址作为实际参数传递给子函数 Separate：

```
Separate(value, &sign, &int_part, &frac_part);
```

根据参数的值传递机制，子函数首先会计算出主程序传递过来的四个实参表达式的结果，并分别复制给对应的形参变量。

num ← value；p_sign ← &sign；p_int ← &int_part；p_frac ← &frac_part；

然后，进入函数体内执行相关代码。此时，指针变量 p_sign 中保存了主程序中变量 sign 的地址副本(&sign)，从而使得 p_sign 指向了变量 sign，使用 * p_sign 就能够间接访问 p_sign 指向的变量，即主程序中的 sign 变量。原理见图 6-1：

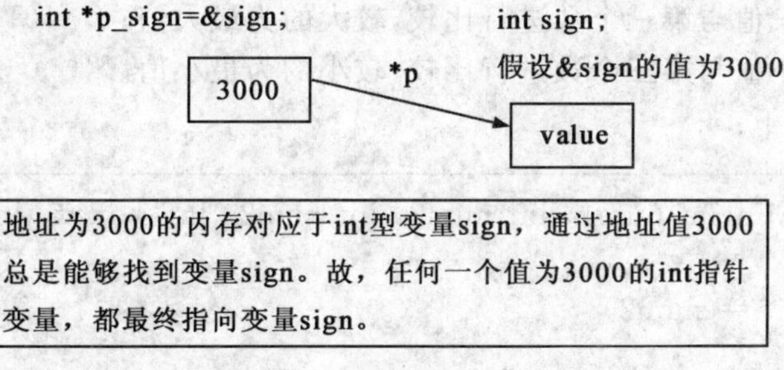

图 6-1

同理，经过参数传递后，函数体中的 p_int 指向了主程序中 int 型变量 int_part，p_frac 指向了 double 型指针 frac_part，对 * p_int 赋值即为对 int_part 赋值，对 * p_frac 赋值即为对 frac_part 赋值。通过这种间接访问的方式，实现了在子函数体内对主程序中变量的修改，从而将子函数的执行结果传回了主程序。

函数 fabs 和 floor 均来自数学函数库(math. h)，fabs 用于计算绝对值，floor 用于对一个实数进行下取整。子函数体内，首先将传入的待分解实数 num 与 0 做比较，获得实数 num 的符号位，然后通过对其绝对值进行下取整，来获取 num 的整数部分，最后使用其绝对值与整数部分相减，获得 num 的小数部分。

运行程序，输入 65. 34 作为待分解的目标数后，可得到如下输出：

```
Enter a value to separate : 65.34
part of sign is : +
part of int is : 65
part of frac is : 0.340000
```

对于输出型形参的使用要特别注意下面两点：

(1)子函数定义中,用于传递输出结果的参数必须要定义为指针型,才能在函数体内通过间接访问的方式完成结果传递。

(2)主函数中调用含有输出型参数的函数时,与输出型形参对应的实际参数必须是主程序中的合法变量地址。如果实际参数漏掉了 & 符号,误将变量直接传递给输出型形参,可能会使编译器报错。

函数定义原则 5-3 ：如果待封装问题的功能描述中,输出结果为多个数值,适合通过输出型参数将问题的结果返回给调用程序。

【例 6-8】编写函数定义,找出三个整数中的最大值和最小值。

分析：问题的输入和输出可直接得出。

输入：三个整数(函数定义中需要有三个 int 型输入型参数)。

输出：最大值和最小值。需要同时返回两个数值(可设置两个输出型形参来传递结果)。

函数头部可描述如下：

```
void MaxAndMin(int num1, int num2, int num3, int *max, int *min)
```

设计：

(1)先求出前两个数的最大值和最小值；

(2)用当前的最大值与第三个数进行比较,较大的为最大值；

(3)用当前的最小值与第三个数进行比较,较小的为最小值。

完整函数定义如下：

```
void MaxAndMin(int num1, int num2, int num3, int *max, int *min)
{
    if (num1 >= num2)
    {
        *max = num1;
        *min = num2;
    }
    else
    {
        *max = num2;
        *min = num1;
    }
    if (*max < num3)
    {
        *max = num3;
    }
    else if (*min > num3)
    {
        *min = num3;
    }
}
```

函数调用示例：

```
int a, b, c, max, min;
scanf("%d%d%d", &a, &b, &c);
MaxAndMin(a, b, c, &max, &min);
printf("max = %d, min = %d\n", max, min);
```

运行时，输入 6 3 9；输出 max = 9，min = 3

函数定义原则 5-4：如果待封装问题的功能描述中，要求在子函数中对输入数据进行修改的，适合将输入数据设计为指针型参数，以保证修改后的结果能够返回给调用程序。通常这种情况下，输入和输出是重合的，即同一参数既是输入变量又是输出变量。

【例 6-9】编写函数，用于实现两个整型变量值的交换。

分析：这个问题中的输入和输出为同样的两个整型变量，但输出时两个整型变量的值进行了交换。即，需要在子函数中修改主程序中两个变量的值，完成交换。根据上述原则，适合将接收输入的参数设置为指针型，函数调用结束时同时承载输出的功能，返回值设置为空。

函数头部描述如下：

```
void swap(int *px, int *py)
```

设计：由于使用了指针型参数，px 和 py 分别代表了需要交换的两个整型变量的地址，子函数体内需要进行值交换的两个整型变量可分别表示为 *px 和 *py。要想实现两个变量的交换，需要引入一个临时变量 temp 用于存储中间值，交换算法可描述如下：

(1)将 *px 的值保存到临时变量 temp 中；

(2)将 *py 的值保存到 *px 中；

(3)将临时变量 temp 中保存的 *px 的值保存到 *py 中。

完整函数定义如下：

```
void swap(int *px, int *py)
{
    int temp;
    temp = *px;
    *px = *py;
    *py = temp;
}
```

主程序中使用 swap 函数的示例代码如下：

```
int a = 10, b = 5;
swap(&a, &b);
printf("a = %d, b= %d\n", a, b);
```

发生函数调用时，实参和形参的关系如图 6-2 所示：

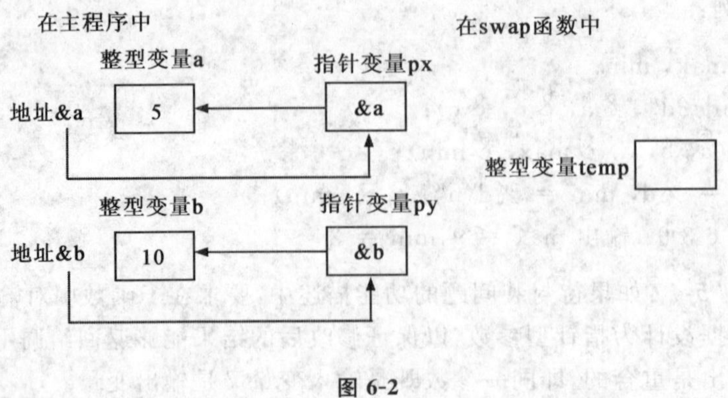

图 6-2

运行后将输出:a = 5,b = 10

读者可以自行修改一下函数定义,尝试采用普通输入参数实现交换功能,并分析程序的执行过程和结果的成因。

6.6 函数中的变量

子函数的引入为程序设计带来了很多的便利,同时也为变量的使用带来了新的困惑:

• 一个程序中会有多个函数定义,不同的函数体内可能会出现同名的变量,这些变量是否会相互影响呢?

• 所有的变量都可以在程序中随时使用吗?

• 能否设置一个变量为所有函数所共享?

这些正是本节将要讨论的问题。

6.6.1 变量的作用域和生存期

我们知道,定义一个变量至少要做两件事情:一是根据被变量的类型特征为其在内存中申请相应的存储空间,用于保存这种类型的数据;二是给变量命名,程序中可以通过变量的名字来使用其对应的存储空间。实际上,除了上述动作,变量的定义还说明了另外两个问题:

(1)这个变量在程序的哪个范围内是有效的。也就是说,在哪段代码内能够使用这个变量名去访问对应的存储空间,对变量进行取值和赋值操作。每个变量的定义都有一个确定的作用范围,这个范围称为该变量的作用域。作用域由变量定义的位置确定。

(2)变量所代表的内存空间在哪段时间内是有效的。变量的实现基础是内存单元,变量在程序运行中被建立,而在程序结束时,定义的所有变量都会被撤销。再次执行这个程序时,需要重新申请内存单元建立相应的变量,而不能使用上次执行结束时各变量的值。实际上,程序中各种变量存在的时间也可能不同。一个变量在程序执行过程中存在的那段时间称为变量的生存期。变量的生存期与其存储性质有关。

作用域和生存期是程序语言里的两个重要概念,把它们弄清楚,许多问题就容易理解了。作用域和生存期之间有联系但又不同。作用域关注的是变量定义的作用范围,对应于源程序里的一段代码，是一个静态概念。生存期则完全是一个动态概念，讲的是程序执行过程中这块内存和这个变量对应的那段时间。变量在其生存期内一直保持着自己的存储单元，只要不赋值，存在这些单元里的值就保持不变。

6.6.2 局部变量与全局变量

变量的作用域给出了变量在源程序中的合法使用范围，这里的域可以理解为代码片段，在作用域覆盖的代码段，可以直接使用此变量进行数据的存取。变量定义在源程序中书写的位置直接决定了变量的作用域。依据变量作用域的不同，可将程序中的变量细分为局部变量和全局变量。

前面示例程序中使用的变量大都是定义在函数的内部（函数体对应的复合语句内），不管是在 main 函数的内部还是其他自定义的子函数内部，它的作用范围是变量定义所在的最小复合语句，在此复合语句之外该定义无效。这种在函数内部定义的变量称为局部变量。函数定义中的形式参数也可看作是局部变量，作用域为函数体内部。

变量的定义还可以出现在函数定义的外面，其定义方式与局部变量相同，作用域从变量的定义点开始，一直到源文件的结束。这种在函数体外部定义的变量称为全局变量。顾名思义，全局变量为其定义点后的所有函数共享，子函数体内可以直接对全局变量进行修改，并且这种修改对所有函数都是可见的。

关于变量作用域的常见误区就是误认为 main 函数是全局的，其定义的变量可以在其他函数中使用。其实，从作用域的角度看，main 函数只是个普通函数，其内部定义的变量同样是局部的，只能在它的函数体内使用，而不能被其他子函数使用。

【例 6-10】分析如下程序的运行结果。

```
#include <stdio.h>
void func();
int g_y = 20;

int main()
{
    int x=10;
    printf("main before calling func : x= %d\n", x);
    printf("main before calling func : g_y= %d\n", g_y);
    func();
    printf("main after calling func : x= %d\n", x);
    printf("main after calling func : g_y= %d\n", g_y);
    return 0;
}
```

```
void func()
{
    int x=3;
    g_y = 25;
    printf(" func : x=%d\n", x);
    printf(" func : g_y=%d\n", g_y);
}
```

运行结果：

```
main before calling func : x=10
main before calling func : g_y=20
    func : x=3
    func : g_y=25
main after calling func : x=10
main after calling func : g_y=25
```

程序说明：

(1)main 函数内部和子函数 func 内部均定义了一个名为 x 的 int 型变量，都属于局部变量，分别为其赋值 10 和 3。运行结果显示，两个函数内部的 x 相互独立，互不影响。尽管在调用了子函数，子函数体内对本地局部变量 x 赋值为 3，但其并未影响到 main 函数中 x 的取值。子函数调用前后 main 函数中的变量 x 取值保持不变。

(2)程序开始阶段定义了 int 型全局变量 g_y，并赋初值为 20。main 函数内，首先在调用子函数前输出了全局变量的值，结果为 20。main 函数体内并未再定义名为 g_y 的变量，故其使用的是全局变量 g_y。然后调用了子函数 func，子函数体内同样使用了全局变量 g_y，并对其赋值为 25，子函数内的输出也证明修改是成功的。子函数调用结束后，main 函数中再次输出了全局变量 g_y 的值，结果为 25，子函数中对 g_y 的修改也在 main 函数中起作用了。上述分析证实，全局变量 g_y 被 main 函数和子函数 func 所共享。

(3)全局变量通常只在定义时初始化，如果遗漏了初始化语句，对于数值型变量，系统会自动将其初始化为 0。对于局部变量，如果函数体内遗漏了初始化语句，系统通常不会自动对其进行初始化，其值是无意义的。

通常，全局变量的名字要求在源程序中是唯一的，不能和其他任何变量(包括子函数中声明的局部变量)重名，以免发生混淆。一旦出现全局变量与局部变量名称相同，在局部变量的作用域内，优先使用局部变量，全局变量会被屏蔽。

对上述程序稍加修改，就可看到这种情况。

```
#include <stdio.h>
void func();
int g_y = 20;

int main()
{
    int x=10;
    printf("main before calling func : x=%d\n", x);
    printf("main before calling func : g_y=%d\n", g_y);
    func();
    printf("main after calling func : x=%d\n", x);
    printf("main after calling func : g_y=%d\n", g_y);
}

void func()
{
    int x=3;
    int g_y ;
    g_y = 25;
    printf(" func : x=%d\n", x);
    printf(" func : g_y=%d\n", g_y);
}
```

运行结果：

```
main before calling func : x=10
main before calling func : g_y=20
    func : x=3
    func : g_y=25
main after calling func : x=10
main after calling func : g_y=20
```

程序说明：和上述程序相比，只是在子函数 func 内同时声明了一个名为 g_y 的 int 型局部变量，出现了局部变量与全局变量同名的情况。通过运行结果看到，子函数中对变量 g_y 的使用，实际上使用的是本地的局部变量。故，main 函数中在子函数的调用前后，输出的全局变量 g_y 的值是相同的，没有被修改。

全局变量能够为多个函数所共享，是函数间相互通信的一种手段，可以通过全局变量将子函数的计算结果带回给主程序。但是，这种做法是不被建议的。使用全局变量会破坏子函数定义的封闭性，依赖于外部环境的设置，影响函数的重用和移植。同时全局变量的共享特点也为其使用带来了很大的不确定性和风险,程序的任何地方都可以对全局变量做出修改,从而影响程序的运行结果。一旦全局变量的使用出现错误,调试和检测都是很困难的。因此,在程序设计中一定要降低全局变量的使用,必须使用时要非常谨慎。

6.6.3 静态变量

生存期反映了变量的存在时间,这与C语言中不同类型变量的存储位置有关。一个程序编译为二进制代码运行时,需要为其分配足够的内存空间以保证运行的需要。

当内核把二进制的可执行代码装入内存后,其对应的存储空间包含如下三部分:代码段、数据段、堆栈段。代码段用于存放程序编译后的可执行代码(程序文本)。在操作系统中,代码段是只读的,不能修改,代码段的长度是不变的。数据段用来存放程序中定义的全局变量等静态对象,数据段中的存储空间一经分配,在整个程序运行期间就不再自动回收,直到程序运行结束时才会释放。堆栈段存放的是子函数调用后的返回地址、参数、局部变量等信息,在堆栈段分配的存储空间都是暂时的,需要的时候申请,用完立即释放。

全局变量存储在数据段,直到程序运行结束前,全局变量对应的存储空间都是有效的,可以随时访问。全局变量的生存期为整个程序的运行期间。

局部变量只在发生函数调用时才会去堆栈段申请,函数调用结束时,局部变量对应的存储空间会被释放,对应的局部变量也就不存在了,这种内存的分配和回收工作由系统自动完成,局部变量也称自动变量。局部变量的生存期为函数调用期间。

有些情况下,我们会希望在一个函数调用退出后,对应的某些局部变量可以不被释放,能够在程序中继续使用。例如,函数中用于记录自身被调用次数的计数器,它需要在多次调用间始终存在。这种情况使用普通局部变量是无法做到的,C语言提供了静态变量,来实现这样的要求。

静态变量会被存储在数据区,以实现存储空间的连续保持。静态变量与局部变量和全局变量是不同的概念,可以将局部变量声明为静态的,也可以将全局变量声明为静态的。当然,静态局部变量和静态全局变量的作用是不同的。

例如,用下面语句可以声明一个静态变量count:

```
static int count = 0;
```

上述语句中的static是C语言提供的一个关键字,需要与类型关键字配合使用。该语句声明的局部变量与普通的局部变量有两点不同:

第一,static关键字并不改变变量的作用域,静态局部变量的作用域依然被限制在函数体内部,不能在函数体以外使用。但是,当函数调用结束退出时,这个静态变量不会被删除,其对应的存储空间会一直有效。

第二,普通的局部变量会在每次发生函数调用时重新初始化,上一次调用的结果对当前调用没有任何意义。声明为static的局部变量只在函数第一次调用时进行初始化,后续调用将直接使用上次调用产生的值。

【例6-11】静态局部变量的用法示例。

```
#include <stdio.h>
void test1();
void test2();

int main()
{
    int i = 0;
    for (i=0; i<5; i++)
    {
        test1();
        test2();
    }
    return 0;
}

void test1()
{
    int count = 0;
    count++;
    printf("test 1 : count = %d\n", count);
}

void test2()
{
    static int count = 0;
    count++;
    printf(" test 2 : count = %d\n", count);
}
```

运行结果：

```
test 1 : count = 1
    test 2 : count = 1
test 1 : count = 1
    test 2 : count = 2
test 1 : count = 1
    test 2 : count = 3
test 1 : count = 1
    test 2 : count = 4
test 1 : count = 1
    test 2 : count = 5
```

程序说明：

(1)子函数 test1 和 test2 各自定义了一个 int 型变量 count，初值为 0，然后对其进行加 1 操作，并使用 printf 语句输出修改后 count 变量的值。区别在于，test2 中将 int 型的变量 count 声明为 static 类型，即静态局部变量。

(2)主函数中通过一个循环，连续 5 次调用 test1 和 test2。

(3)test1 中的 count 为普通局部变量，连续 5 次调用 test1 时，每次都会将局部变量 count 重新初始化为 0，然后加 1，进行输出，故 test1 中输出的 count 值始终为 1。

(4)test2 中的 count 为静态局部变量，其只在第一次被调用时进行初始化，即 count = 0。其后，每次调用 test2，对 count 变量进行的修改，都是在上一次调用结果的基础上修改。所以我们才看到了 test2 中 count 的值每次调用后都会递增的情况。

对于使用 static 修饰的全局变量，static 关键字的作用主要是将全局变量的作用域限制在当前文件中，而不会扩展到整个程序的其他文件。这样做的好处是降低程序员在命名方面的复杂度，将名称的作用域限制在指定范围，也使得程序员间的合作更加容易。

6.7 函数的嵌套和递归

函数被定义后，不仅主程序中可以使用它，而且可以作为实现其他函数的工具。这些函数再被其他函数调用，以此类推，从而创造出具有任意复杂程度的层次结构。同时，函数实现过程中调用自身也是被允许的。

6.7.1 函数的嵌套调用

通过前面的学习我们知道，函数的定义是平行的，不允许进行函数的嵌套定义。即，不能在一个函数体内去定义另一个新的函数。然而，函数之间的调用可以是任意的，允许在一个函数体内再调用其他函数。这种在函数体中再调用其他函数的行为称为函数的嵌套调用。

函数间的嵌套调用是很常见的，前面示例中我们就曾经多次在子函数的定义中调用标准库函数。下面给出一个自定义函数间嵌套调用的例子。

【例 6-12】编写子函数，用于输出由星号构成的指定长度和宽度的矩形图案。

分析：函数将接收调用程序传入的长度和宽度数值，并据此在屏幕上绘出矩形图案。故，此问题描述中对应的输入和输出如下：

输入:矩形的长度和宽度(函数定义中需要有 2 个 int 型的输入型形参)。

输出:屏幕输出，无数值返回(返回值类型为 void)。

据此，函数头部可定义为：

```
void PrintRectangle(int len, int width)
```

方案设计:矩形有四条边，假设长度为 m，宽度为 n。两条水平边即为 m 个星号构成的直线。两条垂直边与夹在中间的空白所构成的面可以看成是 n 条直线构成，每条直线的两端各有 1 个星号，中间为空格，总长度为 m。故，解决方案可设计如下：

(1)输出上方的水平边；

(2)输出两条垂直边与中间空白构成的平面；

(3)输出下方的水平边。

其中,输出上方水平边和下方水平边可调用函数 PrintStarLine 实现(输出指定星号构成的分割线)。

```
void PrintStarLine(int star_count)
{
    int i;
    for (i=0; i< star_count; i++)
    {
        printf("*");
    }
    printf("\n");
}
```

调用方法为:PrintStarLine(m);

步骤(2)中对平面的输出,可细化为对 n 条相同直线的输出,构成该平面的单条直线由两端的 2 个星号和中间的若干空格构成,空格的数量为目标矩形的长度减 2,即 m－2。由于这样的输出要重复 n 次,故可将单条直线的输出封装为子函数,然后通过多次的函数调用实现。依据上述分析,该子问题的输入和输出如下:

输入:直线的总长度(函数定义中需要有 1 个 int 型输入形参)。

输出:屏幕输出(返回值为 void)。

据此,函数头部可定义为:

```
void PrintBodyLine(int len)
```

参考 PrintStarLine 函数,此函数对应的完整函数定义为:

```
void PrintBodyLine(int len)
{
    int i;
    printf("*");
    for (i=0; i<len-2; i++)
        printf(" ");
    printf("*");
    printf("\n");
}
```

结合上述两个子函数的定义,最终输出矩形的函数定义如下:

```
void PrintRectangle(int len, int width)
{
    int i;
    PrintStarLine(len);
```

```
    for (i=0; i<width; i++)
    {
        PrintBodyLine(len);
    }
        PrintStarLine(len);
}
```

由于最终函数定义中使用了 PrintStarLine 函数和 PrintBodyLine 函数，因此，实际编程时，要先给出上述两个子函数的定义，才能使用它们完成 PrintRectangle 函数的定义。使用实例程序如下：

```
#include <stdio.h>
void PrintStarLine(int star_count);
void PrintBodyLine(int len);
void PrintRectangle(int len, int width);

int main()
{
    int len, width;
    printf("Enter len and width for rectangle : ");
    scanf("%d%d", &len, &width);
    PrintRectangle(len, width);
    return 0;
}

void PrintStarLine(int star_count)
{
    int i;
    for (i=0; i< star_count; i++)
    {
        printf(" * ");
    }
    printf("\n");
}

void PrintBodyLine(int len)
{
    int i;
    printf(" * ");
```

```
    for (i=0; i<len-2; i++)
        printf(" ");
    printf("*");
    printf("\n");
}

void PrintRectangle(int len, int width)
{
    int i;
    PrintStarLine(len);
    for (i=0; i<width; i++)
    {
        PrintBodyLine(len);
    }
    PrintStarLine(len);
}
```

程序运行情况如下：

```
Enter len and width for rectangle : 50 10
*************************
*                       *
*                       *
*                       *
*                       *
*                       *
*                       *
*                       *
*                       *
*                       *
*                       *
*************************
```

6.7.2　函数的递归调用

递归是一种常用的程序设计技术，C 语言中，允许函数递归调用。函数体内再次调用函数自身的行为被称为函数的递归调用。使用函数的递归调用可以显著简化解决特定问题所需的程序代码。

在数学中递归定义的数学函数是非常常见的。例如，当 n 为自然数时，计算 n 的阶乘的数学函数 f(n)可表示如下：

当 n=0 时,f(n) = 1;

当 n>0 时,f(n) = n * (n-1)!;

如果要计算出 f(n)的值。就必须先算出 f(n-1),而要求 f(n-1)就必须先求出 f(n-2)。这样递归下去直到计算 f(0)时为止。由于已知 f(0),就可以逆推,计算出 f(n)。

使用递归解决上述问题的示例代码如下：

```
#include <stdio.h>
int fac(int n);

int main()
{
    int n , fac_n;
    printf ("Enter an interger: ");
    scanf ("%d",&n);
    fac_n = fac(n);
    printf ("%d! = %d \n", n, fac_n);
}
```

```
int fac(int n)
{
    int r;
    if (n==0)
        r=1;
    else
        r=n*fac(n-1);
    return (r);
}
```

程序运行情况如下：

Enter an interger: 4

4! = 24

在程序中,定义了子函数 fac 来计算 n 的阶乘。fac 函数的实现代码中使用了"r=n * fac(n-1)"的语句形式,调用了 fac 函数,这是一种对自身的调用,fac 是递归函数。

下面我们以求 4! 为例,分析递归函数的执行过程。

(1)运行程序,输入 4 作为 n 的值。执行函数调用语句"p=fac(n);",进入函数 fac 执行。

(2)第一次进入 fac 函数时,n=4,由于不满足条件"(n==0)",所以执行 else 子句下面的"r=n * fac(n-1)",此时为"r=4 * fac(3)",需要再次调用 fac 函数。

(3)第二次进入 fac,n=3,仍不满足条件"(n==0)",执行"r=3 * fac(2)"。

(4)第三次进入 fac,n=2,执行"r=2 * fac(1)"。

(5)第四次调用 fac,n=1,执行"r=1 * fac(0)"。

(6)第五次调用 fac 函数,此时"n=0",满足"n==0",执行"r=1",再执行"return(r)"操作,以返回值"1"退出第五次调用过程,返回到第四次调用过程中。

(7)在第四次调用过程中以第五调用返回的值带入"r=2 * fac(1)"中,计算出 r=2 * 1=2,执行 return(r)语句,以返回值"2"退出第四次调用过程,返回到第三次调用过程中。

(8)以此类推,不断用返回值乘以 n 的当前值,并将结果作为本次调用的返回值返回到上次调用。最后返回到第一次调用,计算出 fac(4)的返回值为 24。

上述递归调用可以分为两个阶段：第一阶段里 n 由最大变化到最小,问题的规模也随之变小,直到问题规模足够小(n=0),能够直接求解为止。第二阶段,依据最小规模问题的解执行上一过程的逆过程,即通过最小规模问题的解不断向上递推计算更大规模问题的解。作为函数形参的变量 n 和函数内部使用的局部变量 r,在每次调用时,它的值都不相同,随着调用的深入,n 和 r 的值也随之变化。随着调用的返回,n 和 r 的值又层层恢复。

在编写递归函数时,必须使用条件判读语句建立递归的结束条件(最小规模问题的解),使程序能够在满足一定条件时结束递归,逐层返回。如果没有这样的条件判读语句,在调用该函数进入递归过程后,就会无休止地执行下去而不会返回,这是编写递归程序时经常发生的错误。在例题中,if(n==0)就是递归的结束条件。

综上,要想使用递归方法来解决问题,需要满足两个条件:

(1)求解的问题能转化为用同一方法解决的子问题。例如 n! 可以转化为 n*(n-1)!,其中(n-1)! 是子问题,求解方法和 n! 是相同的。

(2)最小规模的子问题是有解的。上面当 n 的规模递减到 n=0 时就可以直接求解。

递归调用能使代码紧凑,并能够很容易地解决一些用非递归算法很难解决的问题。但是,递归的缺点也是很明显的。递归调用本身是以牺牲存储空间为基础的,每一次递归调用都要保存相关的参数和变量。同时,由于反复调用函数,还会或多或少地增加时间开销。

递归的执行原理相对复杂,不是初学者的学习重点,本章不做详细讨论。感兴趣的读者可参考其他相关书籍。

6.8　模块化编程实例

模块化编程的核心思想就是使用自顶向下,分而治之的思维方式来指导程序设计。首先设计出大型复杂问题解决方案的核心步骤,构建出程序的整体框架。然后对每个核心步骤进行细化,设计出当前子问题的解决方案,构建出子程序的框架。以此类推,逐步求精,直到所有的子问题模块都能够直接求解为止。最后,对所有最小规模的子问题进行函数封装,自下而上,逐层调用,最终完成整个程序的设计。

下面,以第三章中介绍“自顶向下、逐步求精”的分析方法时使用的日历输出问题为例,讨论模块化编程。

问题描述

根据某年的 1 月 1 日对应的星期数,输出全年的日历,以 2014 年为例。其中单个月份的日期显示格式如下:

January 2014						
Sun	Mon	Tue	Wed	Thu	Fri	Sat
			1	2	3	4
5	6	7	8	9	10	11
12	13	14	15	16	17	18
19	20	21	22	23	24	25
26	27	28	29	30	31	

输入:2014年,1月1日为星期三

输出:2014年全年的日历

分析

一年由12个月份组成,年历的输出可以细化为12个单独月份日历的输出。每个月份的日历则由月份标识、星期标识和日期排列三部分构成。其中月份标识和星期标识的输出相对简单,可以直接求解。日期排列则需要根据当前月份包含的总天数,以及当月第一天对应的星期数,进行设计输出,需要进一步细化。

方案设计

在确定了问题的输入和输出,通过自顶向下的分析,设计出解决日历显示问题所必需的步骤如下。

核心算法:

(1)获取用户输入(年份,第一天对应的星期数);

(2)输出全年日历;

(3)结束。

主程序的框架大体可描述如下:

```
int main()
{
    int year, week_num;
    GetUserInput(&year, &week_num); //1. 获得用户输入的年份和首日对应的日期数
    printCalendar(year, week_num); //2. 依据输入,输出年历
    return 0;
}
```

步骤(2)可细化为对12个月份日历的输出,其对应的子程序框架大体为:

```
void printCalendar(int year, int week_num)
{
    int month;
    for (month = 1; month <= 12; month++)
    {
        printMonthCalendar(year, week_num, month); //输出当前月份的日历
        printf("\n");
    }
}
```

输出单个月份的日历可具体细化为:

2.1 输出当前月份的标题行

2.2 输出星期标识行

2.3 输出当前月份的日期排列

对应的子程序框架大体为:

```
void printMonthCalendar(int year, int week_num, int month)
{
    printMonthTitleLine(year, month); //2.1 输出标题行
    printWeekLine(); //2.2 输出星期标识行
    printDays(year, month, week_num); //2.3 输出当前月份的日期排列
}
```

步骤 2.3 细化：

2.3.1 确定当前月份的总天数
2.3.2 确定当前月份第一天对应是星期几
2.3.3 按照指定格式循环输出日期排列

对应的子程序框架大体为：

```
void printDays (int year, int month, int week_num)
{
    int days_count, week_num_month;
    days_count = GetDaysCountInMonth(year, month); //2.3.1 计算月份包含的总天数
    week_num_month = GetWeekNumInMonth(year, month, week_num); //2.3.2
    printDaysList(days_count, week_num_month); //2.3.3 输出日期列表
}
```

至此，已经对问题的解决方案进行了三个层次的细分。这一细化过程可以通过图 6-3 描述，只要完成图中所有叶子结点的函数封装，即可逐层向上完成整个程序的设计了。所有叶子结点都已经足够简化，能够直接编写子函数定义。

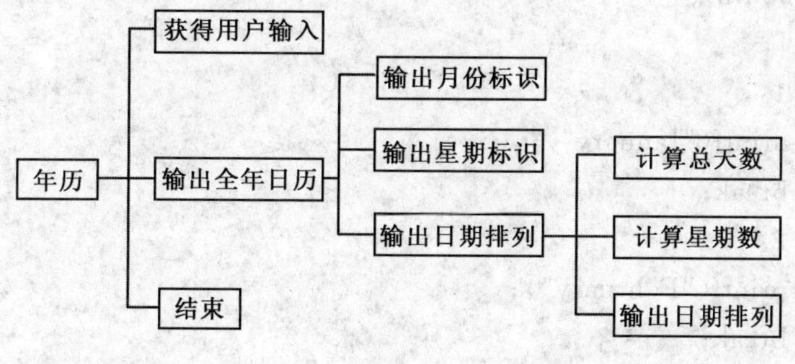

图 6-3

叶子结点共有 6 个，分别对应为：

(1)获得用户输入的年份和月份值；
(2)根据年份和月份数值，输出月份标识行；
(3)输出固定的星期标识行；
(4)根据年份和月份数值，计算当前月份包含的总天数；

(5)根据年份、首日星期数、月份,计算当前月份第一天对应的星期数;
(6)依据当前月份的总天数、第一天对应的星期数,输入具体的日期排列。
对应子函数定义如下:

```
/* 获得用户输入的年份和月份值 */
/* 输入:终端键盘输入。无须输入型参数接收
   输出:年份、月份,需要两个 int 类型的输出型形参 */
void GetUserInput(int *year, int *week_num)
{
    printf("Enter year : ");
    scanf("%d", year);
    printf("Enter week num[0 - 6] for year : ");
    scanf("%d", week_num);
}

/* 根据年份和月份数值,输出月份标识行 */
/* 输入:年份、月份。对应函数定义中两个整型形参
   输出:屏幕输出,返回值为 void */
void printMonthTitleLine(int year, int month)
{
    int blank_count = 15, i;
    for (i=0; i<blank_count; i++)
        printf(" ");
    switch (month)
    {
        case 1:
            printf("January");
            break;
        case 2:
            printf("February");
            break;
        case 3:
            printf("March");
            break;
        case 4:
            printf("April");
            break;
```

```
        case 5:
            printf("May");
            break;
        case 6:
            printf("June");
            break;
        case 7:
            printf("July");
            break;
        case 8:
            printf("August");
            break;
        case 9:
            printf("September");
            break;
        case 10:
            printf("October");
            break;
        case 11:
            printf("November");
            break;
        case 12:
            printf("December");
            break;
    }
    printf(" %d\n\n", year);
}

/*输出固定的星期标识行*/
/*输入:无。参数列表为空
  输出:屏幕输出。返回值为void*/
void printWeekLine()
{
    printf(" Sun Mon Tue Wed Thu Fri Sat\n");
}

/*根据年份和月份数值,计算当前月份包含的总天数*/
/*输入:年份、月份。对应函数定义中两个整型形参
  输出:月份包含的总天数。单一数值,返回值类型为int*/
```

```
int GetDaysCountInMonth(int year, int month)
{
    switch (month)
    {
        case 2:
            if (((year % 4 == 0) && (year % 100 != 0)) || (year % 400 == 0))
                return 29;
            else
                return 28;
        case 4: case 6: case 9: case 11:
            return 30;
        default:
            return 31;
    }
}

/*根据年份、首日星期数、月份,计算当前月份第一天对应的星期数*/
/*输入:年份、首日星期数、月份。对应函数定义中三个整型形参
  输出:月份第一天对应的星期数。单一数值,返回值类型为 int */
int GetWeekNumInMonth(int year, int month, int week_num)
{
    int i, days = week_num;
    for (i=1; i<month; i++)
    {
        days += GetDaysCountInMonth(year, i);
    }
    return(days % 7);
}

/*依据当前月份的总天数、第一天对应的星期数,输入具体的日期排列*/
/*输入:总天数、星期数。对应函数定义中两个整型形参
  输出:日期排列*/
void printDaysList(int days_count, int week_num_month)
{
    int i, day, week_day = week_num_month;
    for (i=0; i<week_num_month; i++)
        printf(" ");
```

```
    for (day=1; day<=days_count; day++)
    {
        printf("%6d", day);
        if (week_day == 6)
        {
            printf("\n");
        }
        week_day = (week_day+1) % 7;
    }
    printf("\n");
}
```

将前面的所有子函数定义和 main 函数整合为一个源程序，就完成了整个程序的编写工作。限于篇幅限制，整合和调试工作由读者自行完成。程序中仍有很多可以优化的地方，读者也可尝试。可以想象，如果上述程序代码不进行任何函数分解，都写在 main 函数中，会是什么样子。单一函数体内代码过多时，逻辑复杂，难于阅读和维护，出了问题也很难调试。

习　题

(1)编写程序，找出终端键盘输入的三个整数中的最小值，要求将找出两个整数中的最小值封装为子函数，主程序中调用子函数实现此功能。

(2)设计一个子函数用于求出斐波那契数列的第 n 项。fibonacci 数列的第 n 项可以通过如下递归算法实现。

Fibonacci(n) = Fibonacci(n−2)+ Fibonacci(n−1) (n>2)

Fibonacci(1) = 1; Fibonacci(2) = 1;

利用上述子函数实现打印斐波那契数列的前 20 项，每 5 项一行，要求右对齐，程序运行示例结果如下：

```
1      1      2      3      5
8      13     21     34     55
89     144    233    377    610
987    1597   2584   4181   6765
```

(3)ATM 机能够接收用户输入的希望取款金额(10 元的倍数)，并使用最少的钞票数来支付此金额。钞票的面额有 100 元、50 元、20 元和 10 元。请编写一个函数确定支付时每种钞票各需要多少张。

(4)试运行如下程序，分析程序结构，找出函数定义，函数原型声明，函数调用，并理解函数调用时参数的值传递过程。

```
#include <stdio.h>

int test_1(int a, int b);
void test_2(int x);
void main()
{
    int x, y, z;

    x = 3;
    y = 4;
    printf("main 函数 —— x = %d, y = %d\n", x, y);
    z = test_1(x, y);
    printf("main 函数 —— test_1 子函数调用后的结果为: %d\n\n", z);

    x = 5;
    y = 6;
    printf("main 函数 —— x = %d, y = %d\n", x, y);
    z = test_1(x, y);
    printf("main 函数 —— test_1 子函数调用后的结果为: %d\n\n", z);

    z = 10;
    printf("main 函数 —— 调用前,z 的地址为: %x, 值为:%d\n", &z, z);
    test_2(z);
    printf("main 函数 —— 调用前,z 的地址为: %x, 值为:%d\n\n", &z,
z);
}

int test_1(int a, int b)
{
    printf("test_1 函数 —— a = %d, b = %d\n", a, b);
    return (a * b);
}

void test_2(int x)
{
    x = 5;
    printf("test_2 函数 —— x 的地址为:%x,值为:%d\n", &x, x);
}
```

(5)设计一个子函数，实现类似标准库中 pow 函数的功能，用于计算一个数的 n 次方(不能直接使用 pow 函数)。使用此函数完成如下程序填空，用于输出 $2^1 \sim 2^{10}$。

```
#include <stdio.h>

//自定义函数的原型声明

void main()
{
    int x = 2, i ;

    for (i=1; i<=10; i++)
    {
        //调用自定义函数，实现输出 x 的 n 次方
        printf("%d 的 %d 次方结果为:%d\n", __________);
    }
}

//自定义函数的定义
```

第7章 数 组

结构化编程使得程序员能够通过自顶向下、逐步求精的方法把一个大程序划分为更小的，更容易管理和实现的函数。当这些函数变得更为复杂时，它们又会被分成更小、更简单的函数。完整的解决方案采取层次结构的形式，高一级的函数会调用低一级的函数，低一级的函数会调用更低一级的函数，直到函数足够简单，能够直接实现和执行为止。

在数据类型领域，这种层次关系同样存在。C语言提供了通过简单数据类型去构造复杂数据类型的方法，如果程序需要，这些复杂的数据类型又可以用来定义更为复杂的数据类型。从而，使得数据类型也形成了一个层次结构，以简单的基础数据类型为最底层，可以不断向上构造出更为复杂的数据类型，以满足程序设计的需要。

数据是程序加工的对象，程序的所有工作几乎都与数据有关，从数据的输入输出，到数据的存取和参加各种运算。前面几章，我们已经通过程序对一些基础和简单类型的数据进行了操作。实际应用过程中，来自真实世界的数据千姿百态，数据间可能有着各种错综复杂的联系，仅仅通过基础数据类型并不能很好地表现出数据的特征和数据间的关联关系。定义新的复合数据类型可以把一些独立的数值联系起来，组成有机的整体进行使用，同时还可以极大地减少程序概念上的复杂性。

C语言中最常见的数据构造机制是数组和结构体，通过这种方式把简单数据对象组合起来作为整体在程序中使用。这种构造出来的数据对象称为复合数据对象，由所有同类复合数据对象构成的类型称为复合数据类型。复合数据对象的组成部分通常称为它的成员或元素。程序里可以定义存放复合类型数据的变量，并对其命名。这种变量可以通过变量名来进行整体访问，也可以单独访问复合类型变量中的某个成员，使用成员的值或对其赋值。

例如，程序设计中需要保存一个班级N名学生某门课程的所有成绩，并进行相关运算。在学习复合数据类型之前，程序中要想保存N名学生的成绩，需要相应设置N个变量。当N增加到一定程度时，这种做法将是无法接受的，仅是变量的定义就已经使得程序的可读性明显下降，后续对这N个变量的使用更会增加程序的复杂度。处理此类问题时，将所有数据项作为一个整体进行存储和使用显然更为合理和高效。

本章将介绍如何在C程序中使用数组，以及如何通过函数来处理数组等相关知识。主要内容包括：

- 什么是数组
- 如何在程序中使用数组
- 字符数组和字符串的关系
- 如何通过标准库函数处理字符串
- 如何通过循环结构处理数组
- 数组作为函数的参数使用
- 二维数组的使用
- 多维数组介绍

7.1　数组的定义和使用

数组(array),顾名思义是一组数,是一些独立数值的集合。构成数组的每一个组成数据称为数组的元素(element)。

数组属于复合数据类型,具备三个显著特征:

(1)构成数组的元素是有序的。数组中的所有元素都按照顺序存储在一片连续的存储空间内。

(2)构成数组的元素必须具有相同的类型。可以定义一个整型数组或是浮点型数组,但是一个数组中不能有两种或两种以上的数据类型。

(3)数组中元素的数量在定义数组的时候就固定了,使用过程中无法修改。数组中元素的数量也称为数组的长度或大小。定义了一个长度为 10 的数组,使用时最多能存放 10 个元素,试图存放或访问第 11 个元素是错误的。

直观上,我们可以把数组看成一行由若干连续的单元格构成的线性表格,数组中的每个数值占一个方框。例如,图 7-1 代表了一个有五个元素的数组。

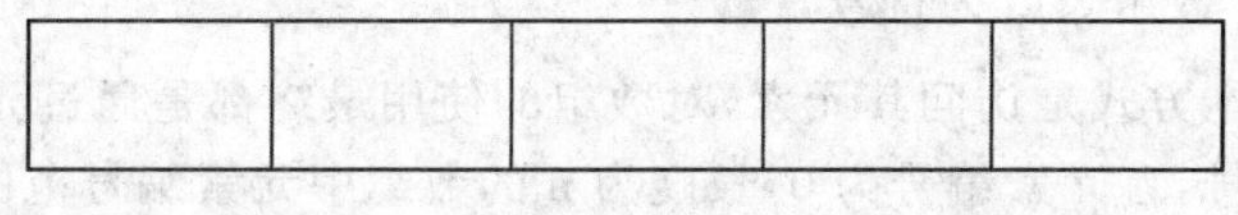

图 7-1

当需要在程序中定义一个新的数组时,必须指明数组的元素类型和数组的长度。

7.1.1　数组变量的定义

和 C 语言中其他变量一样,数组在使用前必须先定义。数组的定义方式和普通变量的定义方式类似,但要在变量名称的后面增加一个方括号,方括号内给出要存放在数组中的元素个数。例如:

```
int intArray[10];
```

它定义了一个 int 型的数组变量,变量名为 intArray,数组中可以保存 10 个元素(或者说数组的长度为 10)。根据数组元素连续存储的需要,这 10 个 int 型元素会连续存储在一块存储空间内,数组名代表了这块存储空间的首地址。如果当前计算机系统对于 int 型数据分配 4 个存储单元,上述数组定义语句就会使得编译器预留出 10 * 4=40 个存储单元,供数组变量 intArray 使用。

定义数组变量的一般形式如下:

> 语法:数组定义
>
> 　　elementType arrayName[size];
>
> 其中:
>
> 　　elementType 是数组中每个元素的共有类型。
>
> 　　arrayName 是数组变量的名字。
>
> 　　size 是数组的长度,即能够容纳的最大元素数量,也称数组的大小。

可以一次定义多个同一类型的数组，也可以在一条语句内同时定义同一类型的数组和普通变量。例如，下面语句是合法的：

```
int a[5], b[10], c[20];
int score[10], count, sum;
```

第一条语句同时定义了 3 个 int 型数组变量，数组长度分别为 5、10 和 20。第二条语句定义了一个长度为 10 的 int 型数组 score，以及两个 int 型的变量，count 和 sum。

建议对于数组变量单独定义，以使结构更清晰。ANSI C 要求数组元素的个数必须在定义的时候明确指定，以配合内存空间分配，可以直接用整型常量和符号常量，但不能使用变量来定义数组的大小，即使使用前变量已经过初始化。例如，以下数组定义语句无效的：

```
int n = 10;
double ff[n]; //n 是变量，数组长度要求是常量
```

下面的数组定义是允许的：

```
#define NLEN 10;
int a[NLEN]; //数组长度为符号常量
```

使用数组的最基本方式是访问其元素，对数组的使用最终都是通过元素的使用来实现的。元素在数组里顺序编号，首元素编号为 0，长度为 n 的数组中元素编号范围是 0 到 n－1。数组中元素的编号也称为元素的下标。

对于已经定义了的数组变量，可以通过在数组的名字后面加一个方括号，然后在括号中加上元素的下标来实现对数组中元素的访问。下标取值范围为 0 到数组的长度减 1。语法格式可表示为：

arrayName[index]，其中[]是下标运算符。

例如，对于前面的数组变量定义 int intArray[10];，可以通过 intArray[0]来访问数组的首元素，intArray[9]则代表数组的最后一个元素。a[3]表示访问数组 a 的下标为 3 的元素。

下标运算符是 C 语言中优先级最高的运算符之一，方括号前面是数组变量的名字，方括号里面的表达式结果应为整型。数组元素访问表达式的使用方法与同类型的简单变量相似，可用于取值和赋值。下面语句可以对上述 intArray 数组进行赋值：

```
intArray[0] = 1;
intArray[1] = 2;
intArray[2] = 3;
⋮
intArray[9] = 10;
```

对 intArray 数组中的 10 个元素全部赋值后，intArray 数组可表示为：

intarray

1	2	3	4	5	6	7	8	9	10
0	1	2	3	4	5	6	7	8	9

可以使用数组元素访问表达式输出数组中的元素，或参与表达式运算。如：

```
printf("The first element is ：%d\n", intArray[0]);
intArray[4] = intArray[3] + 1;
```

关于数组下标的使用需要注意：

(1)通过下标访问数组元素时，下标值为常量和变量均可，但必须保证下标值在合法范围内，即 0 到数组长度减 1。例如，下面写法是有效的：

```
int n = 5, a[10];
a[n] = 23;
```

(2)超出数组下标合法范围的访问称为访问越界。越界访问获得的值是随机的，没有任何意义，而且可能带来更为严重的系统错误。例如，以下对数组元素的访问是危险的：

```
int n = 10, a[10];
printf("a[%d] = %d\n", n, a[n]);
```

长度为 10 的数组的合法下标范围为 0～9，a[10]是不存在的，其对应的存储空间是未知的，这样的访问属于非法访问。

7.1.2　数组的初始化

C 语言允许在定义数组时直接初始化，并提供了专门的描述形式：在定义数组变量的同时把各元素的初始数值表达式顺序列在一对花括号内，表达式之间用逗号分隔。例如：

```
int a[3] = {1, 2, 3};
double f[5] = {1.1, 2.3, 3.4, 4.0, 6.3};
```

上述语句在定义 int 型数组 a 和 double 型数组 f 的同时，对数组 a 和数组 f 所包含的元素进行了初始化，将花括号内的元素依据数组元素下标顺序对应赋值。即将整数 1 赋给 a[0]，整数 2 赋给 a[1]，整数 3 赋给 a[2]；将实数 1.1 赋给 f[0]，… ，实数 6.3 赋给 f[4]。

数组元素的初值表达式必须是常量表达式。这种为数组元素赋值的写法只能用于定义数组变量的同时进行初始化操作，不能用在普通的赋值语句中。例如，下面语句是非法的：

```
int a[3];
a = {1, 2, 3};
```

如果在定义数组的同时没有做初始化工作，后面可通过赋值语句对数组中元素进行赋值操作，但这种赋值操作只能对单一数组元素进行，而不能对数组整体赋值。例如，下面写法与上述定义同时进行初始化的结果是一样的：

```
int a[3];
a[0] = 1;
a[1] = 2;
a[2] = 3;
```

它定义了长度为3的整型数组a,并对构成数组a的三个元素分别赋值为1、2、3。对于全局数组变量和静态局部数组变量,如果定义时没有初始化,系统会自动将其所有元素初始化为0;而对于普通的局部数组变量,系统不会进行自动初始化。因此,对于未经初始化的本地数组变量的元素值的访问是没有意义的。

C语言还允许在定义数组变量的同时对其前面部分元素进行初始化,这时所有未被明确指定值的元素(包括本地局部数组变量)都会自动初始化为0。初始化元素的个数不能超过数组的大小,否则是非法的。例如:

```
int a1[5] = {5, 6};
int a2[5] = {5, 6, 0, 0, 0};
```

对于数组变量a1,具有5个元素,但在定义时只给出了两个数值,系统会使用给出的部分数值对数组前面(下标从0开始,依次向后)的元素进行赋值。这里就是将a1[0]初始化为5,将a1[1]初始化为6,而对于未明确给出初始数值的a1[2]、a1[3]和a1[4],系统会使用0对其进行自动初始化。也就是说啊,上述两条语句定义的数组a1和a2具有同样的初值。

C语言还规定,如果在定义数组变量的同时给出了初始化部分,数组的长度值可以省略,但方括号不能省,编译器会根据初始化表达式的个数自动确定数组的大小。例如:

```
char ch1[] = {'a', 'b', 'c', 'd'};
char ch2[4] = {'a', 'b', 'c', 'd'};
```

这两种写法是等价的,char型数组ch1和ch2的长度都是4,同时均会完成初始化工作。区别在于,ch1的长度是系统根据初始化情况自动确定的,ch2的长度是程序员显式给出的。

定义数组变量时,用于指定数组元素数量的整型常量大小通常没有明确限制,但实际应用过程中不宜过大,以免出现分配失败的情况。

7.1.3 数组与循环

数组用于保存具有相同属性的一组数据,这些数据通常具有同样的含义,只是取值不同。如,n个学生一门课程的成绩数据、m个部门员工的工龄数据、n种商品的价格数据等。因此,使用数组变量时,经常会涉及对数组中所有元素进行相同类似操作的情况。如,将键盘输入的n个成绩数值保存到整型数组a中,或者对保存了n种商品价格的double型数组的所有元素进行输出显示等。如果这些操作都是通过下标对所有元素单独操作,如:

```
a[0] = 1;
a[1] = 2;
⋮
a[n] = n;
printf("%d", a[0]);
printf("%d", a[1]);
⋮
```

```
printf("%d", a[n]);
```

也就失去了引入数组的意义，失去了通过数组将一组数据作为整体保存和处理的意义。实际应用过程中，数组经常和 for 循环联系起来，配合使用。例如，上述对数组 a 中所有元素的输出就可以使用 for 循环简写为：

```
int i, a[10];
for (i=0; i<10; i++)printf("%d", a[i]);
```

对数组中所有元素进行重复或相似的操作正好与循环理念相符，同时数组中元素的数量是固定的，适合通过 for 循环实现。基于数组元素的下标可以使用变量进行表示的特点，多数情况下，可以通过将循环变量作为数组下标的方式，实现对数组元素的逐个访问和操作。

使用循环处理数组时，需要通过表达式表示出数组元素的通式。上面示例中，变量 i 即是循环变量，同时也代表了数组 a 的下标。i 的取值从 0 变化到 10 的过程中，通过 a[i]这一通式就可以完成对数组中所有元素的访问。当 i=0 时，输出 a[0]，然后执行 i++，i 值变化为 1，从而继续输出 a[1]。依次类推，循环结束时，数组中的所有元素都通过 printf 语句进行了输出。

为了在程序中正确使用数组元素，需要在使用数组前对其所有元素进行正确的赋值。这种赋值可能是全部初始化为 0，也可能是通过终端输入完成，均可通过循环完成。如：

```
int i, a[10];
for (i=0; i<10; i++)          a[i] = 0;
for (i=0; i<10; i++)          scanf("%d", &a[i]);
```

第一个 for 循环将 int 型数组 a 的 10 个元素全部初始化为 0，第二个 for 循环则是将键盘输入的 10 个数值依次保存到数组 a 的各个元素中。

前面章节已经讨论过，数组下标表达式 a[i]与同类型变量具有相同的作用，可以进行取值和赋值。同样，也可以通过在数组下标表达式前面加上 &，来获取指定下标数组元素对应存储空间的地址，作为 scanf 函数的参数。第二个循环中，当 i=0 时，运行 scanf 语句，程序会将接收到的输入数据保存在数组 a 中下标为 0 的元素对应的地址中，依次执行，将每次接收到的数据依次保存到对应的数组元素中。循环结束后，用户输入的 10 个数值就会保存到数组 a 的 10 个元素中。

【例 7-1】编写程序，接收键盘输入的 10 个整数，找出其中的最大值，并输出最大值和这 10 个整数。

分析：求若干个数的最大值可采用打擂台的方式。先把这些数存放在数组中，任意指定某数（如：a[0]）为擂主 max，然后对数组进行遍历，将其他元素依次与擂主较量（比较），若某数（a[k]）大于擂主，则该数为新擂主（max = a[k]）。这样，所有的数均比较一遍，最后擂主 max 中存放的一定是最大值。

程序代码如下：

```
#include <stdio.h>
#define N 10
int main()
{
    int a[N], k, max;
    printf("Enter 10 int : ");
    for ( k=0; k<N; k++ ) //接收输入数据,并保存到数组中
        scanf ("%d", &a[k]);
    printf("Output array : ");
    for ( k=0; k<N; k++ ) //输出数组中的数据
        printf("%5d", a[k]);
    max=a[0]; //假定 a[0]为最大值
    for ( k=1; k<N; k++ ) //依次比较各数,找出最大值 max
        if ( max<a[k] )   max=a[k];
    printf ("\nmax = %d\n",max);
}
```

运行情况:

```
Enter 10 int : 20 30 15 2 9 -6 31 14 23 11 ↙
Output array : 20   30   15   2   9   -6   31   14   23   11
max = 31
```

7.2 字符数组和字符串

字符数组就是以字符为元素的数组,用于保存一系列字符,例如保存文本等。C 语言中没有单独的字符串数据类型,字符串是以字符数组的形式存在。由于程序里经常需要处理字符序列或各种文本,因此 C 语言的标准库为处理字符数组提供了专门的支持。

7.2.1 字符数组

字符数组也是数组,只是构成数组的元素均为字符。下面定义了一个长度为 300 的字符数组 line:

```
char line[300];
```

这样定义后 line 就可以像其他数组一样使用了。例如:

```
for (i=0; i<300; i++)
{
    line[i] = getchar();
    if (line[i] == '\n')break;
}
```

这个循环把一行字符读入数组 line,直至输入换行符为止。读入完毕后循环变量 i 记录了读入字符的总数,条件 i<300 用于保证对数组的访问不越界。上述代码可以简写为:

```
for (i=0; i<300 && (line[i] = getchar()) != '\n'; i++) ;
```

利用与逻辑表达式的运算特点将循环体代码融入循环条件表达式中。循环条件表达式会在每次循环开始前被执行,当表达式为真的时候进入循环体执行。对于与逻辑表达式,只有当第一个表达式结果为真时才会去执行第二个表达式,如果两个表达式同时为真则整个表达式结果为真;如果第一个表达式计算结果为假,第二个表达式则不会被执行,整个表达式结果为假。简写后,每次循环执行前,都要去判断与逻辑表达式是否为真,当 i 大于等于 300 或读入字符为换行符时,整个表达式为假,循环退出。否则,继续。其中当执行到 i=300 时,会因"i<300"为假,而结束循环。此时,作为与逻辑表达式的第二部分,"(line[i] = getchar()) != '\n'"不会被执行到,也就不会出现数组的越界访问(line[300])。

改写后的代码虽然具有一定的书写和执行优势,但编写逻辑相对复杂,容易犯错,代码的可读性也随之下降,不建议初学者使用。任何时候,程序的正确性都是第一位的。

定义字符数组变量时也可以像其他数组一样,在定义的同时进行初始化,如:

```
char city[15] = {'a', 'b', 'c'}
```

这里定义了一个长度为 15 的 char 型数组,并对前三个元素赋初值,系统会自动为 city 数组中的其他元素赋初值 0。即,用 ASCII 码为 0 的特殊字符值设置后 12 个元素。编码为 0 的字符称为"空字符"。这里的空字符既不是代表数字 0 的字符(数字 0 的 ASCII 码为 48),也不是表示空格的字符(空格的 ASCII 码为 32),空字符在输入时书写为'\0'。

单个字符的输入输出可以通过 printf 和 scanf 与格式控制符(%c)配合完成,也可通过标准库函数中 putchar 和 getchar 函数实现。

【例 7-2】编写程序,接收键盘输入的若干字符(以换行符('\n')为结束标记)并保存在本地数组中,再通过程序将数组中的所有大写字母全部转换为小写字母,最后输出转换后的数组元素。

分析:为了编程方便暂假设输入字符数量不超过 256 个,程序中可用长度为 256 的字符数组保存输入数据。字符数组的输入和输出可以通过循环完成。数组中元素的大小写转换需要对数组做遍历,并在遍历过程中依据条件判断结果进行转换。程序代码如下:

```
#include <stdio.h>
#define MAX 256
int main()
{
    char ch[MAX] = {'\0'}, temp;
    int index = 0, i, count = 0;
    while (1)
    {
        temp = getchar();
```

```
        if (temp != '\n' && index < MAX)
        {
            ch[index] = temp;
            index++;
        }
        else
            break;
    }
    count = index;
    for (i=0; i<count; i++)
    {
        if (ch[i] >= 'A' && ch[i] <= 'Z')
            ch[i] += 32;
    }
    for (i=0; i<count; i++)
        putchar(ch[i]);
    putchar('\n');
}
运行情况:
sdDASfersadfSADfdser
sddasfersadfsadfdser
```

程序解释：

- char ch[MAX] = {'\0'}使得char型数组ch在定义的同时将所有元素均初始化为0。
- 当读入结束时,index变量正好记录了读入字符的数量。
- 大写字母与其对应的小写字母ASCII码相差32,利用这一特点完成了大小写转换。

7.2.2 字符串

前面的程序示例中曾经多次使用过字符串,形式是用双引号括起来的字符序列。例如,"China","12234 abc"等都属于字符串常量。字符串里不能直接写双引号,因为它表示字符串的开始和结尾,要想将其作为字符串中的普通字符输出,可以通过"\"转义后实现。其他特殊字符也同样需要转义后输出。

字符串与字符数组关系密切,C语言里并不直接支持字符串类型,字符串是用字符数组方式存储的。编译器会为它们分配一块连续的内存空间,把字符串中的字符顺序存入,并在保存了字符串的所有字符后,最后存储一个空字符('\0')作为字符串的结束标记。也就是说,保存字符串中字符所需的存储单元要比字符数多一个。例如,要保存字符串"Beijing",需要使用8个字节,具体存储情况如下：

B	e	i	j	i	n	g	\0

因此，程序中使用字符数组存储字符串时，其大小至少要比所存储的字符数多 1。例如：

char str[20];

在这条语句中定义的 char 型数组 str 长度是 20，其可存储一个最多包含 19 个字符的字符串，最后一个数组元素用于保存空字符。当然也可以使用这个数组存储 20 个普通字符，那就不是一个字符串了。

普通字符数组和字符串的主要区别就在于数组里顺序存放所需字符后是否存放一个空字符，如果有空字符就是字符串。字符串有长有短，程序中通过判断末尾的空字符确定串的结束。如果保存字符串的字符数组中有多个空字符，则系统会将第一个空字符作为字符串的结束，其后面存储的字符将不被识别。例如：char 型数组 str，长度为 10，其存储情况如下：

a	b	c	\0	d	\0	e	\0

将该数组按照字符串输出时，只会显示“abc”。

程序中，可以通过字符串常量来初始化字符数组。例如：

char ch[] = "This is a string. ";

这里没有明确给出字符数组的大小，编译器会自动为数组指定一个足以容纳这个初始化字符串常量的大小。示例中字符串长度是 17，再加上最后的结束标记，一共需要 18 个存储单元。经上述初始化后，字符数组 ch 的大小为 18。

也可以用一个字符串初始化 char 型数组的部分元素，如：

char str[50] = "String";

编译器会为数组变量 str 分配 50 * 1=50 个存储单元，并使用指定字符串的字符初始化从 str[0]到 str[5]的前 6 个元素，而 str[6]则被初始化为空字符'\0'。

字符串的输入输出不仅可以通过字符数组元素的输入输出实现，C 语言还提供了字符串的整体输入输出方式。

1. 通过 printf 和 scanf 实现字符串的整体输入和输出

```
char a[10], b[7]="abcde";
scanf ("%s",a); /* 键盘输入的字符串存入 a 数组 */
printf("%s",a); /* 输出 a 数组中的字符串 */
printf("%s",&b[1]); /* 输出 b 数组中从 b[1]开始的字符串:bcde */
```

注意：

(1)使用格式控制符%s 进行字符串的输入和输出时，与其对应的实际参数必须是保存字符串的首地址。

上例中 a 是字符数组名，代表该数组的首地址，不要在数组名前再加地址运算符。scanf ("%s",&a);是错误的。若出现字符数组元素的地址，则表示输入(出)对象是从该地址开始的字符串。

另外，输出项以字符串常量形式出现也是允许的，此时它表示其首地址。下列输出语句的功能是输出字符串"abcd"。

printf("%s","abcd");

(2)用格式符 s 输出字符串时，从输出项提供的地址开始输出，直到遇字符串结束符'\0'为止。若有如下语句：

```
char a[10]={'a', 'b','\0', 'c', '\0', 'd', '\0'};
char b[3]="xyz";
printf("a = %s\n", a);
printf("b = %s\n", b);
```

则会出现 a 字符串的输出结果只有"ab"，b 字符串输出结果除了"xyz"外可能还有其他未知含义的多余字符。

对于数组 a，输出 ab 后，遇到第一个'\0'后停止输出。b 数组长度为 3，用"xyz"初始化，字符串结束符'\0'无法存储，输出 xyz 后未遇到'\0'，于是接着输出后续未知存储单元中的内容，直到遇'\0'或出错才停止输出。

(3)用格式符 s 不能输入带空格、回车或跳格的字符串。因为空格、回车或跳格被 scanf 函数识别为输入数据的结束标志。

```
char a[10];
scanf("%s",a);
printf("%s\n",a);
```

输入：How are you↙

输出：How

由于空格、跳格和回车均是输入数据结束的标志，所以 How are you 被看作 3 个输入数据，只把 How 作为 a 数组的数据。

2. 用 gets( )和 puts( )函数输入输出字符串

gets( )函数和 puts( )函数同属于标准库函数，其原型声明保存在头文件 stdio. h 中，使用前需要在程序开头加上命令行：#include <stdio. h>。

gets 函数调用形式：gets(sadr);

功能：从键盘读入字符串，直到读入换行符为止，用'\0'代替换行符并把读入的字符串存入以 sadr 为首地址的存储区中。

puts 函数调用形式：puts(sadr);

功能：把首地址为 sadr 的字符串显示在屏幕上，并换行。

关于 puts 和 gets 的使用示例：

```
char a[15],b[20]="abcd\n1234";
gets(a);
puts(a);
puts(b);
```

输入：How are you↙ /* 用 gets(a)函数可以输入含空格的字符串 */

输出：How are you

abcd

1234

【例 7-3】将给定的字符串复制到另一字符串。

分析:用两个字符数组分别存放源字符串和目标字符串。复制时,一边读源字符串的字符,一边把该字符存入目标字符串,这个过程可借助循环实现,循环结束的条件是遇到源字符串末尾的'\0'。实现代码如下:

```
#include <stdio.h>

int main()
{
    char s1[100], s2[100];
    int i;
    printf("Enter source string : ");
    gets(s1);
    for (i=0; s1[i]! ='\0'; i++)
    {
        s2[i] = s1[i];
    }
    s2[i] = '\0';
    puts(s2);
}
运行程序:
    Enter source string :
    输入:Beijing↙
    输出:Beijing
```

程序中源字符串来自终端输入,其长度是不固定的,但不能大于 99(100-1),s1[i]代表当前访问的字符串元素,循环结束的条件(源字符串全部顺序读取完毕)的条件可表示为 s1[i]的值为'\0'。循环结束时,已经将字符串 s1 中除'\0'外的所有元素对位复制给了字符串 s2,'\0'作为循环标志并没有被直接复制给 s2,需要单独处理。此时,变量 i 的取值正好对应于 s1 中'\0'的位置,同时也应该是 s2 中结束符的位置。

7.2.3　使用标准库函数处理字符串

字符串是程序设计时需要经常处理的一类重要对象,C 语言通过标准库的方式提供了许多相关函数,它们的原型声明在 string.h 文件中描述。用户如果需要使用系统提供的关于字符串处理的标准库函数,需要通过#include 指令包含 string.h 文件。

C 语言提供的很多标准库函数在设计过程中,出于灵活和通用等方面的考虑,为返回值赋予了更为丰富的含义。实际应用过程中,即使函数原型中指定了函数的返回值类型不是 void,根据实际情况也可不必捕获返回值。如前面曾多次使用的 printf 函数,其返回值类型为 int,表示输出字符的数量。实际输出过程中,很少需要去关注最后输出的字符数量,因此也很少去捕获 printf 函数的返回值,而是采用与返回值为 void 类型的函数相似的使用方式,这样的做法也是允许的。

为了减少混淆,本书将不会对头文件中提供的标准库函数的原型进行详细解读,重点关注如何正确使用标准库函数。本节将介绍几个最常用的用于字符串处理的标准库函数,其他函数读者可在需要时查询相关手册。

1.计算字符串长度

函数原型:unsigned int strlen(const char * s)

函数简介:strlen 函数返回 s 中第一个结束符'\0'之前的字符数量。如果 s 中缺少结束符'\0',返回结果无意义。这一计算结果也称字符串长度。形参 s 代表了要计算的目标字符串,计算结果通过返回值返回。使用关键字 const 修饰的参数表示在发生函数调用时,子函数不能修改对应的实参指针指向的对象的值。

使用示例:

```
char str[200] = "Welcome to Beijing!";
print("Count of character is : %d\n", strlen(str));
```

输出结果:Count of character is : 19

代码说明:程序将会输出 str 字符数组中第一个'\0'以前的元素数量。如果使用我们前面曾经学过的 sizeof 运算符来尝试类似的运算,如 sizeof(str),则计算结果为数组的长度 200。

2.字符串复制

函数原型:char * strcpy(char * dest, const char * src);

函数简介:strcpy 函数把字符串 src 的内容复制给 dest,覆盖 dest 中原有对应位置的内容。src 的完整内容都被复制到 dest,同时会为 dest 加一个字符串结束符'\0'。返回值与实参 dest 值相同,可以不进行处理。

使用示例:

```
char str1[20] = "Hello World!";
char str2[20];
strcpy(str2, str1);
puts(str2);
```

输出结果:Hello World!

代码说明:示例直接使用语句形式调用 strcpy 函数,没有处理返回值。初学者使用 strcpy 函数时要注意两个参数的含义和先后顺序。同时,为了使 strlen 函数能够正确发挥作用,一般需要保证用于存储目标字符串的字符数组长度要大于等于源数组长度。

3.连接两个字符串

函数原型:char * strcat(char * dest, const char * src);

函数简介:strcat 函数把字符串 src 的内容追加到字符串 dest 的尾部,返回 dest 的值,可不处理返回值。追加从 dest 中原有的字符串结束符'\0'处开始,使用 src 中的字符进行逐一覆盖(包括原有的'\0'),直到遇见 src 中的结束符为止,并在连接后的新字符串末尾增加结束符'\0'。这个函数假设从 dest 开始的内存区域具有足够的空间容纳这两个字符串。

使用示例：

```
char s1[10]="China", s2[ ]="abc";
strcat(s1, s2);
puts(str1);
```

输出结果：Chinaabc

代码说明：调用 strcat 后的 s1 里面的内容由原有两个字符串连接构成，s2 连接后没有变化。连接前后字符数组 s1 和 s2 存储空间见图 7-2。

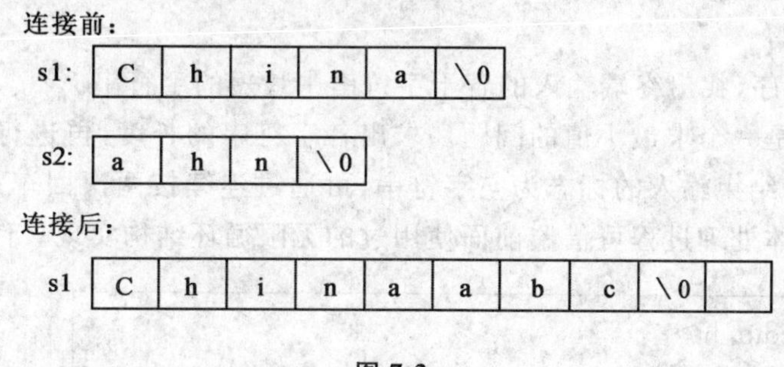

图 7-2

4. 比较两个字符串

字符比较大小可以用关系运算符进行，例如，'a'>'f'的结果是 0（'假'）。因为两个字符比较大小，实际上是比较它们的 ASCII 码，'a'的 ASCII 码是 97，'f' 的 ASCII 码是 102，所以'a'小于'f'。如果比较的是两个字符串，则比较的原则是：从两个字符串的首字符开始，依次比较两个字符串同一位置的一对字符，若它们的 ASCII 码相同，则继续比较下一对字符；若它们的 ASCII 码不同，则 ASCII 码较大的字符所在的字符串较大；若所有字符均相同，则两个字符串相等；若一个字符串全部 k 个字符与另一个字符串的前 k 个字符相同，则字符串较长的较大。例如：

"abc" 与 "abc"，它们相等；

"abcd" 与 "abck"，"abcd" 小于 "abck"；

"abc" 与 "ab"，"abc" 大于 "ab"；

注意，不能使用关系运算符比较两个字符串的大小。如："abc" > "cdef"是错误的。可以采用库函数中的字符串比较函数 strcmp( )比较两个字符串的大小。

函数原型：int strcmp(const char * s1, const char * s2)

函数简介：strcmp 函数按照字典顺序比较字符串 s1 和 s2 的内容，如果 s1 小于 s2，这个函数返回一个小于 0 的 int 型数值。如果 s1 等于 s2，这个函数返回 int 型数值 0。如果 s1 大于 s2，这个函数返回一个大于 0 的 int 型数值。返回值代表了比较中两个不同字符的 ASCII 码值的差。

使用示例：

```
char s1[20] = "abcd";
char s2[20];
```

```
gets(s2);
if (! strcmp(s1, s2))
printf("Strings are equal\n");
else
printf("Strings are not equal\n");
```

代码说明：字符数组 s1 在定义的同时进行了初始化，s2 则通过终端输入完成赋值，然后对 s1 和 s2 进行比较，并输出是否相等的提示信息。检查两个字符串是否相等可通过对 strcmp 的返回值求反获得。

【例 7-4】 编写程序，找出终端输入的若干字符串中最短的字符串。

分析：这实际上是一个求最小值的问题。求出各字符串的长度，再进行比较，找出最小长度的字符串并输出。结束输入的标志为空字符串，可通过连续按两次回车键实现。由于输入数据数量不固定，整体处理过程可借鉴前面使用过的无限循环结构实现。代码如下：

```
#include <stdio.h>
#include <string.h>
int main()
{
    char temp_str[80], min_str[80];
    int min_len = 80, temp_len = 0;
    printf("Enter String, end with double enter : \n");
    while (1)
    {
        gets(temp_str);
        if (temp_str[0] != '\0')
        {
            temp_len = strlen(temp_str);
            if (min_len > temp_len)
            {
                min_len = temp_len;
                strcpy(min_str, temp_str);
            }
        }
        else
        {
            break;
        }
    }
    printf("min_str is : %s\n", min_str);
}
```

程序中假设所有输入字符串的长度均小于 80,同时设置用于存储最短字符串长度的变量 min_len 初值为 80,以保证一旦有合法的字符串输入,立刻会更新 min_len 为初始字符串的长度,进入重复处理阶段。temp_str 用于保存输入的字符串,min_str 用于保存当前的最小字符串,min_len 和 temp_len 分别用于保存字符串 temp_str 和 min_str 的长度。通过类似前面打擂台的方式找到长度最小的字符串。

7.3　数组与函数

前面我们已经知道,编写大型程序的关键是要通过自顶向下的方法将其分解成若干小的函数,分而治之,每个函数完成一个子功能单元,函数之间通过参数传递来交换信息。如果一个大的程序里面用到了数组结构,那么在对程序进行函数分解的时候就需要函数能够对数组作为参数的情况进行处理。在 C 语言中,数组作为参数进行传递和数组在内存中的表示方式有很大关系。

如果某数组的元素是基本类型,这个数组的元素就可以直接当作基本类型的变量使用,当然可以作为实际参数传递给函数。这种用法与处理简单变量没什么差别,可以使用具体数组元素作为 printf 语句的实际参数,如 a[0]和 a[i],输出对应元素的值;也可以通过 & 运算符去获取数组中具体元素的地址,如 &a[0]和 &a[i],并作为 scanf 的实际参数,从而将读入的数据保存到对应的数组元素中。另外,根据作用域规则,全局数组变量可以在任何函数里直接访问,这也是在函数内部处理调用程序中数组的一种方式。

但是,仅有这两种方式还不够。第一种方法只能处理数组的个别元素,实际应用中常需要处理整个数组或数组里的一批元素。第二种方法只能处理几个固定的全局数组,而无法实现对某种类型数组的通用处理。如需要多次对不同数组求元素平均值,这两种方法显然都不合适。

要想方便解决这个问题,需要定义以数组为参数的函数。将数组定义为函数的参数后,通过该函数处理整个数组就不成问题了。对于不同的调用提供不同的实参数组名,就可以处理不同数组。定义了一个以数组为参数求元素平均值的函数,就可以解决程序里所有的求数组元素平均值问题。

7.3.1　数组作为输入参数

C 语言允许函数有数组类型的形式参数,描述方式是在参数名后面写一对方括号,其中不必写出数组的大小(即使这里给出数组的大小,编译器也不会使用这个信息)。发生函数调用时,主程序中将本地已经定义了的数组变量名作为实际参数传递给对应的数组形参。此时,用作实际参数的数组的存储空间被子函数通过形式参数所共享,改变形参数组中某一元素的值也会改变对应实参数组中的对应元素。关于这一特点涉及函数对数组形参的内部处理机制和指针相关内容,本章不做详述,读者暂时硬性记住这一规则。

函数定义原则 5-5:如果调用一个以数组作为形式参数的函数,那么用作实际参数的数组的存储空间被形式参数所共享,改变形式参数中某一元素的值也会改变实际参数数组中的对应元素。如果函数的输入数据或输出结果为数组,通常采用数组形参进行信息传递。

【例 7-5】编写函数定义,用于求 double 型数组元素的平均值。

分析:问题描述中的输入输出非常明确,输入是一个数组,输出是数组中所有元素的平均

值。所以,函数定义时需要引入一个输入型的数组参数,并可通过返回值来将计算结果传递给调用程序。函数头部信息可以描述如下:

double Avg0(double a[ ])

编写函数体实现代码时还有一些具体细节需要考虑,第一个问题是不知道将来发生函数调用时,主程序中传入的实际参数数组的大小(因为不知道函数要应用于哪些数组)。暂时可以考虑通过设置符号常量 LEN 来作为被处理数组的长度。完整函数定义如下:

```
double Avg0(double a[ ])
{
    double sum = 0;
    int i;
    for (i=0; i<LEN; i++)
        sum += a[i];
    return(sum / LEN);
}
```

请注意参数描述形式,参数列表写成(double a[ ]),表示这个函数有一个名字为 a 的 double 型形参数组。调用时需要给出 double 型数组的名字来完成对整个数组进行处理。

有了上面定义,如果数组 a1 长度为 LEN,下面语句就能求出其元素的平均值并保存给变量 x:

x = Avg0(a1);

本函数具有一定的通用性,所有长度为 LEN 的数组,都可以通过它来计算元素的平均值。

在函数定义里用符号常量表示数组大小能够解决一些问题,但也把函数能够处理的数组长度固定了,限制了它的通用性。Avg0 函数虽然能够处理任何 double 型数组,但数组的长度必须是 LEN,其他长度的数组将不能正确处理,甚至会出现严重错误。

很显然,上述情况不是我们想要的。要想推广这一函数,能够灵活处理所有双精度数组,需要引入新的参数来表示数组的长度。修改后的函数定义可以描述为:

```
double Avg1(double a[ ], int n)
{
    double sum = 0;
    int i;
    for (i=0; i<n; i++)
        sum += a[i];
    return(sum / n);
}
```

n 表示形参数组的长度,有了这个函数定义,我们可以对不同长度的数组使用它:

```
double b1[4] = {1.1, 2.2, 3.3, 4.4}, b2[5] = {4,3, 5.7, 8.3, 9.2, 6.6};
printf("%f, %f\n", avg1(b1, 4), avg1(b2, 5));
printf("%f\n", avg1(b2, 3));
```

第一个 printf 能够分别输出 b1 和 b2 两个不同长度的 double 型数组的元素的平均值。第二个 printf 则是输出 b2 数组前三个元素的平均值。

引进长度参数来提升数组处理函数的通用性是一种很好的做法,为很多教材和程序员所采用。引入长度参数后,使得产生函数调用时,实参数组需要分别给出数组名和数组长度来对应函数定义中的两个形式参数。新参数的引入在带来灵活性的同时,也对程序员提出了新的要求:函数调用时必须正确提供数组长度实参,否则不仅得不到正确结果,还可能导致数组越界等严重错误。这一点请读者一定注意。

根据前面描述的数组作为形式参数时函数处理的特点,实参和形参是共享实参数组对应的存储空间的,也就是说子函数内是有可能无意中更改了调用函数中实参数组中元素的值,而这种修改可能并不是程序员希望的。为了避免这种无意识的修改,ANSI C 提供了一个可包含在数组形参的声明中的限定词,来告诉 C 编译器该数组是函数的严格输入型参数,不允许修改该数组中的元素。这个限定词使得编译器将函数内任何更改此数组元素的尝试都标记为错误。

> 语法:const 元素类型 数组名称[ ]
> 　　或
> 　　const 元素类型 * 数组名称
> 解释:const 关键字用于使得仅作输入功能数组参数被保护起来,以避免子函数中的误修改。

很多标准库函数中对数组的处理都使用了 const 关键字,这也是一个良好的编程习惯。上例中的数组型参数就是严格的输入型参数,可以为其增加 const 关键字,函数头可修改为:

```
double Avg1(const double a[ ], int n)
```

当我们阅读其他来源程序时可能会发现,很多数组型形参被写成了指针型(下章介绍),大家不必疑惑,这也是 C 语言的一个处理特点。C 语言对数组型形参和指针型形参的处理有很多相似之处,数组名字本身可表示为指向数组首元素地址的指针。因此,上述函数头部描述也可书写为:

```
double Avg1(const double * a, int n)
```

函数体内操作无须做任何改变。建议读者,当参数本身代表的是数组含义时,还是应该采用数组型形参进行表示,增强函数的可读性。

7.3.2 返回数组类型的结果

在C语言中,函数的返回值类型为数组是不合法的。因此,需要使用输出型参数把数组结果返回给调用程序(图7.3)。

图7.3 返回数组结果的函数

函数那一章曾经介绍过,当使用简单输出型参数时,主程序中必须先声明本地变量,以便让子函数可以将结果存储在其中。同样,返回数组结果的函数也要依赖于调用程序提供一个本地数组变量,以便保存子函数中产生的结果。

【例7-6】编写函数定义,实现将两个整型数组相加。

分析:输入为两个整型数组,输出为其相加结果,两个整型数组相加是对位元素相加,结果依然是数组。因此,函数头部的参数列表中至少应有两个输入型数组形参,用于对应输入,一个输出型数组形参,用于保存相加结果。根据题意,这三个数组应具有相同的数组长度。具体函数定义如下:

```
void AddArrays(const int arr1[ ], const int arr2[ ], int arr_sum[ ], int n)
{
    int i;
    for (i=0; i<n; i++)
        arr_sum[i] = arr1[i] + arr2[i];
}
```

发生函数调用时,调用程序除了需要传递需要相加的两个数组外,还要定义一个本地数组用于保存相加后的结果,并将该数组作为参数传递给函数。

```
int x[5] = {1, 2, 3, 4, 5}, y[5] = {6, 7, 8, 9, 0}, x_plus_y[5] = {0};
AddArrays(x, y, x_plus_y, 5);
```

函数调用时,内存单元可模拟(见图7-4):

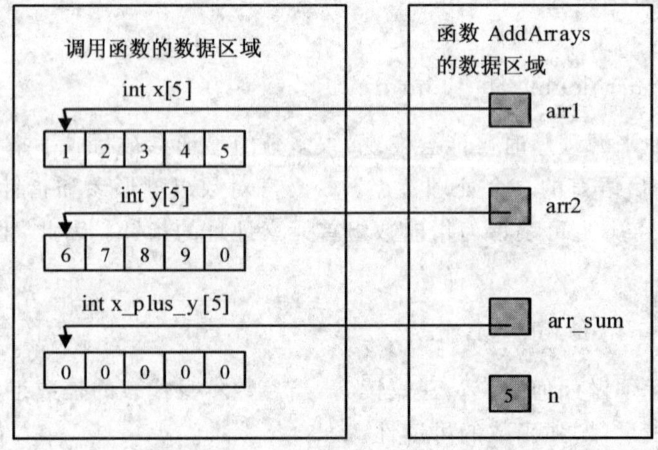

图7-4

这个函数执行后，x_plus_y[0]将包含 x[0]与 y[0]的和(7)，x_plus_y[1]将包含 x[1]与 y[1]的和(9)，以此类推。输入参数数组 x 和 y 都没有被更改，输出参数数组 x_plus_y 将包含新的内容，如下所示：

int x_plus_y [5]

7	9	11	13	5

请读者一定小心，在调用 AddArrays 时，引用输入型形参数组 x 和 y 与输出型形参数组 x_plus_y 时，都没有使用取地址运算符 &，即使是作为输出型参量的数组 x_plus_y。C 语言总是通过将数组的初始元素的地址保存在相应的形参中来把整个数组作为参数进行传递。由于输出型参数 x_plus_y 的声明中并没有包含 const，因此函数 AddArrays 能够访问并修改该数组的值，并且这种修改在函数调用结束后在调用程序的实参数组中也是可见的。

以数组为形参的函数可以改变实参数组元素的值，但这里并不违反函数值传递的参数传递机制，数组型参数的使用与前面输出型参数的使用原理相似。

7.3.3　同一数组作为函数的输入和输出

数组作为函数的参数也同样会出现同一数组既是输入又是输出的情况，处理方式与前面针对同一组普通变量即是输入又是输出是相似的，采用输出型形参进行处理。对于数组型形参，输入型形参和输出型形参在写法上是相同的，都是声明为数组类型，区别在于是否可以用 const 修饰。对于严格的输入型参数，通常用 const 修饰，以减少误操作；对于输出型形参则不能使用 const 修饰，因为子函数中要对调用程序传入的数组进行修改。

【例 7-7】编写函数定义，将一组数进行反转。如果一组数为 1、8、3、2、5，那么反转后即为 5、2、3、8、1。

分析：问题的输入和输出为同一数组，只是开始时作为输入的数组中的元素与调用结束时作为输出的数组中的元素值的排列是不同的。如示例数据，输入时数组的第一个元素 a[0] = 1，而作为输出结果，数组的第一个元素 a[0] = 5。要求在子函数内修改调用程序传入的数组中的元素，可通过数组型参数实现，返回值可定义为空。

要想实现数组数据的反转可以采用在数组两端同步交换的形式，即 a[0]和 a[n−1]交换，然后 a[1]和 a[n−2]交换，直到要交换的两个数组元素中前数下标大于等于后数下标为止。交换示意图见图 7-5：

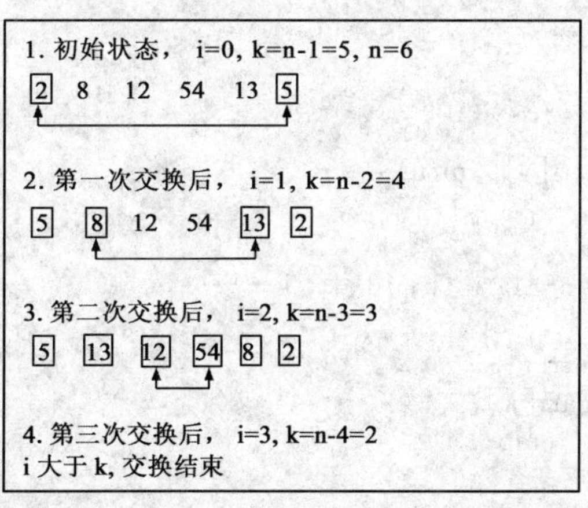

图 7-5

具体函数定义如下：

```
void Reverse(int arr [ ], int n)
{
    int i, k, temp;
    for (i=0, k=n-1; i<k; i++, k--)
    {
        temp = arr[i];
        arr[i] = arr[k];
        arr[k] = temp;
    }
}
```

有了上述函数定义，就可以在主程序中通过函数调用完成任意整型数组的反转了。

```
#include <stdio.h>
void Reverse(int arr [ ], int n);

int main()
{
    int i, a[6] = {1,2,3,4,5,6}, b[5] = {7, 8, 9, 10, 11};

    Reverse(a, 6);
    Reverse(b, 5);

    for (i=0; i<6; i++)
        printf("%5d", a[i]);
    printf("\n");

    for (i=0; i<5; i++)
        printf("%5d", b[i]);
    printf("\n");
    return 0;
}

void Reverse(int arr [ ], int n)
{
    int i, k, temp;
    for (i=0, k=n-1; i<k; i++, k--)
    {
        temp = arr[i];
        arr[i] = arr[k];
        arr[k] = temp;
    }
}
```

运行上述程序后，输出：

```
6     5     4     3     2     1
11    10    9     8     7
```

7.4　多维数组

前面讨论的数组也称为一维数组，元素呈一维线性排列，只需一个下标。这种结构可以表示数学中的有限序列，具有同一属性的成组数据等。实际应用中经常会需要更为复杂的结构，如数学中的矩阵和表格都是二维的，元素需要通过两个下标来表示，C 语言里通过引入二维数组来实现这样的结构。

在 C 语言中，数组元素可以是任何类型的，数组的元素可以又是数组。这种元素仍为数组的数组就叫做多维数组。C 语言支持定义二维和更多维的数组，这里把二维数组看作元素为一维数组的数组，三维数组看作元素为二维数组的数组，以此类推。

7.4.1　二维数组的定义和初始化

作为二维数组的例子，假设要在程序中表述五子棋这种游戏。五子棋游戏通常是在一个 15 行 15 列的方形面板上进行，如图 7-6 所示。参加游戏者轮流在这些方格中放上自己的棋子，尽量使自己一方的棋子能够在水平方向、垂直方向或对角线上排成一行，最先达到 5 枚棋子连成一排的一方获胜。

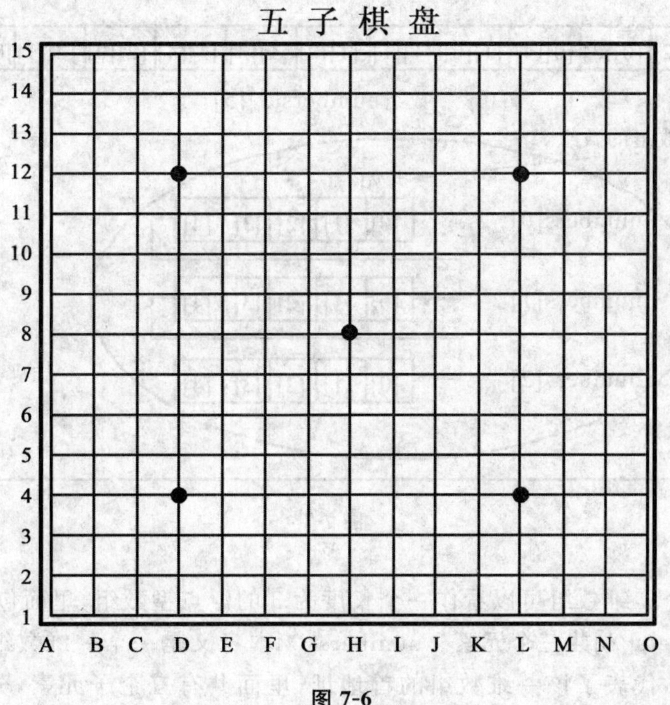

图 7-6

为了描述这种游戏的面板，就可以采用一个 15 行 15 列的二维数组。每个方格内有三种状态：未占用、甲方占用和乙方占用（假设对弈双方为甲方和乙方）。可采用 char 型字符'　'、

'x'和'o'来表示。因此,这种游戏面板即可定义为如下 char 型二维数组:

```
char board[15][15];
```

有了上述声明,就可以通过给出两个下标值来确定面板方格中的字符,一个下标确定行号,一个下标确定列号。根据题意,行号和列号的范围均为 0～14,每个方格可通过如下方式引用:

```
board[0][0]    board[0][1]    …    board[0][14]
board[1][0]    board[1][1]    …    board[1][14]
     ⋮              ⋮                   ⋮
board[14][0]   board[14][1]   …    board[14][14]
```

在内部,C 语言把变量 board 表示为一个具有 15 个元素的一维数组,而每个元素又是一个由 15 个元素构成的一维数组。因此 board 变量共有 15 * 15=225 个字符型元素,每个字符型元素占用 1 个字节,board 变量占用的内存空间为 225 个字节。

可见,二维数组的定义方式与一维数组相似,都是需要先给出数组的类型关键字和名字,对于二维数组还需要给出用方括号括起来的两个数组维度,通常第一个维度被称为行,第二个维度被称为列。分配给二维数组的内存大小则取决于数组所含有的元素数量和元素类型,其中元素数量为两个维度的乘积,总内存占有量为元素数量与单一元素所占存储空间的乘积。

二维数组在内存中实际上是按行存储的,如对于一个 3 行 5 列的单精度浮点型二维数组,float numbers[3][5],其在内存表示见图 7-7:

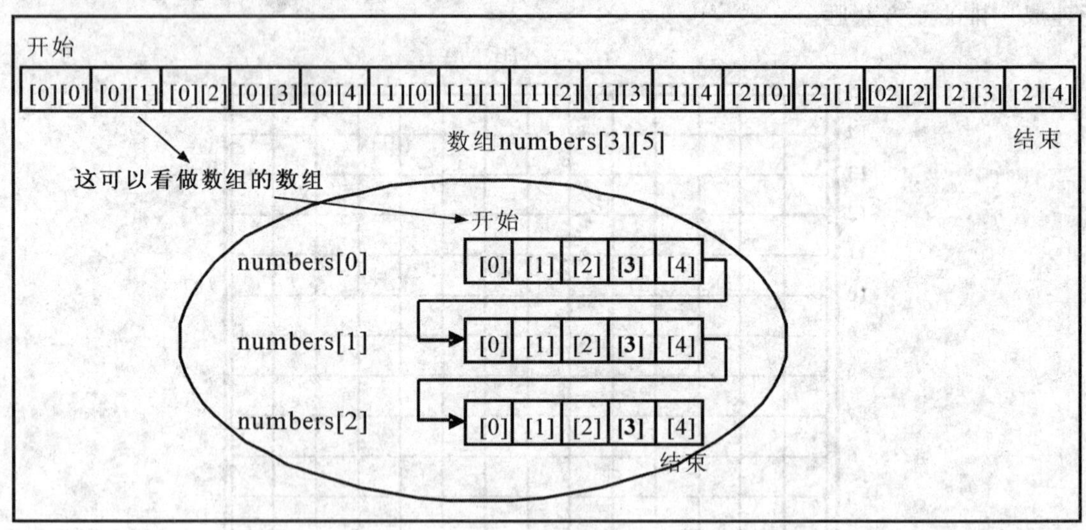

图 7-7

如图所示,整个二维数组可以看作一个长度为 3 的浮点型数组,里面包含有 numbers[0]、numbers[1]、numbers[2]共三个元素。numbers[0]本身又是一个一维数组,numbers[0]是这个一维数组的名字,代表了该一维数组的首地址,里面共有三个子元素,分别是 numbers[0][0]、numbers[0][1]、numbers[0][2]。第二行的 5 个元素属于 numbers[1],第三行的 5 个元素属于 numbers[2]。

基于二维数组的存储特点,其与一维数组之间存在一定的转换关系。以上面 numbers 数组为例，整体上是一个 3 行 5 列的二维数组，也可将其看作是由 15 个元素构成的一维数组，numbers 是数组的名字，代表数组的首地址。因此，对二维数组元素的访问，也转化为对一维数组的操作。如 numbers[0][0]对应于一位数组的 numbers[0]，numbers[1][2]对应于一位数组的 numbers[1 * 5+2]，以此类推，numbers[m][n]对应于一维数组的 numbers[m * Len +n]，其中 Len 代表二维数组中每一行的长度。

可以像对一维数组进行初始化那样，在定义二维数组的同时对其进行初始化。一维数组的声明是在列表中列出元素的值，与之相类似，二维数组的声明中通常是按行将数值成组列出。例如，下面的语句将定义一个 int 型二维数组并进行初始化：

```
int a[2][3] = {{1, 2, 3}, {4, 5, 6}};
```

如果在定义二维数组的同时对其进行初始化，其表示行的维度可以省略，由系统根据实际初始化情况自动确定。如，

```
char b[ ][6]={"s1","st2","str3"};
```

char 型二维数组 b 在定义时进行了初始化，并省略了第一个维度。由于，初始化时给出了 3 个字符串，所以系统会自动确定 b 数组有 3 行，为一个 3 行 6 列的二维数组。

7.4.2　二维数组的使用

前面示例中，我们曾多次使用循环来完成对一维数组元素的访问。对于二维数组，同样可以借助循环访问其元素。

【例 7-8】某班级的五位同学都选了相同的三门课程，请编写程序接收输入的五名同学三门课程的成绩，计算每个学生的三门课程的平均分，并最终输出每个学生的单门课程成绩和平均成绩。

分析：根据题意，需要在程序中实现对五名同学三门课程成绩的存储和输出，并进行相应的计算。成绩数值通常为浮点型，具有学生和成绩两个维度，可采用 double 型的二维数组来存储数据，5 行 3 列。考虑到平均成绩计算后最终也需要保存，可扩展出一列在保存了三门课程的成绩后，用于保存平均成绩。最终确定此二维数组为 5 行 4 列。平均成绩的计算可在输入每个学生三门课程成绩的同时计算获得。具体程序如下：

```
#include <stdio.h>

int main()
{
    double score[5][4];
    int i;

    for (i=0; i<5; i++)
```

```
    {
        printf("Enter score for stu[%d] : ", i+1);
        scanf("%lf%lf%lf", &score[i][0], &score[i][1], &score[i][2]);
        score[i][3] = (score[i][0] + score[i][1] + score[i][2])/3;
    }

    printf("\nScore list : \n");
    for (i=0; i<5; i++)
    {
        printf("stu[%d] : %.2f %.2f %.2f, avgScore %.2f\n", i+1, score[i]
[0], score[i][1], score[i][2], score[i][3]);
    }
    return 0;
}
```

运行情况如下：

```
Enter score for stu[1] : 56 67 78
Enter score for stu[2] : 90 89 77
Enter score for stu[3] : 97 86 78
Enter score for stu[4] : 86 65 45
Enter score for stu[5] : 79 65 34

Score list :
stu[1] : 56.00 67.00 78.00, avgScore 67.00
stu[2] : 90.00 89.00 77.00, avgScore 85.33
stu[3] : 97.00 86.00 78.00, avgScore 87.00
stu[4] : 86.00 65.00 45.00, avgScore 65.33
stu[5] : 79.00 65.00 34.00, avgScore 59.33
Press any key to continue
```

为了符合一般阅读习惯，在显示学生序号时采用了数组下标加 1 的形式，即从 1 开始。示例中每一行内只有 3 个元素，数量较少，可直接使用下标独立操作。如果单一行内元素较多是，可引入内层循环来处理具体一行里的数据。

【例 7-9】设计一个统计选票的程序。

问题描述：假设班级要进行学生干部选举，现编写程序来辅助完成对选举结果的统计工作。选举前需要给出有效的候选人名单供大家投票，每个候选人有一个计票器，用于记录其得票数。投票开始后，班级的每个同学都给出自己心目中候选人的名字，程序接收并识别候选人的名字，为其完成计票。全部学生都投票结束后，输出各候选人得票情况。

方案设计：根据上述问题描述，整个过程可以划分为三个阶段

(1)投票前的准备工作；

(2)进行投票；

(3)投票结束，输出计票结果。

步骤(1)可以细化为：

1.1　产生有效候选人名单；

1.2 初始化候选人选票计数器。

步骤(2)可细化为：

2.1 请一名同学投票

2.2 完成计票工作

2.3 重复上面两步，直到所有学生都投票结束

程序实现分析：

1.1 产生候选人名单落实到程序设计上就是录入候选人的名字，并保存起来，供后面投票时使用。每个候选人的名字都是一个字符串，可以用一维数组表示；整个候选人的名单则由多个候选人组成，可以看作是候选人构成的一维数组。即，可通过 char 型二维数组来存储接收并存储候选人名单。

1.2 程序里需要为每个候选人设置一个选票计数器，可通过一个 int 型的一维数组实现，数组下标表示候选人的序号，与存储候选人名单的序号相对应。

2.1 学生投票过程，即是输入其赞同的候选人名字，并提交给系统

2.2 计票工作即是将学生输入的候选人名字与候选人列表中的名单进行比较，找到对应的候选人，并将其选票计数器加1。

2.3 整体投票工作是一个多次重复的过程，而且投票次数是固定的，可通过 for 循环实现。

假设当前有 N 个候选人，每个候选人的名字不超过 10 个字符，共有 M 名同学参与投票，则程序代码如下：

```
#include <stdio.h>
#include <string.h>
#define N 3
#define M 10

int main()
{
    char candidate_list[N][10], ticket_person[10];
    int count[N],i,j;

    //1. get candidate person list and init counting.
    printf("Enter validate candidate person name list : \n");
    for(i=0;i<N;i++)
    {
        gets(candidate_list[i]);
        count[i]=0;
    }
```

```
    //2. start vote by enter candidate name for ticket
    printf("\nVote start, Enter candidate person name for ticket : \n");
    for (i=0; i<M; i++ )
    {
        gets(ticket_person);
        for ( j=0; j<3; j++)
        {
            if(strcmp(candidate_list[j],ticket_person)==0)
            {
                count[j]++;
                break;
            }
        }
    }

    //3. vote over, output result
    printf("\nVote result : \n");
    for (i=0; i<N; i++)
        printf ("%-8s : %d\n",candidate_list[i],count[i]);

    return 0;
}
```

运行程序：

```
Enter validate candidate person name list :
    liu↙
    wang↙
    zhang↙

Vote start, Enter candidate person name for ticket :
    liu↙
    wang↙
    wang↙
    zhang↙
    liu↙
    wang↙
    zhang↙
    liu↙
    liu↙
```

```
    zhang↙
    
Vote result：
    liu:    4
    wang: 3
    zhang: 3
```

7.4.3　多维数组介绍

二维数组是实际应用中较为常用的多维数组，多于二维的数组使用较少。下面通过一个例子来认识一下三维数组。

学校在 6 专业同时开设了 5 门公选课，每个专业 4 个年级的学生都可以选修。通过 int 型的三维数组来记录各门公选课在各个专业的 4 个年级的选课情况。

```
int enroll[5][6][4]
```

数组 enroll 由 5＊6＊4＝120 个元素组成，每个元素的值代表了一门课程在某个专业的某个年级选修了的学生人数。现要找出并显示出选修每门课程的学生的总人数。程序部分代码如下：

```
for (course=0; course<5; course++)
{
    crs_sum = 0;
    for (major=0; major<6; major++)
    {
        for (grade=0; grade<4; grade++)
        {
            crs_sum += enroll[course][major][grade];
        }
    }
    printf("Number of students in course [ %d ] is [ %d ]\n", course, crs_sum);
}
```

这是一个三重循环，最外层循环的循环变量代表了课程，次外层循环代表了专业，最内层循环代表了年级。外层循环每循环一次，里面的二重循环都会完整的执行一遍，计算出所有专业、所有年级中选修了这门课程的人数，并输出。

如果想统计分专业公选课选修人数，则可以将专业作为最外层循环，其他两个维度作为内层循环。

7.5　数组综合应用实例

本节我们将通过一个较大的实例来深入学习数组的应用，以及通过函数实现对数组的操作。

问题:编写一个程序,让两个人在计算机上玩井字游戏。井字游戏是一种在 3 * 3 格子上进行的连珠游戏,和五子棋比较类似,由于棋盘一般不画边框,格线排成井字故得名。两个游戏者轮流在格子里留下 X 和 O 标记(一般来说先手者为 X),最先在任意一条直线上成功连接三个同一标记的一方获胜。如果双方经过 9 次轮换标记(棋盘上一共有 9 个空格),依然无法分出胜负,则需要重新开始游戏。

分析:要想通过计算机来进行井字游戏,需要首先解决棋盘在计算机内的存储,以及棋手下棋的动作如何在计算机内模拟,然后就可以根据相关规则来让棋手交替落子,直到分出胜负或者棋盘已经落满棋子。实现这一游戏的主要过程和关键问题可描述如下:

步骤 1　初始准备工作。主要是棋盘和棋手在计算机内的模拟。棋盘是一个 3 * 3 的方格,可以通过一个 3 行 3 列的二维数组进行表示。将棋盘的 9 个方格按照 1～9 进行标记,当一个棋手下棋时,即是选择一个可用方格放入自己的标记(X 或 O)。状态棋盘可表示为图 7-8:

1	2	3
4	5	6
7	8	9

初始棋盘

X	2	3
4	5	6
7	8	9

放置了 X 标记的棋盘

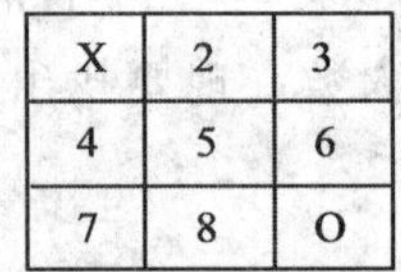

X	2	3
4	5	6
7	8	O

放置了 O 标记的棋盘

图 7-8

步骤 2　显示棋盘的当前状态。每次棋手下棋前,都要显示棋盘当前状态,作为棋手落子选择的参考。可通过二维数组元素的输出配合一定的分隔线实现。

步骤 3　棋手下棋。当前棋手根据棋盘状态,选择一个空闲方格放入自己的标记。这一过程中需要检查棋手选择的方格是否可用,如果方格内已经被放入标记了或者方格超出了棋盘范围均表示不可用,棋手需要重新选择其他方格。

步骤 4　检查棋盘状态。每当一个棋手完成一个落子后,都要检查棋盘状态,以发现是否有三个相同的标记构成一条直线。如果有,则表示一方已经获胜,转向步骤 6;如果尚未分出胜负,则继续。

步骤 5　交换下棋的棋手,并检查棋盘上的方格是否已经全部放置了标记。如果没有放满,则转向步骤 2。

步骤 6　当前棋局结束,输出结果。结果为一方获胜或者棋盘已布满子但未分胜负。

编程实现:编程时采用自顶向下,逐步求精的方式,先给出整个程序的整体框架,再逐步细化,并将子问题的解决方案进行函数封装,最后通过子函数的调用来实现问题求解。

(1)依据上面的步骤描述,棋盘这一结构将为程序的全局所共享,故可将其设置为全局变量。主程序的实现框架可设计如下:

```
char board[3][3] ={{'1', '2', '3'}, {'4', '5', '6'}, {'7', '8', '9'}};
int main()
{
    int player = 0; //player number {1, 2}, init 0 means not start.
    int winner = 0; //when one player win the game, winner = player
    int i; //i means the current count for playing, 9 is the max count.

    DisplayBoard();
    for (i=0; i<9; i++)
    {
        player = player % 2 + 1;        //init player to play
        PlayGame(player); //current player exec one game
        DisplayBoard(); //show board state
        winner = CheckGameState(player); //get current result, if one play have
won, then winner = playerNumber, else keep winner = 0;
        if (winner > 0)
        {
            break;
        }
    }

    if (winner == 0)
        printf("A draw, thank you for your participation! \n");
    else
        printf("Conratulastions, player %d, you are the winner\n", winner);
}
```

(2)细化 DisplayBoard 函数,用于输出棋盘的当前状态。采用分隔线配合二维数组中的元素混合显示成表格形式。

```
void DisplayBoard()
{
    printf("\n\n");
    printf(" %c | %c | %c \n", board[0][0] , board[0][1] , board[0][2]);
    printf("---+---+---\n");
    printf(" %c | %c | %c \n", board[1][0] , board[1][1] , board[1][2]);
    printf("---+---+---\n");
    printf(" %c | %c | %c \n", board[2][0] , board[2][1] , board[2][2]);
}
```

(3)细化 PlayGame 函数,完成下一步棋的操作。根据上面描述下一步棋的操作就是棋手选择一个空闲方格,并将自己的标记放置到里面。对应到程序设计,就是根据棋手选择的方格代码(1～9),转换为对应的二维数组下标,再根据棋手自身编号(1 和 2)来将其对应的标记字符存储到对应的数组元素中。在完成赋值前,还要检查棋手选择的编号是否对应于二维数组中可用的合法下标。

```
void PlayGame (int player)
{
    int choice, row, column;
    //repeat input until input choice is valid.
    do
    {
        printf("Player %d, please enter your go : \n", player);
        scanf("%d", & choice);
        row = (choice-1) / 3; //row number for board
        column = (choice-1) % 3; //column number for board
    }while(choice < 1 || choice > 9 || board[row][column] > '9');

    board[row][column] = (player == 1) ? 'X' : 'O';
}
```

(4)细化 CheckGameState()函数,完成对当前棋局状态的判定。根据规则,判断棋局状态就是寻找是否有三个相同的标记出现在同一行上。对应于程序设计,就是检查二维数组 board 的三个行上和两条对角线上是否连续的三个相同元素。

```
int CheckGameState(int player)
{
    int line;
    if ((board[0][0] == board[1][1] && board[1][1]==board[2][2]) ||
      (board[0][2] == board[1][1] && board[1][1]==board[2][0]))
        return player;
    else
    {
        for (line=0; line<=2; line++)
                if ((board[line][0] == board[line][1] && board[line][1]==board
[line][2]) ||
                  (board[0][line] == board[1][line] && board[1][line]==board[2]
[line]))
                    return player;
        return 0;
    }
}
```

上面已经给出了主程序的框架和细化后的子函数定义，完整的编码和调试工作留给读者自己完成。程序运行后结果参考图 7-9：

```
 1 | 2 | 3
---+---+---
 4 | 5 | 6
---+---+---
 7 | 8 | 9
Player 1, please enter your go : 1


 X | 2 | 3
---+---+---
 4 | 5 | 6
---+---+---
 7 | 8 | 9
Player 2, please enter your go : 2


 X | O | 3
---+---+---
 4 | 5 | 6
---+---+---
 7 | 8 | 9
Player 1, please enter your go : 3


 X | O | X
---+---+---
 4 | 5 | 6
---+---+---
 7 | 8 | 9
Player 2, please enter your go : 5


 X | O | X
---+---+---
 4 | O | 6
---+---+---
 7 | 8 | 9
Player 1, please enter your go : 6


 X | O | X
---+---+---
 4 | O | X
---+---+---
 7 | 8 | 9
Player 2, please enter your go : 8


 X | O | X
---+---+---
 4 | O | X
---+---+---
 7 | O | 9
Conratulastions, player 2, you are the winner
```

图 7-9

习　题

(1)接收键盘输入的10个整数并保存在数组中，然后在这10个数中查找某个给定的整数，根据查找结果给出相应提示信息。程序运行示例如下：

```
Please input 10 int : 67  54  34  2  32  56  68  87  98  17
Please input aim num to find : 98
98 is found, location in array is : 9
```

(2)接收键盘输入10个整数并保存在数组中，通过交换使得这10个数中的最大值出现在最后一位，最小的数出现在第一位，输出调整前和调整后的数组进行对比。程序运行示例如下：

```
Please input 10 int : 67  54  34  2  32  56  68  87  98  17
Before swap : 67  54  34  2  32  56  68  87  98  17
After swap : 2  54  34  67  32  56  68  87  17  98
```

(3)编写程序实现字符串的转换功能：将输入字符串中大写字母变成小写，小写字母变成大写，其他字符不变，例如输入“abAUDc22de”，输出“ABaudC22DE”。

(4)按要求改写第(2)题：

1)编写一个子函数，接收键盘输入的10个整数，并保存到数组中

2)编写一个子函数，实现长度为10的整型数组输出

3)编写一个子函数，实现查找数组中最大值的位置，并返回

4)编写一个子函数，实现查找数组中最小值的位置，并返回

5)编写一个子函数，根据最大值和最小值的位置实现交换功能(即将原数组中的第一个数和最小值交换，最大值和最后一个数交换)

主程序中依次调用上述5个函数，实现整体的交换功能，主程序示例结构如下：

```
#include <stdio.h>

int main()
{
    void inputData(int a[10]); //receive 10 int from keyboard, and save into
    array a
    void outputData(int a[10]) ; //print int array
    int getMaxIndex(int a[10]); //return the index of max in array
    int getMinIndex(int a[10]); //return the index of min in array
    int exchange(int a[10], int maxIndex, int minIndex) //exchange
```

```
    int myArray[10];

    //1. receive data and save into myArray
    //2. find the max index of myArray
    //3. find the min index of myArray
    //4. swap
    //5. print the array after exchanged
}
```

(5)从键盘输入 5 个有序的数，并保存到长度为 6 的数组 a 中，再次从键盘输入一个整数，将其插入数组 a 中使得数组 a 中的数据依然有序

例如：输入：1　2　6　7　9

插入的目标数为 4

插入后数组内数据应该为：1　2　4　6　7　9

要求：尽可能多使用子函数将问题从功能上分块，如数据的输入、输出、插入等。

第 8 章　结　　构

客观世界中计算机需要处理的数据千变万化，而且常常是以一组或集合的形式出现，元素间存在着各种联系。如果一组数据具有相同的性质，可以采用数组结构进行表示。但实际应用中，也同样存在着大量由不同性质的数据构成的实体。如学生信息通常包括学生的姓名、年龄、家庭住址、联系电话等多个字段组成，磁盘上存储的一个文件则包含了文件的大小，名字，创建时间等信息。对于描述学生信息和磁盘文件这样的一组信息，它们作为一个逻辑整体出现，由字符串、数值等多种类型数据构成，不适合使用数组表示（数组的构成元素必须是同一数据类型）。为此，C 语言提供了一种新的称为结构（有些教材也称之为结构体）的数据描述机制，用于处理类似上述的组合数据。

本章详细讨论结构类型的定义、变量的声明和使用、结构数组、指向结构变量的指针以及结构变量作为函数参数和返回结果等主题。

8.1　结构类型与结构变量

结构是一组相关的数据项（类型可以不同）组合而成的复合数据对象，这些数据项称为结构的成员，每个成员都有自己的名字，使用时可以通过成员名实现对成员的访问。结构类型为处理复杂的数据提供了便利的手段，支持用户根据需要自己构造新的数据类型。

8.1.1　结构类型定义与变量声明

在程序中使用结构之前，首先要对结构的组成进行描述，称为结构类型的定义。结构类型的定义需要描述它的成员情况，包括每个成员的类型和名字。结构类型的定义用关键字 struct 引导，其基本形式如下：

```
struct 结构类型名称
{
    成员列表;
};
```

结构类型名称由用户自己定义，该名称和 struct 关键字共同构成了结构类型的描述；{ } 中包围的是组成该结构的成员描述序列，成员的数量可以是一个也可以是多个。每个成员描述的形式与变量定义一样，需要给出成员变量的类型和名字，并用分号结束。多个成员的描述信息是平行的，顺序可以调换，使用时依据成员名字确定对应关系。

前面提到的学生信息就可以采用如下方式定义为一个结构类型：

```
struct _StuInfo
{
    char name[10];
    int age;
    char addr[50];
    char phone[20];
};
```

_StuInfo 为结构类型的名字，该结构类型由 4 个成员构成，包括三个 char 型数组变量和一个 int 型变量。自定义的结构类型和系统提供的标准数据类型(如 int、char、float、double)一样，都可以用来定义变量，只是结构类型需要事先由用户自己声明而已。

有了上面结构类型定义的描述，就可以定义对应的结构变量了，如语句：

```
struct _StuInfo stu1, stu2;
```

就定义了两个_StuInfo 结构类型的变量，"struct _StuInfo"为新定义的结构类型的关键字，对应变量的名字为 stu1 和 stu2。上述结构变量的声明也可在结构类型定义的同时完成，描述为：

```
struct _StuInfo
{
    char name[10];
    int age;
    char addr[50];
    char phone[20];
} stu1, stu2;
```

C 语言中还支持通过 typedef 关键字，为用户自定义的结构类型取一个别名，以方便在程序中使用。如上面的结构类型定义可改写为：

```
typedef struct
{
    char name[10];
    int age;
    char addr[50];
    char phone[20];
} STUINFO;
```

程序中需要定义此结构类型的变量时，可以使用 STUINFO 代替原来的 struct _StuInfo：

STUINFO stu1，stu2；等价于 struct _StuInfo stu1，stu2；

上述两条语句都声明了两个结构变量。为了与其他变量类型关键字和对象名字区分，本书中自定义结构类型的名字均采用大写字母表示。

typedef 关键字不仅可以给自定义的结构类型取别名，也可以对已有的标准数据类型起别名，如：

```
typedef int INTEGER;
typedef float REAL;
```

上述两条语句，指定用 INTEGER 代表 int 类型，用 REAL 代表 float，这里可以将 INTEGER 看作与 int 具有同样意义的类型说明符，将 REAL 看作与 float 具有同样意义的类型说明符。在具有上述 typedef 语句的程序中，下列语句就是等价的：

int i,j；等价于 INTEGER i, j；
float pai；等价于 REAL pai；

结构类型的成员可以是任何类型的变量，也可以是结构类型，如果我们将日期信息定义为如下结构类型：

```
typedef struct
{
    int month;
    int day;
    int year;
} MYDATE;
```

那么，对于前面磁盘文件信息就可以定义为：

```
typedef struct
{
    char file_name[50];
    int size;
    MYDATE create_time;
} MYFILE;
```

结构类型的定义一般书写在源文件的开头，在所有函数（包括 main 函数）的定义之前，以便本文件中所有的函数都能利用它来定义变量。当然也可以在函数中声明结构体类型，仅供本函数内使用。结构类型的定义语句并不会产生内存分配，仅是对结构类型构成的说明，只有在定义相应的结构变量时才分配内存空间。结构变量的定义可以出现在任何可以定义普通变量的地方，同样遵守变量先定义后使用的原则。

8.1.2　结构变量的初始化和使用

与简单变量和数组一样，定义结构变量的同时也可以直接进行初始化。对结构变量的初始化就是为结构变量的成员提供初值，形式上与数组的初始化相似。下面结构变量的定义包含了相应的初始化描述：

```
STUINFO stu1 = {"Zhang", 21,"Beijing, China", "01012345678"};
```

定义了 STUINFO 类型的变量 stu1，并用字符串“Zhang”作为 stu1 变量的 name 成员的初值，用整型数值 21 作为 age 成员变量的初值，字符串“Beijing, china”作为 addr 成员变量的初值，“01012345678”作为 phone 成员变量的初值。初始化后的 stu1 变量在内存中可表示为图 8-1。

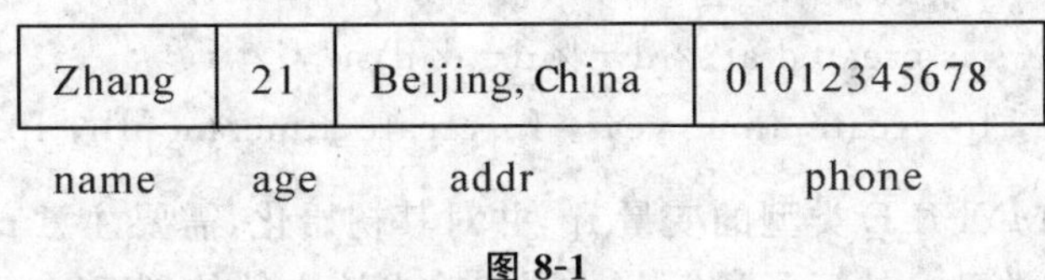

图 8-1

这种对结构变量各个成员整体赋值的形式只能出现在结构变量定义时的初始化操作，而不能用于对已经定义了的结构变量赋值。

程序中对结构变量的操作主要有两种情况：操作整个结构变量和对结构变量的成员变量的访问。对于整个结构变量的操作通常仅限于同类型的结构变量之间进行整体赋值，从而得到结构变量值的新的副本，如下面语句：

```
STUINFO stu1 = {"Li", 20, "Shanghai, China", "020156545678"}, stu2;
stu2 = stu1;
```

首先声明了 STUINFO 类型的变量 stu1 和 stu2，并对 stu1 进行了初始化。然后通过整体赋值的方式使用 stu1 的值对 stu2 进行初始化。经过这样的赋值，stu1 变量各成员的值和 stu2 变量各成员的值完全相同。

程序中对结构变量的使用更多是对其成员变量的访问，包括对结构变量的输入输出、存取等操作，都是通过操作结构变量的成员实现。C 语言提供了圆点运算符(.)来实现对结构变量成员的访问，具体访问方式是在结构变量名的后面加上一个圆点，再加上成员变量的名称。对于结构变量的成员变量，可以像同类型的普通变量一样进行使用，对其进行赋值和读取。

上例中，可以通过 stu1.name 去访问 stu1 变量的 name 成员变量，从而获得一个字符型数组变量，同理可以使用 stu2.age 来访问 stu2 变量的 age 成员变量，获得一个整型变量。stu1.age 的用法和普通整型变量相当，stu1.phone 和普通的字符数组变量相当。如果初始化时把 Zhang 同学的年龄和电话号码录入错误，可以通过如下语句对其进行修正：

```
stu1.age = 19;
strcpy(stu1.phone, "01078675645");
```

也可以使用 printf 语句对 stu1 变量的各个成员变量的值进行输出：

```
printf("stu1.name is :%s\n", stu1.name);
printf("stu1.age is :%d\n", stu1.age);
printf("stu1.addr is :%s\n", stu1.addr);
printf("stu1.phone is :%s\n", stu1.phone);
```

需要注意格式控制符与成员变量类型的匹配,不能使用 printf 语句对结构变量进行整体输出。下面写法是错误的:

```
printf("%s%d%s%s\n", stu1);
```

如果成员变量依然是结构类型,则需要再次通过圆点运算符去访问其成员,直到成员变量为普通数据类型。例如:

```
MYFILE fp = {"C Programming", 10240, {3, 14, 2014}};
printf("The file %s is created at %d-%d-%d\n",
        fp.name, fp.create_time.year, fp.create_time.month, fp.create_time.day);
```

首先定义了一个 MYFILE 类型的变量 fp,并对其初始化,需要注意 create_time 成员的初始化方式,其仍为结构类型。然后通过 printf 语句输出该文件的创建时间,其中对创建时间的访问使用了两次圆点运算,第一次是获取 fp 变量的 create_time 成员变量,第二次是分别获取 create_time 成员变量的三个子成员变量(year,month,day)。

结构变量成员可以和其他普通变量具有相同的名字,但不会引起混淆。因为,结构变量的成员变量不是单独存在的,也不能直接使用,必须和结构变量的名字一起使用才表示其为具体某个结构变量的成员变量,而不是普通变量。

【例 8-1】编写程序,计算两点间的直线距离并输出。

分析:数学中我们知道,一个点可以用两个坐标来表示(x,y),其中 x 表示水平坐标,y 为垂直坐标。若两点坐标分别为(x_1,y_1)和(x_2,y_2),则两点间的直线距离可以用如下公式表示:

$x = x_1 - x_2, y = y_1 - y_2$;

距离 d 为 $x^2 + y^2$ 再开方。

为了更好的在程序中表示一个点,可将其定义为一个结构类型,由 x 坐标和 y 坐标两个成员表示,如:

```
typedef struct
{
    double x;
    double y;
}
```

程序代码如下:

```
#include <stdio.h>
#include <math.h>

typedef struct
{
    double x;
    double y;
}POINT;

int main()
{
    POINT point1, point2;
    double x, y, result;

    printf("Enter point1 coordinate : ");
    scanf("%lf%lf", &(point1.x), &(point1.y));
    printf("Enter point2 coordinate : ");
    scanf("%lf%lf", &(point2.x), &(point2.y));

    x = point1.x - point2.x;
    y = point1.y - point2.y;
    result = sqrt(x * x + y * y);

    printf("The distance about (%.2f, %.2f) and (%.2f, %.2f) is : %.2f\n",
point1.x, point1.y, point2.x, point2.y, result);
    return 0;
}
```

程序中首先定义了结构类型 POINT 用于表示一个点，main 函数中定义了两个结构变量用于表示直线的两端，利用上述公式完成两点间距离的计算并输出。

8.1.3 结构变量的存储

结构变量在内存中采用连续的内存空间依次存储所有成员变量，正常情况下单个结构变量所占用的内存空间应该是其所有成员所占存储空间的总和。如前面定义过的结构类型 STUINFO：

```
typedef struct
{
    char name[10];
    int age;
    char addr[50];
    char phone[20];
} STUINFO;
```

对应的结构变量成员中有 3 个 char 型数组，长度分别为 10、50 和 20，1 个整型变量，其成员正常占用的存储空间大小应为：

(10 + 50 + 20) * 1 + 1 * 4 = 84

为了验证上述计算，我们可以编写一个小程序，通过 sizeof()运算符来检查这种类型的结构变量实际占用存储空间的大小。

【例 8-2】编写程序，测试结构变量所占用的存储空间大小。

```
#include <stdio.h>

typedef struct
{
    char name[10];
    int age;
    char addr[50];
    char phone[20];
} STUINFO;

int main()
{
    printf("size = %d\n", sizeof(STUINFO));
    return 0;
}
运行情况：
size = 88
```

上述运行结果是基于 32 位 windows 平台和 visual C++ 6.0 编译器计算得到的，与理论上的计算结果 84 有 4 个字节上的差异，即实际存储时多用了 4 个字节。

上述现象与 C 语言编译器字节对齐问题相关。现代计算机中内存空间都是按照字节为单位划分的，理论上对任何类型的变量的访问可以从任何地址开始，但实际情况是为了使 CPU 对变量的访问更加快速高效，变量的起始地址应该满足某些特性。这种特性要求各种类型数据按照一定的规则在空间上排列，而不是顺序的一个接一个的排放，这就是所谓的字节对齐。

假设当前计算机平台每次对内存的访问都是从偶地址开始，如果一个 int 型变量(假设为 32 位系统)存放在偶地址开始的地方，那么一个读周期就可以读出这个 int 型变量，而如果存放在奇地址开始的地方，就需要 2 个读周期，并对两次读出的结果的高低字节进行拼凑才能得到该 int 型变量对应的 32 位存储数据。

对于结构变量，其成员可能具有多种类型，当将其加载到内存后，为了访问的方便，对其进行存储空间分配时会考虑上述提到的字节对齐问题，一般遵循下面三个原则：

(1)结构变量的首地址能够被其最宽基本类型成员的大小所整除。

(2)结构变量每个成员相对于结构变量首地址的偏移量都是最宽基本类型成员大小的整数倍。如果需要，编译器会在成员之间加上填充字节。

(3)结构变量的总大小为结构中最宽基本类型成员大小的整数倍。如有需要，编译器会在最末一个成员之后加上填充字节。

对于上述 STUINFO 结构类型的变量，其最宽基本类型成员为 int 型，占 4 个字节。因此，默认情况下该结构变量占用的总存储空间应为 4 的倍数，并且每个成员变量占有的存储空间也都应该是 4 的倍数。实际分配过程中，结构变量的 4 个成员其内存空间占用情况可能为：

name 成员占用 12 个字节，最后两个字节为填充字节。

age 成员占 4 个字节，无填充字节

addr 成员占用 52 个字节，最后两个字节为填充字节。

phone 成员占用 20 个字节，无填充字节。

以上 4 个成员占用的存储空间总数即为 12＋4＋52＋20 ＝ 88(Byte)。

关于字节对齐有两个重要的宏，＃pragma pack(n)和＃pragma pack() 。第一个宏是强制编译器以 n 的倍数进行地址对齐，第二个宏用于结束前面设置的对齐方式，恢复到编译器默认的对齐方式。如果想使得上述结构变量在实际内存中占用的存储空间与理论上的相同，可通过将该结构变量的字节对齐单位设置为 1 个字节实现，程序示例如下：

```
#include <stdio.h>
#pragma pack(1)
typedef struct
{
    char name[10];
    int age;
    char addr[50];
    char phone[20];
} STUINFO;
#pragma pack()
int main()
{
    printf("size = %d\n", sizeof(STUINFO));
    return 0;
}
运行情况：
size = 84
```

以上关于字节对齐问题的讨论仅供读者实际编写程序时参考，后续章节对变量存储空间分配的讲述中将不会考虑字节对齐问题，按照理论上的构成进行讲解。

8.2 结构数组

结构里可以包含数组成员,同时也可以定义以结构作为元素的数组。结构数组的定义与普通元素构成的数组相似,使用时需要遵守结构变量及其成员的运算规则。

【例 8-3】编写程序,使用结构数组改写第 7 章中使用的投票问题。

分析:第七章中解决投票问题用了两个数组,一个 char 型二维数组用于记录候选人名单,一个 int 型的一维数组用于记录每个候选人的得票情况,两个数组通过下标相关联,实现候选人名字和得票数间的对应关系,以完成投票的统计工作。学习了结构类型后,可以将候选人的名字和其获得的选票数量组合起来,共同构成候选人的信息,如:

```
typedef struct
{
    char name[20];
    int count;
}CANDIDATE
```

对应候选人的列表可以使用 CANDIDATE 结构类型的数组进行表示,如:

```
CANDIDATE list[N];
```

修改后的程序代码如下:

```
#include <stdio.h>
#include <string.h>
#define N 3 //the numbers of candidates
#define M 10 //the numbers of student in this vote
typedef struct
{
    char name[20];
    int count;
}CANDIDATE;
int main()
{
    CANDIDATE list[N];
    char ticket_person[10];
    int i,j;
    //1. get candidate list.
    printf("Enter validate candidate person name list : \n");
    for(i=0;i<N;i++)
    {
```

```
        gets(list[i]. name);
        list[i]. count = 0;
    }
    //2. vote by enter candidate name
    printf("\nVote start, Enter candidate person name for ticket : \n");
    for (i=0; i<M; i++ )
    {
        gets(ticket_person);
        for (j=0; j<N; j++)
        {
            if(strcmp(list[j]. name, ticket_person)==0)
            {
                (list[j]. count)++;
                break;
            }
        }
    //3. vote over, output result
    printf("\nVote result : \n");
    for (i=0; i<N; i++)
        printf ("%-8s : %d\n",list[i]. name, list[i]. count);

    return 0;
}
```

读者可自行运行程序并查看结果。对比使用普通数组和使用结构数组解决投票问题的程序可以发现，结构数组更能体现候选人名字和其得票数量的关联关系，更能反映实际数据间的联系。

【例 8-4】编写程序，解决数学中的约瑟夫问题。

约瑟夫问题描述：有 N 个小朋友围成一圈并依次编号(1～N)，教师指定从第 M 个小朋友开始报数(从 1 开始)，当报到第 S 个小朋友时，即令其出列。然后再从下一个小朋友起从 1 开始继续报数，数到第 S 个小朋友又令其出列，这样直到所有的小朋友都依次出列。求小朋友出列的顺序。

分析：由于问题中的小朋友围成一个圈，因而启发我们用一个环形链式结构来表示这一构成，环形链式结构的每一个结点为一个结构变量，结构变量里记录了小朋友的序号和下一个小朋友的序号。如：

```
typedef struct
{
    int child_no;
    int next_child_no;
}CHILD;
```

通过 next_child_no 成员来将当前的小朋友和其后面紧跟着的小朋友连在一起。N 个小朋友构成的链式结构可以用长度为 N 的结构数组来表示，如：

CHILD link [N]；

这样就可以从第 M 个小朋友开始沿着 next_child_no 连成的闭合链不断计数 S 次，输出对应的 child_no 表示让他出列。并将已经出列的小朋友的 child_no 清零，以避免其再次参与计数，同时保留其 next_child_no 成员的值，以保持环形链式结构的完整。当这样的计数重复 N 次后，N 个小朋友已经全部出列，问题得到解决。

```
#include <stdio.h>
#define MAX 100
typedef struct
{
    int no; //child NO.
    int nextp; //next child NO.
}CHILD;

int main( )
{
    int i, n, m, s, k, count;
    CHILD link[MAX];

    printf ("\nTell me how many children are there ? ");
    scanf ("%d", &n);
    printf ("\nFrom which to count ? ");
    scanf ("%d", &m);
    printf ("\nHow many shall I count ? ");
    scanf ("%d", &s);

    //1. init loop link array by child count n
    for (i=1; i<=n; i++)
    {
        link[i]. no=i; //init CHILD. no
        if (i==n) //init CHILD. nextp
            link[i]. nextp=1; //connect the last with the first
        else
            link[i]. nextp=i+1; //normal connect
    }
```

```
    printf ("\nStand out :\n");
    //2. init k as the pre-elem's index to count
    if (m>=n)
        k = n;
    else
        k = m - 1;

    //count record the children's count for standing out
    count = 0;
    while (count != n)
    {
        //i record the valid times for numbering off
        for (i=0; i<s; )
        {
            k = link[k].nextp;
            if ( link[k].no != 0 )
                i++;
        }
        printf ("%5d", link[k].no); //output current stand out child
        link[k].no = 0; //invalid the child
        count++;
        if (count % 10 == 0) //format output
            printf ("\n");
    }
    printf("\n");
}
```

程序中首先输入小朋友总数 n,报数起始位置 m 和需要出列的计数步长 s,然后根据小朋友的总数初始化结构数组 link。为了程序中处理的方便,link 数组从下标 1 开始使用,下标为 0 的元素不用,link 数组的长度为 100,所以输入的小朋友数量 n 的值不能大于 99。

变量 k 用于记录下一次需要计数的数组下标,初始化时,变量 k 的值为要开始报数的小朋友的前一个位置。在 while 循环中,使用 count 作为出列小朋友计数器,对于已出列的小朋友,将 no 清为 0。变量 i 是报数计数器,当 link[k].no 不为 0 时,才进行 i++。语句"k=link[k].nextp;"的含义是将下一个孩子所在数组中的下标位置送入变量 k 中。

运行程序,输入 n=35、m=5、s=3,可得到如下结果:

```
 7   10   13   16   19   22   25   28   31   34
 2    5    9   14   18   23   27   32    1    6
12   20   26   33    4   15   24   35   11   29
 8   30   21    3   17
```

8.3 指向结构的指针

C 语言允许定义指向结构变量的指针，简称结构指针。结构指针的声明方式和声明其他类型的指针变量相同，例如：

```
struct _student *pStu, stu1={"Zhang", 21, "Beijing, China", "01012345678"};
CHILD *pCh, ch1[2] = {{1, 2}, {2, 3}};
```

这两条语句分别声明了两个结构指针和普通结构变量，pStu 可以存储_student 类型的结构变量的地址，pCh 可以存储 CHILD 类型的结构变量的地址。结构指针的使用方法和其他类型相同，例如：

```
pStu = &stu1;
pCh = &ch1[1];
```

将 pStu 指向了结构变量 stu1，pCh 指向了结构数组 ch1 下标为 1 的元素。可以通过指针间接访问其所指向的结构变量的成员，例如：

```
printf("The name is : %s\n", (*pStu).name);
printf("The child No is : %d\n", (*pCh).no);
```

间接访问时对括号的使用是必要的，因为圆点运算符(.)的优先级高于间接访问运算符(*)。这种写法保证了先由 pStu 间接得到其所指向的结构变量，而后取这个结构变量的成员 name。如果省略了括号，写成*pStu.name，则相当于*(pStu.name)，显然这不是我们想要的结果，编译器也可能会报错。

C 语言中经常要用到指向结构的指针，并通过指针间接访问其指向的结构变量的成员。为此，C 语言为这种操作提供了专用运算符“->”，pStu->name 相当于(*pStu).name。这个运算符也具有更高的优先级(与圆点，函数调用及数组元素访问[]一样)，从左向右结合。这样上面的 printf 语句就可简写为：

```
printf("The name is : %s\n", pStu->name);
printf("The child No is : %d\n", pCh->no);
```

由于“->”优先级高于++和--运算符，可以通过下面语句实现对 pCh 所指向的结构变量的 no 成员进行自加和自减运算：

```
pCh->no++;      pCh->no--;
```

上述两条语句执行后先访问 pCh 指向的结构变量的 no 成员，然后对 no 成员的值进行自加和自减运算，无须加括号。

8.4 结构与函数

程序的函数分解是 C 语言程序设计中常用的编程方法，对于所有数据类型，都需要考虑如何通过函数处理它们。由于结构可以整体赋值，所以可以作为实际参数传递给函数，对应函数的形参也应设置为结构类型。同时，也可以定义返回结果为结构类型的函数。据此，通过函数处理结构类型的数据，至少存在以下四种方式：

(1)把结构变量的成员作为实际参数值传给函数处理。

(2)把整个结构变量作为实际参数传递给函数处理。

(3)把指向结构变量的指针传递给函数。

(4)函数的返回结果为结构类型。

对于第一种方式，如果结构变量的成员是基本类型，该成员变量可直接当作基本类型的变量使用，当然可以作为实际参数传递给函数。这种用法与处理简单变量没有差别，函数中对应形参为基本类型。本节后续章节中将主要针对后面三种情况进行介绍。

8.4.1　结构变量作为函数参数

当结构变量作为输入型参数传递给函数时，依据函数参数的值传递机制，其所有成员的值都会赋值到函数的相应结构型形参的各个成员中。无论子函数体内对形参结构体变量做出何种改变，都不会影响调用函数中的实参结构变量的值。

【例 8-5】编写函数定义，用于完成对单个学生信息的输出。其中，学生信息包含姓名、年龄、住址和联系电话等字段。

分析：依据前面示例，学生信息可定义为结构类型，包含 4 个成员。上述问题描述中输入表示单个学生信息的结构变量，输出为屏幕显示的具体信息描述。因此，函数定义中需有一个结构类型的输入型形参，无数值结果返回，返回值类型为 void。具体函数定义如下：

```
typedef struct
{
    char name[10];
    int age;
    char addr[50];
    char phone[20];
} STUINFO;

void PrintStuInfo(STUINFO stu)
{
    printf("Student's information : \n");
    printf(" name is : %s\n", stu.name);
    printf(" age is : %d\n", stu.gage);
    printf(" addr is : %s\n", stu.addr);
    printf(" phone is : %s\n", stu.phone);
}
```

程序中可以使用如下函数调用语句进行学生信息的输出：

```
STUINFO stu1 = {"Zhou", 20, "Beijing, China", "13800000001"};
```

```
PrintStuInfo(stu1);
```

前面讨论时我们已经知道,程序运行时,理论上需要为 stu1 变量分配 84 个字节的存储空间。发生函数调用时,除了调用程序中需要为实际参数 stu1 分配足够的存储空间外,还要在堆栈段为子函数的形参 stu 分配同样大小的存储空间,用于复制实际的结构变量参数。

为了避免录入重复的学生信息,程序中还需要编写相应的函数,用于判断两个学生的信息是否相同。问题对应的输入为存储了两个学生信息的结构变量,输出为比较的结果。函数定义中需要相应设置两个输入型参数,传递两个学生的信息;返回值类型可设置为 int 型,规定数值 1 表示比较结果为相同,0 为不同。虽然 C 语言允许使用赋值运算符来复制结构变量,但用于比较的关系运算符却不能直接应用于结构变量间的比较。两个结构变量的比较,实际上就是两个结构变量对应结构成员的比较,如果对应成员变量的取值全部相同,则可以认为这两个结构变量是相同的。函数具体定义如下:

```
int StuCompare(STUINFO stu1, STUINFO stu2)
{
    if (strcmp(stu1.name, stu2.name) == 0 &&
     stu1.age == stu2.age &&
     strcmp(stu1.addr, stu2.addr) == 0 &&
     strcmp(stu1.phone, stu2.phone) == 0)
        return 1;
    else
        return 0;
}
```

程序中可以使用如下语句进行两个学生信息的比较:

```
STUINFO stu1 = {"Zhou", 20, "Beijing, China", "13800000001"};
STUINFO stu2 = {"Zhao", 21, "Tianjin, China", "13500000001"};
int result = StuCompare(stu1, stu2);
```

比较结果显然应为 0,即两个学生的信息是不同的。

8.4.2 结构指针作为函数的参数

上一节的示例中用到了结构变量作为函数的参数。函数调用时,实参结构变量的值被整体赋值给函数的形参变量。这种直接传递结构变量的方式优点是语义非常清晰,函数内外的执行互不干扰。但这种方式一个明显的缺点就是每次发生函数调用时都要复制整个结构变量,因此可能增大运行中时间和空间上的开销。学生信息结构变量(STUINFO)理论上需要占用 84 个字节的存储空间,对于当前以 G 为单位的内存空间还可以接受。但是,如果对学生的信息进行扩充,包含更多的字段信息,则会使得结构变量对内存空间的需求明显增大。当函数调用发生在循环结构中,以该结构变量作为参数进行传递时,依据值传递的原理就会出现频繁申请和释放较大存储空间的情况,对系统的性能会造成一定程度的影响。

针对上述情况,可以使用结构指针作为函数的参数进行传递,在函数体内通过指针间接访问其所指向的结构变量及其成员变量。从而，避免无谓的大数据结构变量的复制，减少空间的开销。

上面比较两个学生信息的示例可改写为：

```
int StuCompare(STUINFO *pStu1, STUINFO *pStu2)
{
    if (strcmp(pStu1->name, pStu2->name) == 0 &&
     pStu1->age == pStu2->age &&
     strcmp(pStu1->addr, pStu2->addr) == 0 &&
     strcmp(pStu1->phone, pStu2->phone) == 0)
         return 1;
    else
         return 0;
}
```

对应的函数调用语句改写为：

```
int result = StuCompare(&stu1, &stu2);
```

发生函数调用时，调用程序只是将本地结构变量的地址传递给子函数，子函数共享调用程序的结构变量，函数体内通过“->”运算符访问结构变量的成员，从而完成比较工作。

当然，使用结构指针作为函数参数的另一个重要应用就是能够通过子函数修改调用程序传入的结构变量，作为输出型参数传递子函数的输出结果。

【例 8-6】编写函数定义，将终端键盘输入的学生具体信息保存为一个整体并返回。

分析：此功能描述与 scanf 相似，都是接收输入数据并保存。可以借鉴 scanf 的定义形式，其中输入来自终端输入设备，无须引入输入型参数；输出为包含学生具体信息的结构变量，可采用输出型参数实现。具体函数定义如下：

```
void ScanfStuInfo(STUINFO *pStu)
{
    printf("Enter student's info as following : \n");
    printf("name : ");
    gets(pStu->name);
    printf("age : ");
    fflush(stdin);
    scanf("%d", &(pStu->age));
    printf("addr : ");
    fflush(stdin);
    gets(pStu->addr);
    printf("phone : ");
    fflush(stdin);
    gets(pStu->phone);
}
```

主程序中要想使用该函数进行数据录入，需要先定义对应的结构变量，然后将结构变量的地址作为实参传递给函数，如：

```
STUINFO stu1;
ScanfStuInfo(&stu1);
```

上述问题也可以通过返回值将输入结果返回给调用程序。具体将在下节介绍。

【例 8-7】整合前面两个示例，通过结构指针完成结构数据的输入和输出。

```
#include <stdio.h>
typedef struct
{
    char name[10];
    int age;
    char addr[50];
    char phone[20];
}STUINFO;
void PrintStuInfo(STUINFO *stu);
void ScanfStuInfo(STUINFO *pStu);

int main()
{
    STUINFO stu[5];
    int i;
    printf("Input stu Info : \n");
    for (i=0; i<5; i++)
        ScanfStuInfo(&stu[i]);
    printf("\nOutput stu Info : ");
    for (i=0; i<5; i++)
        PrintStuInfo(&stu[i]);
}

void PrintStuInfo(STUINFO * stu)
{
    printf("Student's information : \n");
    printf(" name is : %s\n", stu->name);
    printf(" age is : %d\n", stu->age);
    printf(" addr is : %s\n", stu->addr);
    printf(" phone is : %s\n", stu->phone);
}
```

```
void ScanfStuInfo(STUINFO *pStu)
{
    printf("Enter student's info as following : \n");
    printf("name : ");
    gets(pStu->name);
    printf("age : ");
    fflush(stdin);
    scanf("%d", &(pStu->age));
    printf("addr : ");
    fflush(stdin);
    gets(pStu->addr);
    printf("phone : ");
    fflush(stdin);
    gets(pStu->phone);
}
```

程序中将输入和输出功能分别封装为两个子函数，使得主程序的结构更为清晰。主程序中定义了一个结构数组，循环调用函数 ScanfStuInfo 为结构数组成员赋值，再调用函数 PrintStuInfo 输出数组中结构变量。ScanfStuInfo 函数和 PrintStuInfo 均通过结构指针共享主程序结构数组中的元素，降低了函数调用时对内存空间的需求。

8.4.3　返回值为结构类型的函数

结构和数组虽然同属于构造数据类型，由多个元素或成员组合而成，但在实际使用过程中，C 语言处理结构类型的方式与处理简单数据类型的方式更为相似，而与数组的处理方式却大相径庭。其中一个明显的不同之处是整个数组的值不能作为函数的结果进行返回，只能通过传递数组首地址的方式，使得调用程序与子函数共享实参数组，并在子函数中对数组元素进行修改，进而达到输出数组结果给调用程序的目的。结构变量则不同，可以在子函数中声明结构类型的局部变量，并为之分配存储空间，进行赋值，还可将整个结构变量作为函数结果返回。

【例 8-8】编写函数定义，通过结构类型的返回值将终端输入的学生信息作为一个整体返回给调用程序。

分析：根据前面分析，问题输入来自终端输入设备，并不是来自调用程序，故无须设置输入型参数。输出结果为作为整体的学生信息，可以通过结构类型的变量承载。例 8-5 中是通过输出型形参来返回结果，本例将通过结构类型的返回值来将结果返回。具体函数定义如下：

```
STUINFO ScanfStuInfo()
{
    STUINFO stu;
    printf("Enter student's info as following : \n");
```

```
    printf("name : ");
    gets(stu.name);
    printf("age : ");
    fflush(stdin);
    scanf("%d", &(stu.age));
    printf("addr : ");
    fflush(stdin);
    gets(stu.addr);
    printf("phone : ");
    fflush(stdin);
    gets(stu.phone);
    return stu;
}
```

子函数定义中需要定义 STUINFO 类型的局部变量，用于接收并组合终端输入的学生信息，并在接收完成后将此结构类型变量作为返回值返回。发生函数调用时，主程序中需要先定义一个 STUINFO 类型的本地变量，用于接收函数调用的返回值。如：

```
STUINFO stu1;
stu1 = ScanfStuInfo();
```

相比于通过输出型参数返回结果，使用返回值的函数定义结构更为清晰，但在函数调用时需要额外创建本地的结构变量，增加内存空间的开销。具体应用时，读者可根据实际情况自行选择函数结果的返回形式。

8.5 结构综合应用实例

【例 8-9】编写一个模拟人工洗牌的程序，将洗好的牌分别发给四个人。

分析：通常一副纸牌有 54 张，4 种花色每种 13 张，再加上 2 张 joker。实际游戏过程中通常将 joker 取出，仅使用 52 张纸牌。每张纸牌具有号码和花色两个属性，程序中可以通过定义结构类型来描述单张纸牌，如：

```
typedef struct
{
    int pips //从 1 到 13。1:A,…,11:J,12:Q,13:K
    char suit; //牌的花色。C:梅花,D:方块,H:红心,S:黑桃
}CARD;
```

52 张纸牌构成的整体就可以通过结构数组进行描述：

```
CARD deck[52] =
{
```

```
    {1, 'C'},{2,'C'},{3, 'C'},{4, 'C'},{5, 'C'},{6, 'C'},{7, 'C'},
    {8, 'C'},{9, 'C'},{10,'C'},{11,'C'},{12,'C'},{13,'C'},
    {1, 'D'},{2, 'D'},{3, 'D'},{4, 'D'},{5, 'D'},{6,'D'},{7, 'D'},
    {8, 'D'},{9, 'D'},{10,'D'},{11,'D'},{12,'D'},{13,'D'},
    {1, 'H'},{2, 'H'},{3, 'H'},{4, 'H'},{5, 'H'},{6, 'H'},{7, 'H'},
    {8, 'H'},{9, 'H'},{10,'H'},{11,'H'},{12,'H'},{13,'H'},
    {1, 'S'},{2, 'S'},{3, 'S'},{4, 'S'},{5, 'S'},{6, 'S'},{7, 'S'},
    {8, 'S'},{9, 'S'},{10,'S'},{11,'S'},{12,'S'},{13,'S'}
};
```

洗牌的过程即为将 52 张纸牌随机进行交叉，程序中的可将表示一副纸牌的数组 deck 中的所有元素进行随机交换，打乱元素的排列顺序。如果采用轮转发牌，全部 52 张一次性全部发给四方，则在发牌结束后，四方所持有的纸牌数量均为 13 张。反映到程序中，可以理解为将长度为 52 的结构数组 deck 中的元素以 4 为步长，分别分配给四个参与者，每个参与者获得的纸牌对应元素下标为：

No1：0，4，8，12，16，20，24，28，32，36，40，44，48
No2：1，5，9，13，17，21，25，29，33，37，41，45，49
No3：2，6，10，14，18，22，26，30，34，38，42，46，50
No4：3，7，11，15，19，23，27，31，35，38，43，47，51

对发牌结果的输出，即为分别输出上述四组下标对应的数组元素情况。根据上述功能描述，可将洗牌功能单独封装为子函数。具体程序设计如下：

```
#include <stdio.h>
#include <stdlib.h>
#include <time.h>
#define COUNT 52
typedef struct
{
    int pips; //1-13
    char suit; //H-Heart, S-Spade, D-Diamond, C-Club
}CARD;

void shuffle (CARD deck[]);
swapcard (CARD *p, CARD *q);

int main( )
{
    int i,j;
```

```
    //init card
    CARD deck[COUNT] =
    {
        {1, 'C'},{2,'C'},{3, 'C'},{4, 'C'},{5, 'C'},{6, 'C'},{7, 'C'},
        {8, 'C'},{9, 'C'},{10,'C'},{11,'C'},{12,'C'},{13,'C'},
        {1, 'D'},{2, 'D'},{3, 'D'},{4, 'D'},{5, 'D'},{6,'D'},{7, 'D'},
        {8, 'D'},{9, 'D'},{10,'D'},{11,'D'},{12,'D'},{13,'D'},
        {1, 'H'},{2, 'H'},{3, 'H'},{4, 'H'},{5, 'H'},{6, 'H'},{7, 'H'},
        {8, 'H'},{9, 'H'},{10,'H'},{11,'H'},{12,'H'},{13,'H'},
        {1, 'S'},{2, 'S'},{3, 'S'},{4, 'S'},{5, 'S'},{6, 'S'},{7, 'S'},
        {8, 'S'},{9, 'S'},{10,'S'},{11,'S'},{12,'S'},{13,'S'}
    };

    //swap card random
    shuffle(deck);

    //output result
    for (i=1; i<=4; i++)
    {
        printf("No%d: ", i);
        for ( j=i-1; j<COUNT; j+=4)
            printf(" %c%2d,", deck[j].suit, deck[j].pips);
        printf("\n");
    }
    return 0;
}
```

```
void shuffle (CARD deck[])
{
    int i,j;
    srand((unsigned)time(NULL));
    //swap two card random
    for (i=0; i<COUNT; i++)
    {
        j=rand() % COUNT;
        swapcard(&deck[i], &deck[j]);
    }
}
```

```
swapcard(CARD *p, CARD *q)
{
    CARD temp;
    temp= *p;
    *p= *q;
    *q=temp;
}
```

运行程序，可能的输出结果为：

No1：C 5，D 6，H13，H 5，C12，D 7，H 9，H11，D 4，H12，S 6，H 4，S12，
No2：H10，D12，S 7，S 4，C11，C13，C 9，S 9，S 2，D 9，C 2，S 3，C10，
No3：S13，H 1，C 1，D 2，S 1，C 3，S 8，H 7，S 5，D 8，H 6，C 8，D 3，
No4：D 1，D10，C 4，C 7，S11，H 3，H 8，D 5，C 6，D13，H 2，S10，D11，

洗牌函数 shuffle 将每张纸牌都进行了一次随机交换，以确保纸牌的顺序被完全打乱，多次运行程序可能会产生完全不同的结果。发牌结果的输出采用了双重循环，外层循环处理的是 4 名游戏参与者，内层循环根据游戏参与者的顺序编号来输出其对应的发牌结果。

习　题

(1)上机完成如下程序填空，使得程序运行后的结果如图所示，并对程序中“每条”语句进行注释。

```
#include <stdio.h>
#define N 2
typedef struct Student{
    char name[20];
    char num[20];
    char addr[100];
    int age;
}StuInfo;
double avgAge(StuInfo tmp[], int n);

int main()
{
    StuInfo stu1={"aaa", "001", "Beijing", 25}, stu[N], *p;
    int i;
```

```
    //直接输出结构体变量stu1中每个成员的值
    printf("Array：Stu1 name=%s，num=%s，addr=%s，age=%d\n",
stu1.name，stu1.num，stu1.addr，stu1.age)；
    p = &stu1；
    //通过指针p输出其所指向的结构体变量stu1中每个成员的值
    printf("Pointer：Stu1 name=%s，num=%s，addr=%s，age=%d\n",
__________________)；

    for (i=0; i<N; i++)
    {
        fflush(stdin)；
        printf("input stu[%d] Info[name，num，addr，age]\n"，i+1)；
        //补全for语句的循环体，通过键盘输入初始化stu数组中每个元素
        ________________________________________
        ________________________________________
        ________________________________________
        ________________________________________
    }
    for (i=0; i<N; i++)
    {
        printf("output stu[%d] Info[name=%s，num=%s，addr=%s，
age=%d]\n"，i+1，stu[i].name，stu[i].num，stu[i].addr，stu[i].age)；
    }

    //输出stu数组中所有学生的平均年龄
    printf("average age of Stu list is :%.1f\n"，____________)；
}

    //补全函数体，实现计算长度为n的tmp数组中所有学生的平均年龄
double avgAge(StuInfo tmp[]，int n)
{}
```

程序运行结果如下：

```
Array：Stu1 name=aaa，num=001，addr=Beijing，age=25
Pointer：Stu1 name=aaa，num=001，addr=Beijing，age=25
input stu[1] Info[name，num，addr，age]
```

```
aaa
001
Shanghai
21
input stu[2] Info[name, num, addr, age]
bbb
002
Hebei
22
output stu[1] Info[name=aaa, num=001, addr=Shanghai, age=21]
output stu[2] Info[name=bbb, num=002, addr=Hebei, age=22]
average age of Stu list is :21.5
```

(2)编写程序,计算并输出班级里每个学生 C 语言程序设计课程的最终成绩。最终成绩由平时成绩、上机成绩和笔试成绩三部分构成,其中平时成绩占总成绩的 20%,上机成绩和笔试成绩各占 40%。每个学生的基本信息包括(学号,平时成绩,笔试成绩,上机成绩,总成绩),假设当前班级有学生 5 人,每个学生的三部分成绩可通过终端输入。

(3)编写一个程序,从键盘上输入 5 个学生的身高、体重和姓名,并保存在结构数组中,从中查找出身高最高和体重最重的学生,并输出对应的详细信息。

(4)身份证中包含了姓名、出生日期、身份证号、户口所在地等信息,设计一个函数能够根据两个人的身份证信息,比较谁的年龄更大些。

第9章 指　　针

在第2章里我们已经初步认识了指针数据，它是一种特殊的数据类型，其值是变量在内存中的地址，通过指针可以间接访问其所指向的变量，实现子函数和调用程序间的数据共享。指针的这些特性在函数、数组和结构等相关内容中都有着重要的应用。许多高级程序设计语言很少使用指针，因为这些语言提供了其他的机制避免直接访问内存地址。C语言的设计意图是让程序员通过访问硬件自身提供的功能编写更为高效的程序，因而指针的使用非常普遍。本章将作为前面章节中指针内容的延续和总结，介绍指针在C语言中的重要用途，学习如何在应用中更为有效地使用指针。

指针在C语言中的使用十分广泛，下面列出的是一些最常用和重要的用途：

- 指针使得程序的不同部分能够共享数据。如果将某一个变量的地址从一个函数传递到另一个函数，利用指针间接访问的特点，这两个函数就能够共享同一变量，方便实现两个函数间的数据传递。函数定义中的输出型形参就是这一用途的重要应用体现。

- 指针允许程序员以更为简洁高效的方式引用大的数据结构。在结构的学习中我们知道，自定义结构类型的数据可以任意大。如果在函数调用时直接传递大型结构数据，依据参数值传递的原理，需要进行整体复制，会产生较大的内存空间分配，而这种分配往往不是必要的。通过传递指向大结构数据的指针来实现类似的访问能够节省大量内存空间的开销，因为指针变量所保存的内存地址在内部表示为一个整数，仅占用很小的内存空间。

- 利用指针，能够在程序执行过程中根据需要临时申请内存空间并使用。到目前为止，程序中对内存的使用都是通过定义变量的方式来获得固定大小的内存空间。在许多应用中，程序对内存的需求事先并不完全确定，如果能在运行时获得新的内存空间，并让指针指向这一内存则更为方便。

- 指针可用来记录数据项之间的关系。在高级程序设计应用中，指针被广泛用于构造单个数据项之间的联系。例如，程序员通常在一个数据的内部表示中包含下一个数据项的指针，来说明两个数据项之间的顺序关系。这一特征可将若干存储上不连续的单个数据项连接起来，构成一个线性整体。

上述四个方面的用途，前两者在前面的章节中已有涉及，后面两个应用则完全是全新的领域。此外，程序中还可以通过指针访问数组元素。本章将以指针为中心，整合相关应用进行整体阐述。具体内容包括：

- 指针的定义和使用
- 通过指针实现函数间数据共享
- 通过指针型参数返回多个结果
- 通过指针引用大型结构数据
- 指针与数组
- 指针与动态存储管理

- 通过指针实现链式结构

9.1　指针变量概述

指针作为一种数据类型，其值域为内存空间中所有有效的内存地址，操作域则包括最基本的赋值操作和间接访问操作，以及在特定条件下的算术运算和关系运算（主要用于通过指针访问数组元素）。图 9-1 说明了指针变了的常见用法。

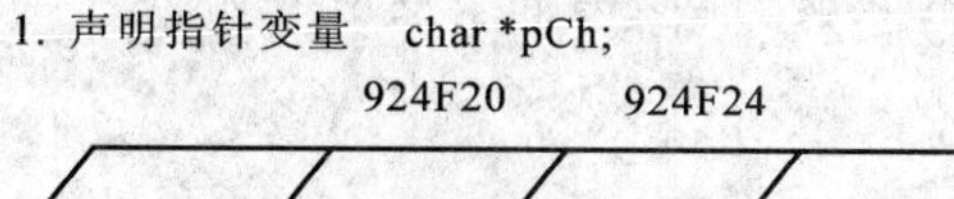

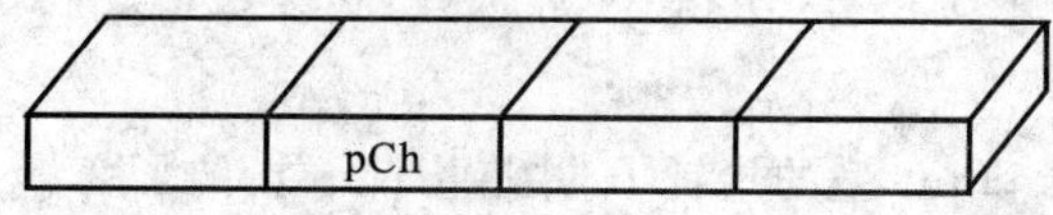

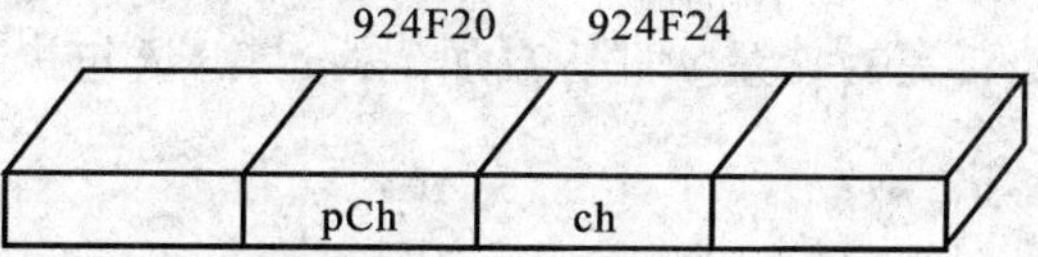

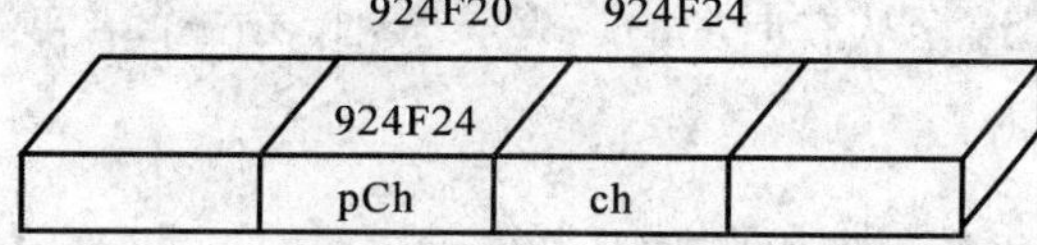

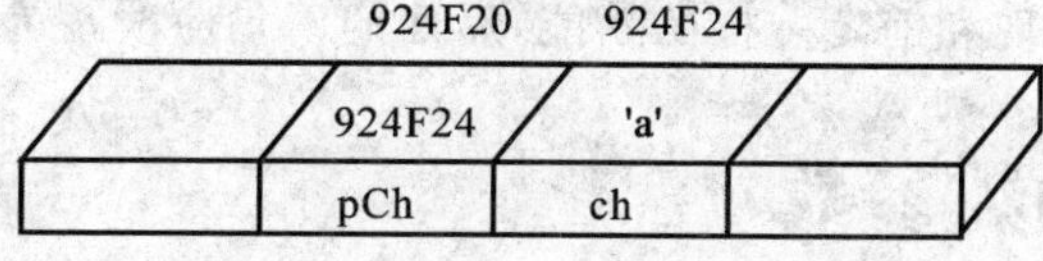

图 9-1

立方体用于模拟内存空间，其上方的十六进制数字表示当前存储单元的首地址，正面记录了变量的名字，顶部用于描述内存空间中所存放的数据，即变量的值。

步骤 1 定义了一个 char 型指针变量 pCh，其对应的类型关键字为“char *”，程序中 pCh 只能用于保存 char 型变量的地址，可以用 sizeof(char *)或 sizeof(pCh)来获取当前指针变量所占存储空间的大小。pCh 变量所对应的存储空间首地址为 0x924F20。

步骤 2 定义了一个普通 char 型变量 ch，其对应的存储空间首地址为 0x924F24。此处变量 pCh 和 ch 为连续存放，pCh 占用了 4 个字节，ch 占用了 1 个字节。

步骤 3 将 char 型变量 ch 的首地址（0x924F24）赋值给 char 型指针变量 pCh，变量 pCh 的值为 0x924F24。从而使得指针变量 pCh 指向了变量 ch。

步骤 4 通过指向普通变量 ch 的指针 pCh 间接访问 ch，并对其赋值为‘a’。 * pCh 代表了

pCh 所指向的普通变量 ch，赋值完成后变量 ch 的值为‘a’。

也通过图 9-2 来表示指针变量和其指向的普通变量之间的关系：

图 9-2 中指针变量 pCh1 和 pCh2 同时指向了普通变量 ch，通过*pCh1、*pCh2 和 ch 都可以访问到普通变量 ch，前两者属于间接访问，后者为直接访问。

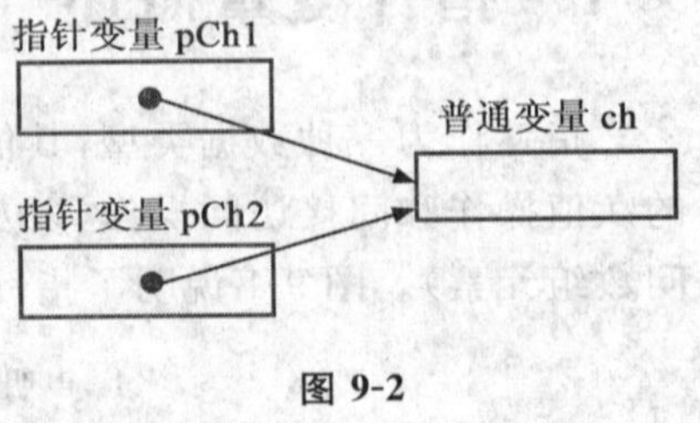

图 9-2

使用 * 运算符时，要注意其与其他运算符间的优先级关系，在优先级不明确的情况下建议通过增加圆括号来进行区分，以避免带来不必要的麻烦。假设有如下变量定义语句：

```
int a=10,*p = &a;
```

定义了 int 型变量 a 和 int 型的指针 p，并将指针 p 指向了变量 a。对于普通变量 a：

```
a++; 和 ++a;
```

两条语句单独书写时，都是对变量 a 进行自加 1 的运算，语句执行后 a 的值由 10 变为 11。但对于指针变量

```
++*p; 和 *p++;
```

两者的运算含义则截然不同，运算前 p 已经指向了变量 a，*p 的值为 10。由于 * 与 ++ 两个运算符优先级相同，都遵循从右向左的运算顺序，上述两个语句等价于：

```
++(*p); 和 *(p++);
```

前者是对 p 所指向的变量 a 进行自加 1 运算，执行后变量 a 的值加 1。后者则先访问*p，再将指针变量 p 右移一位。对于普通变量，*(p++)是没有意义的，因为我们并不知道 p 后面存储单元的含义。要想实现和前者一样的功能，后面的语句应改写为“(*p)++;”。

9.2 指针作为函数参数

指针作为函数参数的情况在前面章节中已经多次使用，指针型参数在函数定义中所起的作用是有区分的。本节将依据指针型参数的不同作用进行总结描述。

9.2.1 通过指针实现函数间数据共享

指针的重要作用之一就是实现程序中不同部分间的数据共享，这里的不同部分通常是指不同的函数，如 main 函数和其他子函数。根据 C 语言函数调用的值传递原理，发生函数调用时，子函数的形参变量得到的是调用程序传入的实参变量的副本，子函数中对形参变量的任何修改都是在实参的副本上进行，对调用程序中的实参没有任何影响。这一特点意味着，要想通过子函数去修改主程序中变量的值，使用普通的实参变量进行传递是无效的。

例如，要编写一个函数，用于将某个整型变量初始化为 0，函数定义描述如下：

```
void SetToZero(int var)
{
```

```
    var = 0;
}
```

但是，实际调用此函数却无法达到预期的初始化目的，如：

```
int x;
SetToZero(x);
```

它只是将 x 的副本的值改变为 0，但调用程序中的 x 的值是不变的。

解决这个问题的办法之一就是给函数传递指向变量的指针，而不是传递变量本身。尽管采用这样的方法会改变函数的结构，但为了使函数能发挥效用，这是必要的。新代码为：

```
void SetToZero(int * pVar)
{
    * pVar = 0;
}
```

为了使用这个函数，调用程序必须提供一个指向整型变量的指针。例如要将 x 置为 0，需要在调用时传入指向 x 的指针(即 x 的地址)作为实际参数，如：

```
SetToZero(&x);
```

发生函数调用时，子函数 SetToZero 的形参变量 pVar 获得了 &x 的副本，这一副本值依然是调用程序中变量 x 的地址，使得形参 pVar 指向了调用程序中的变量 x。函数体内通过 * pVar 即可间接访问主程序中的变量 x，实现对外部变量 x 值的修改。

通过指针参数实现函数间数据共享是利用了指针变量间接访问的特点，子函数通过形参变量获得主程序中变量的地址副本，进而在子函数体内通过这一地址副本间接访问其指向的变量，实现了子函数与主程序间共享数据，从而可以通过调用子函数完成对主程序中变量值的修改。作为实际参数传递的变量地址在子函数的调用前后并没有发生改变，符合参数值传递的原理。

9.2.2　通过指针型参数返回多个结果

指针作为函数参数的另一个重要用途就是从函数返回多个结果。在函数的学习中我们知道，返回值通常只能返回单一结果，当输出结果为多个时返回值就不再合适了。解决这类问题的常用方法就是把函数返回值设置为空，然后通过设置多个指针型参数来回传调用结果。通常将这种用于回传函数输出结果的指针参数称为“输出型形参”，而将用于向子函数传递待加工数据的参数称为“输入型形参”。

【例 9-1】编写函数定义，用于将分钟表示的时间转换为以小时和分钟两部分表示的时间。例如，220 分钟等于 3 小时 40 分钟。

分析：依据函数设计原则，首先分析得出问题的输入为分钟表示的时间，输出是该时间转换后的小时和分钟两部分。输出结果为多值，需要借助指针型输出参数实现。整个参数列表划分为两部分，一部分是用于传递待加工数据(初始分钟数)的输入型参数，另一部分是用于传递计算结果(转换后的小时数和分钟数)的输出型参数。返回值设置为空。函数的定义可描述如下：

```
void TimeTransfer(int my_time, int *pHour, int *pMin)
{
    *pHour = my_time / 60;
    *pMin = my_time % 60;
}
```

其中 my_time 为输入型参数，表示初始时分钟表示的时间，pHour 和 pMin 为输出型参数，用于返回转换后的小时数和分钟数。程序中如果想使用此函数实现时间转换功能，需要在调用程序中设置与形参相对应的变量，并以合适的形式传递给函数调用语句，如：

```
int cur_time = 220, cur_hour, cur_min;
TimeTransfer(cur_time, &cur_hour, &cur_min);
```

cur_time 表示待转换的时间，cur_hour 和 cur_min 的作用是传回计算结果。

至此，我们接触过的函数可以从返回结果的角度将其划分为返回值为空的函数和返回值非空的函数。返回值为空的函数在有些语言中也称为过程。尽管指针型参数在函数定义时具有很好的应用价值，但也容易被过度使用。

有返回值的函数比返回值为空的函数更容易使用，主要是因为函数调用可以嵌套，可以将一个函数的调用结果作为实际参数直接传递给另一个函数，继续这一过程，直到应用不再需要为止。对于返回值为空的函数，必须把它们作为单独的语句调用，函数间数据的传递都必须先存储在一个变量里，然后通过参数表传递。

针对上面的例子，如果不使用指针型参数，可通过定义两个独立的函数来实现，分别返回转换后的小时和分钟。如，

```
int Hours(int time)
{
    return (time / 60);
}
int Minutes(int time)
{
    return (time % 60);
}
```

主程序中可以直接使用函数调用的结果对转换后的数值进行输出：

```
printf("%d transfer HH:MM format is :
    %d:%d\n", cur_time, Hours(cur_time),Minutes(cur_time));
```

前面的两个局部变量 cur_hour，和 cur_min 在这里就不是必要的了，因为我们可以直接使用函数结果而不必事先将它们赋值给变量。

上面的例子，通过对比的形式展示了通过返回值传递结果和通过指针型参数传递结果的不同。实际应用中两者是可以相互转换的，有返回值的函数虽然更方便使用，但针对多个返回结果时需要定义多个函数，并产生多次函数调用，这对程序的执行效率也是有影响的。当然，在使用指针型参数传递函数调用结果时要更加细心，避免误用和过度使用。

9.2.3　通过指针引用大型结构数据

结构类型的引入使得程序员可以根据实际需要，将多种数据封装为一个整体进行使用，也使得单一数据的大小突破了基本数据类型的限制，达到任意大。根据结构化程序设计思想，针对大型程序的函数分解是必要的，这也就意味着这些大型结构数据不仅会出现在主程序中，同样可能需要通过子函数进行处理，在程序的不同部分间进行传递。

结构类型的数据可以像普通数据一样进行整体赋值和传递，直接在函数间作为参数传递。但当结构数据所占的存储空间过大时，经常性的复制(参数值传递原理)就会影响内存的使用效率。

例如，现编写程序对网络上传输的数据包进行过滤，首先依据相关网络协议对所有接收到的数据包进行解析和重新封装，然后针对不同协议类型进行相应的分类分析，最后将有价值的数据包上传到服务器保存起来。

分析：一个数据包从接收到最后处理完毕，需要经历“接收 — 解析和重组 — 分析 — 上传”四个子过程。在解析和重组阶段要将原始数据报文进行拆包，获取有用的字段并通过自定义的结构类型进行重新封装，以方便后面的分析和上传。以 IPV4 网络为例，单个数据报文的大小最大为 1500B，约 1.5k。程序设计时通常会将上述四个过程单独封装为子函数，以便在主程序中调用。假设重组后的报文大小平均约为 1k，采用结构变量承载。那么，这个结构变量需要先传递给分析子函数进行处理，然后在传递给上传子函数完成写入服务器的操作。假设用于表示重组后报文的结构类型定义如下：

```
typedef struct
{
    char source_ip[20];
    short int source_port;
    char aim_ip[20];
    short int aim_port;
    char protocol[20];
    char data[1000];
}DATAPACKET;
```

如果我们采用简单数据传递的方式完成子函数之间的数据通信(直接传递结构体变量)，除了主程序中用于保存数据报文的 1k 大小的结构变量外，还需要两次复制 1k 大小的结构变量。如果采用多线程编程，程序运行时同时有 100 个线程在独立的完成单个数据报文的处理工作，则意味着一段时间段内，会额外产生 200 次 1k 大小内存空间的分配和释放。内存使用上的压力可想而知，随着线程数量的增加，内存开销会成倍增长。

如果采用指针型参数传递数据报文，使得多个处理过程共享主程序中重组后的结构变量，则会将大大降低内存开销，200 次 1k 大小内存空间的分配和释放将会被 200 次指针变量分配所代替。

在使用指向结构的指针进行数据传递时同样需要注意取地址符 & 的使用，以及误操作引起的对结构变量成员的修改等问题。

9.3 指针与数组

C语言中的指针和数组之间关系密切,我们可以以指针作为媒介,方便地完成对数组成员的各种操作。人们写C程序时常使用这种方式,本节将讨论这些问题。

9.3.1 通过指针访问数组元素

数组元素可以看作是同类型的普通变量,只要类型匹配,完全可以让指针指向数组元素。假设有如下变量定义:

```
int *p1, *p2, *p3, *p4;
int a[10] = {1, 2, 3, 4, 5, 6, 7, 8, 9, 10};
```

则,下列语句是允许的:

```
p1 = &a[0];
p2 = p1;
p3 = &a[4];
```

完成上述赋值后,p1和p2将同时指向数组a的首元素a[0],p3指向了数组的第5个元素a[4]。当然,使用指针访问数组元素同样需要注意访问越界的情况,如下面的赋值语句:

```
p4 = &a[10];
```

虽然编译器不会提示错误,但数组a的合法下标取值范围为0～9,a[10]是对数组的非法访问。这样的赋值使得p指向了数组a最后元素的下一个位置,这一地址是存在的,但如果通过p4间接访问其所指向的内存空间将是错误的。

当一个指针指向某数组中的元素时,不但可以通过指针间接访问被指向的元素,还可以通过这一指针访问数组里的其他元素。此时,可以对指针变量进行加法和减法运算,从而使得指针位置发生前后移动,指向数组中的其他元素。

上例中,如果我们在p1指向了a[0]后,进行p1＋1运算,也是一个合法的指针,其值是a[0]的下一个元素a[1]的地址。也就是说p1＋1指向了a[1],可以通过＊(p＋1)访问a[1]。以此类推,p1＋2、p1＋3、… 、p1＋9都是合法的指针值,通过它们可以去间接访问数组a的其他元素。

对指针变量应用加减的过程称为指针运算。指针运算时遵循如下运算规则:

指针运算规则　如果指针p指向数组arr的第一个元素arr[0],且存在整型数据k,则以下等式总是成立的:p＋k指向arr[k]。

上述规则可以这样理解:若指针指向的基础变量所占存储空间大小为m,对指针变量进行步长为n的加法(或减法)运算时,指针值相应增加(或减少)n＊m,而不是n＊1。

例如,程序里可以写如下语句:

```
p1 = &a[0]; //p1指向了a[0]
p2 = &a[6]; //p2指向了a[6]
```

```
p1++; //p1 从当前位置向右移动了一个位置,指向了 a[1]
p2--; //p2 从当前位置向左移动了一个位置,指向了 a[5]
p3 = p2; //p3 和 p2 一样,同时指向了 a[5]
p3 += 2; //p3 从当前位置向右移动了两个位置,指向了 a[7]
*p1 =3; //通过 p1 间接为 a[1]赋值为 3
*(p2 + 1) = 5; //通过 p2 间接为 a[5+1]赋值为 5
```

这里,我们将指针加法描述为向下标变大的方向移动,也称为或向右移动;而将指针减法描述为向下标变小的方向移动,也称为向左移动。通过移动指针位置来访问对应数组元素是程序中常用的编程方法。

运算符++和--的运算规则对于指针变量同样适用,当++写在指针变量前面时,表示先将指针变量右移 1 位,再使用新值参加其他运算。当++写在指针变量后面时,表示先使用指针变量的当前值参加运算,然后再将指针变量右移 1 位。当程序中通过单独语句执行++和--运算时,前缀写法和后缀写法的效果是完全一样的。

当两个指针指向同一数组中的元素时,可以对它们进行求差和比较大小等操作。假设有如下赋值操作:

```
p1 = &a[0];
p2 = &a[8];
p3 = p1;
```

则 p2-p1 的结果为整数 8,表示位于两个指针之间的数组元素的个数。如果我们将指针 p1 分别与 p2 和 p3 进行比较,写成类似语句:

```
if (p1 >= p2) …
if (p1 == p3) …
```

第一个条件判断“p1 >= p2”的结果将为假,而第二个条件判断的结果为真。当两个指针进行比较时,如果 p1 所指元素位于 p2 所指元素之后,则 p1>p2 条件为真,否则为假。如果两个指针指向同一元素,则 p1 == p2 条件为真,否则为假。如果两个指针的指向不在同一数组内,比较它们的大小无意义。

C 语言还规定,如果对数组名求值,得到的是数组的首元素的地址。因此,a 的值与 &a[0]是一样的,p1 = &a[0]与 p1 = a 的意义是一样的。数组名的值是一个常量,不能试图改变它的值。如 a++,a+=2 等类似操作都是错误的。

如果一个指针指向了数组中的元素,要通过它去访问数组元素,可以采用间接操作的形式,也可以用普通数组元素的下标访问形式,用指针变量名代替数组名的位置。如,下面语句是允许的:

```
p1 = a;
p3 = &a[5];
p1[3] = 5;
p3[2] = 10;
```

p1[3]相当于*(p1+3),p1 当前指向了数组首元素 a[0],第三个语句给 a[3]赋值。p3 指向了 a[5],p3[2]相当于*(p3+2),因此第四条语句对元素 a[7]进行赋值。虽然 C 语言中允许上述写法,但这种书写形式容易引起误解,降低了程序的可读性,不建议经常使用。

有了上述指针和数组的访问关系,实际程序设计中对于数组的操作,都可以通过指针运算来完成。

【例 9-2】使用指针改写找出 10 个数中最大值的程序。

初始程序如下:

```
#include <stdio.h>
#define N 10
int main()
{
    int a[N], k, max;
    printf("Enter 10 int : ");
    for ( k=0; k<N; k++ ) //接收输入数据,并保存到数组中
        scanf ("%d", &a[k]);
    printf("Output array : ");
    for ( k=0; k<N; k++ ) //输出数组中的数据
        printf("%5d", a[k]);
    max=a[0]; //假定 a[0]为最大值
    for ( k=1; k<N; k++ ) //依次比较各数,找出最大值 max
        if ( max<a[k] )          max=a[k];
    printf ("\nmax = %d\n",max);
}
```

修改后的程序如下:

```
#include <stdio.h>
#define N 10
int main()
{
    int a[N], k, max, *p;
    p = a;
    printf("Enter 10 int : ");
    for ( k=0; k<N; k++ ) //接收输入数据,并保存到数组中
        scanf ("%d", p+k);
    printf("Output array : ");
    for ( p=a; p<a+N; p++ ) //输出数组中的数据
        printf("%5d", *p);
    p = a;
    max= *p; //假定 a[0]为最大值
    for ( k=1; k<N; k++ ) //依次比较各数,找出最大值 max
        if ( max<*(p+k) )          max= *(p+k);
    printf ("\nmax = %d\n",max);
}
```

修改后的程序中使用指针完成对数组的访问。首先设置对应类型的指针变量 p,并指向数组的首地址。接收输入数据时,p+k 表示当前用于接收数据的数组元素的地址,无须额外增加 &。输出数据时,将指针 p 作为循环变量,初值为数组的首地址,循环右移指针 p 的位置,直到数组的末尾,通过间接访问的形式输出数组元素。寻找最大值时,首先将指针变量 p 重新指向数组 a 的首地址(经历了输出操作,循环结束后 p 的值为 a+N),然后同样通过间接访问的形式完成了对数组元素的遍历和比较操作。

上述程序的改写方式有多种,读者可以自行测试。当使用指针进行数组元素访问操作时,需要特别注意指针的当前位置和访问越界问题。

9.3.2　数组参数与指针

数组和指针作为普通变量时,两者是明显不同的,很重要的区别体现在内存分配上。如下两条变量定义语句:

```
int a[10];
int *p;
```

系统在内存分配上是截然不同的。对于前一个的数组声明,系统会分配 10 个 int 型变量所需的连续存储空间用于存放数组元素。第二个声明只分配了一个指针变量所需的内存空间(通常是一个机器字),其大小只能存放一个机器地址。这就意味着,如果声明一个数组,需要同时分配全部数组元素所需的存储空间,若声明一个指针变量,那么该指针变量在显式初始化之前和任何内存空间都无关。

但是,在 C 语言中,当使用数组和指针作为函数的形式参数时,两者具有同等的意义。这一点我们在学习数组时已经有过接触。例如,下面两个函数头部

```
int f(int a[])
int f(int *a)
```

完全等价。调用函数 f 处理数组时,主程序传递给它的实参应为被处理数组的名字。根据前面的知识,数组名字的值是数组首元素的地址,可以看作是指向数组首元素的指针常量,正好与第二种定义形式相符。在函数体内对数组参数的操作通常采用下标访问的形式,根据上节描述,指针可以用这种写法实现间接访问。C 语言就是通过这样的机制实现了使用函数处理数组,进而能够在子函数体内修改实参数组。同时,对于数组型参数,在函数体内也可以用指针形式进行元素访问。

上述描述可以用于解释下面情况:在函数体内使用 sizeof 运算符计算数组形参的大小,得到的结果是一个指针变量的大小,因为这种参数原本就是指针。例如,下函数定义:

```
void f(int a[])
{
    int b[10];
    printf("sizeof(a) = %d\n", sizeof(a));
    printf("sizeof(b) = %d\n", sizeof(b));
}
```

发生函数调用时,sizeof(a)的输出结果为 4,而 sizeof(b)的输出结果为 40。因为,a 是形式参数组,属于指针变量,而变量 b 是函数体内定义的局部数组变量,在定义的同时会为其分配相应的内存空间。

现在我们可以理解,标准库函数 string.h 中提供的字符串处理函数原型中的形参为什么都是指针形式了。

【例 9-3】编写函数定义,实现字符串的复制。设计时暂不考虑参数的安全性检查。

```
void strcpy(char *dest_str, char *src_str)
{
    while (*src_str != '\0')
    {
        *dest_str = *src_str;
        src_str++;
        dest_str ++;
    }
    *dest_str = '\0';
}
```

程序中 dest_str 和 src_str 分别代表要进行复制的目的字符串和源字符串,书写为指针形式,函数体内通过将指向两个字符串的指针同步移动的方式,完成复制操作。需要使用此函数进行字符串复制操作时,要保证目的字符串要有足够的空间来存储源字符串的内容,函数调用示例如下:

```
char str1[] = "Beijing";
char str2[20];
strcpy(str2, str1);
```

调用时传递的实参为数组名,即实参数组的首地址,子函数体内通过指针间接访问实参数组中的元素,完成对位赋值操作。

关于字符串复制的代码有很多版本,采用了很多简写方式,如*src_str++等,读者可在遇到时结合本书相关讲解,理解相关代码。

9.4 指针与动态存储管理

到目前为止,我们已经学习了两种为变量分配内存空间的机制。对于全局变量和静态变量的存储分配由编译器决定,分配工作在程序开始执行前完成。这种分配方式称为"静态分配",因为变量被分配到了内存中的固定位置。对于函数体内(包括 main 函数)声明的局部变量,只有当函数调用时才会在堆栈段中为其临时分配内存空间,函数调用结束后立刻释放此空间。这种分配方式称为"自动分配"。C 语言还支持第三种内存分配方式,在需要使用新内存的时候通过程序语句显式申请内存分配,不需要此块内存的时候就显式释放这部分内存,这种在程序运行时显式获取新内存空间的过程称为"动态分配"。

9.4.1　C 语言的动态存储管理机制

当程序载入内存时，通常只占用可用空间的一部分，当程序需要更多内存时，可以将一些未使用的内存空间分配给程序。这种情况在程序中很常见。例如，需要写一个处理学生成绩的程序，可采用数组存储被处理的数据。每次使用程序时处理的成绩项数可能不同，即存储成绩的数组长度不固定。我们可能会想到在执行前先输入一个表示成绩项数的整数或者在读数过程中进行项数统计，然后采用此结果作为数组的长度。但这一做法显然是行不通的，因为前面我们进行数组学习的时候，数组结构明确要求数组的长度必须是一个整型常量或常量表达式，而这里其明显是一个变量，无法静态求值，使得数组长度无法静态确定。

一种比较可行的解决方案是预先估算每个班级的人数，然后采用一个能够覆盖所有班级人数的大数常量作为数组长度，所有班级的成绩数据统一采用一个长度最大的数组进行存储。这样做的缺点也很明显：首先其前提必须是最大长度是可以预期的，如果无法预估或者估算不准确，出现定义数组长度不够，这个程序就不能用了。其次，即使预估准确，也会造成大量存储空间的浪费，并不是每一组成绩数据都真的需要那么大的空间，而且当数组长度达到一定程度后，也会存在由于空间使用限制分配不成功的现象。

动态存储空间分配就能较好的解决这个问题，程序中可以根据需要向动态存储管理系统申请任意大小的存储块。如果以前申请的存储块不再需要了，就应该考虑把它们交回给系统，释放对应的存储空间。

C 语言的动态存储管理由一组标准库函数实现，其原型在标准文件＜stdlib. h＞中描述，需要用这些功能时应包含此文件。具体函数如下：

1. 动态存储空间分配函数 malloc( )

原型：void *malloc(size_t n)；

功能：分配一块不小于 n 的存储空间，并返回该存储空间的起始地址。无法满足时返回空指针值。

说明：

- size_t 是系统定制类型，为了适应多种硬件平台。在 32 位平台上 size_t 占 4 个字节，对应于 unsigned int 类型。
- 关于空指针。如果一个指针为空指针，表示该指针变量当前并不指向任何有效数据。C 语言定义了一个特殊的常量 NULL 来表示空指针的值。常量 NULL 可以赋值给任何指针变量，在机器内部表示为地址值 0。如果一个指针变量的值为 NULL，就不能通过 * 运算符来进行间接访问。下面是对指针变量访问时的常用语句：

```
int *p = NULL;
  ⋮
if (p ! = NULL) { … }
```

首先定义了 int 型指针 p，并用常量 NULL 作为 p 的初值，表示 p 当前未指向任何变量。后面是一个判断语句，表示当 p 不等于 NULL 时去执行的动作。理论上，借助 NULL 常量能够减少对指针的误用，实际应用中还要参考编译器的相关原理。

- 关于“void*”。void 是空类型，在函数定义里常表示没有返回值的情况。“void*”作为函数的返回值表示返回结果为通用指针类型,“void*”类型的指针可以指向任意类型的数据。malloc()是用于动态内存分配的通用函数,可为任何类型的数据分配内存,在函数定义时并不知道分配的内存将来用于存储何种数据类型,因此使用了通用指针。许多编译器会把 malloc 返回的地址自动转换成适当的类型,也可以在使用时,根据需要通过强制类型转换将 malloc 的返回值转换为特定的指针类型后再使用。

- 关于动态分配内存空间的使用。通过 malloc 获得的存储空间虽然是动态分配得到,但是其大小也是固定的(分配时确定),不允许越界使用。

2. 动态存储空间释放函数 free()

原型:void free(void *p);

功能:释放指针变量 p 所指向的存储空间。此处,p 所指向的内存空间必须是前面通过 malloc 申请的动态存储空间,且已经使用完毕。释放后该存储空间将归还给内存管理系统,无法通过原有指针变量继续使用。如果 p 为空指针,free 函数就什么都不做。

说明:

- 为了保证动态存储区的有效使用,如果某个动态分配的存储块不用了,就应该及时释放。
- 通常 free()函数和 malloc()函数配合使用,成对出现。
- 如果程序中对于动态申请的存储空间没有通过 free 函数显式释放,当对应的函数调用结束后,该存储空间就找不到了,但又没有及时归还给内存管理系统,直到程序运行结束前该存储块一直被占用,无法进行再分配,从而造成内存泄露。
- 内存泄露是 C 语言程序设计中非常严重的错误,对于需要长时间运行的程序中,内存泄露会导致系统因可用内存容量减少而变慢,甚至崩溃。

C 语言还提供了其他和动态存储分配相关的函数,如 calloc、realloc 等,本书将不做详细介绍,读者用到时可参考相关资料查询。

9.4.2 动态管理程序实例

【例 9-4】编写程序,使用动态存储解决方案处理学生成绩的录入和输出。学生人数不固定,由终端输入确定。

```
#include <stdio.h>
#include <stdlib.h>

int main()
{
    int n, i;
    double *scores;

    //1. init memory space for scores
    printf("Enter students's count : ");
```

```
    scanf("%d", &n );
    scores = (double * ) malloc(n * sizeof(double));
    if (scores == NULL)
    {
        printf("malloc failed ! \n");
        return -1;
    }

    //2. input scores data and save
    printf("Enter scores for %d students : ", n);
    for (i=0; i<n; i++)
    {
        scanf("%lf", scores+i);
    }

    //3. output scores data
    printf("Display the scores : ");
    for (i=0; i<n; i++)
    {
        printf("%8.2f", scores[i]);
    }
    printf("\n");

    //4. free
    free(scores);
    return 0;
}
```

程序由四部分组成，第一部分为动态分配存储学生成绩数据所需要的存储空间，第二部分读入学生成绩并保存到对应的存储空间中，第三部分输出成绩数据，第四部分用于释放前面申请的动态存储空间。程序运行情况如下：

```
Enter students's count : 3
Enter scores for 3 students : 45.5 89.4 90
Display the scores :    45.50   89.40   90.00
Press any key to continue
```

程序中的部分代码说明如下：

(1)程序中学生人数为输入的变量，无法通过数组来存储对应的成绩数据，通过动态内存分配能够灵活处理。

(2)学生成绩为浮点型数据,程序中通过 malloc 进行显式的内存分配后将其强制转换为 double 型以符合实际需要。

(3)通过 malloc 进行内存分配时,对于存储空间大小的计算,使用 sizeof 运算符能够更好地适应不同硬件平台对同一数据类型的不同存储分配方式。如 32 位平台上 int 型占 4 个字节,而在 16 位的平台上 int 型则占 2 个字节,使用 sizeof 进行分配能够保证在不同平台上都能够获得适合当前数据进行存储的空间。

(4)每次调用 malloc 时都要检查存储空间分配失败的可能性,并进行相应的处理。

(5)动态分配的存储空间可以通过指针和数组两种访问方式进行使用。程序在输入数据时采用了指针变量的访问方式,而在输出时使用了数组访问方式。

(6)free()语句与前面的 malloc()语句相对应,用于主动释放前面申请的动态存储空间。

9.5 链式结构初步

数组允许我们将一组具有相同含义和性质的数据采用统一的方式进行管理,但数组中所包含的元素数量必须在定义数组的时候就明确给出,不能在程序运行过程中改变,而且数组结构要求所有元素都要存储在连续的存储空间内。这些特点降低了使用数组进行数据存储时的灵活性,也限制了数组在程序设计中的应用范围。

本节将介绍一种新的数据结构,同样能够将一组数据连接起来,并且结构中所包含的数据项数可以动态增长和调整,支持动态改变数据项之间的关联关系。这种结构称为链式结构,通过在单个数据项中保存其后续结点地址的方式相互关联(图 9-3)。

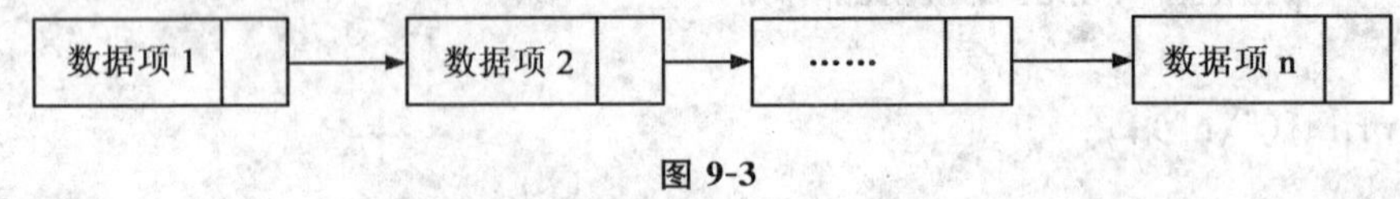

图 9-3

链式结构的实现需要利用前面讲到的指针、结构和动态存储管理等技术,对于大型未知数据的动态存储和管理具有重要意义。

在 C 语言里,要想实现链式结构,需要使用自引用的结构类型。这种结构的每个元素都包含两部分,一部分是实际需要保存的数据,另一部分是指向同类结构的指针。指针用于指向相邻结点(保存相邻结点的地址),进而建立不同对象之间的关系。这一结构可通过图 9-4 表示。

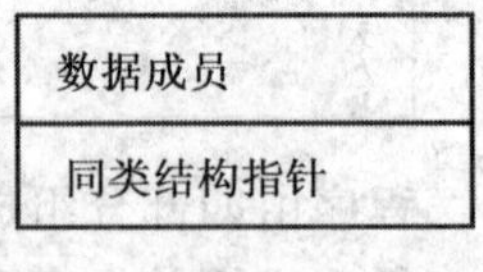

图 9-4

多个这种自引用结构可以通过指针链接起来,形成线性链式结构。

这种线性链接结构通常被称为链表,由多个自引用结构类型的数据项形成一个序列,整个序列就像一条链条,其中每个自引用结构就是链条中的一个结点。通常将整个链表中最后一个结点的指针设为空指针,表示链表的结束。同时,由于链表中结点数量不固定,而且可以动态改变,使得链表中的所有结点通常都通过动态分配获得。如果用一个指针指向链表的第一个结点,该指针就可以代表整个表,称为表头指针。

程序中需要处理链表时,通常先通过表头指针把工作指针设置为指向链表的首结点,然后沿着表中链接关系(指针),顺序访问链表的各个结点,对其中的数据实施各种操作。

前面我们曾经改写了投票程序，使用结构数组表示候选人列表，如果使用链表来存储候选人列表，候选人对应的结构类型可定义如下：

```
typedef struct candidate
{
    char name[20];
    int count;
    struct candidate *pNext;
}NODE;
```

为了在结构内实现自引用(设置指向自身类型变量的指针)，定义结构变量时在 struct 之后增加了一个结构标签，使得结构内可以通过“struct candidate”定义指向同类结构变量的指针。程序中对三个候选人初始化工作可描述为：

```
NODE *node_1, *node_2, *node_3, *p;
int i;
node_1 = (NODE*)malloc(sizeof(NODE));
gets(node_1->name);
node_1->count = 0;
node_2 = (NODE*)malloc(sizeof(NODE));
gets(node_2->name);
node_2.count = 0;
node_3 = (NODE*)malloc(sizeof(NODE));
gets(node_3->name);
node_3.count = 0;
node_1->pNext = &node_2;
node_2->pNext = &pserson_3;
node_3->pNext = NULL;
```

程序中动态分配了三个结构变量(出于简便，此处省去了对存储分配结果的检查，应用时读者应自行增加)用于存储对应的候选人信息，并依据输入信息和实际需要对数据域进行了初始化，最后通过设置每个成员变量的 pNext 指针，将三个结构变量链接起来形成链表。第一候选人为链表的头，整个链表共有三个数据项，最后一个数据项的 pNext 成员设置为 NULL，表示链接的结束。程序中要想实现对链表中数据项的访问，需要从链表的头结点开始，顺序访问。例如，

```
p = node_1;
for (i=0; i<3; i++)
{
    printf("candidate %d, name [%s], ticket [%d]\n", i+1, p->name, p->count);
    p = p->pNext;
}
```

或者：

```
for (p=node_1; p! =NULL; p=p->pNext)
{
    printf("candidate name [%s], ticket [%d]\n", p->name, p->count);
}
```

更多关于链表的操作，将在数据结构课程中进行介绍。

习　　题

(1)阅读如下程序，根据提示补全下划线指定语句，运行并分析结果。

```
#include <stdio.h>
void main()
{
    int i, x=5, y=20;
    int *p, *q;
    int a[5];
    char str[3][50] ;
    p = &x;
    printf("p 指向变量 x,p 的值是地址:%x,p 指向的变量的值*p=x=%d\n\n",
p, *p);
    printf("请输入 5 个整数:");
    for (i=0; i<5; i++)
    {
        //下标法实现数组的输入
    }
    printf("下标法输出数组结果:");
    for (i=0; i<5; i++)
    {
        //下标法实现数组的输出
    }
    printf("\n\n");
    printf("指针法输出数组结果:");
    for (i=0, p=a; i<5; //表达式 3,即循环变量的迭代 )
    {
        //指针法实现数组的输出
    }
```

```
    printf("\n\n");
    p = &a[0];
    q = &a[4];
    printf("p = %x, q= %x, q-q = %d\n\n", p , q, q-p);
    printf("请输入三行字符串:\n");
    for (i=0; i<3; i++)
    {
        fflush(stdin);
        gets(str[i]);
    }
    printf("\n您输入的字符串是:\n");
    for (i=0; i<3; i++)
    {
        //输出三行字符串
    }
    printf("\n\n");
}
```

(2)设计一个函数,能够接收从终端键盘输入的一行字符,并统计出其中大写字母和小写字母的数量。要求给出函数设计的依据。

(3)设计函数,用于将 n 个整数按照输入时顺序的逆序进行排列。

(4)编写一个程序,它可以输入并保存至多 100 个长度不超过 80 个字符的字符行。在读完所有输入后,它先输出其中长度不超过 50 个字符的行,而后输出其他行。考虑两种实现方式:①用二维字符数组保存字符行;②用一个字符指针数组,将字符行保存在动态分配的存储块里。

第10章　文　件

程序需要处理大量的数据，前面示例程序中的所需数据大都是通过终端输入设备临时输入，结果则是通过终端输出设备显示，程序运行结束后所有数据也随之消失。如果用户要使用相同的数据再次执行程序，就必须重新输入一遍。

例如，程序要对一组姓名、地址以及电话号码进行处理，完成一定的统计工作。如果，每次程序执行时都必须重新输入一遍姓名、地址以及电话号码，那这个程序就不会有人愿意使用了。解决方法是将这些数据存储到一个即使关掉计算机数据也不会消失的存储设备中，如通过文件存储到硬盘上，每次程序运行时直接从存储设备上读取相关内容即可。同时，程序运行所需数据都存储在主内存中也是不现实的，很多应用程序所需的数据量都远大于主内存所能提供的存储空间，常常需要具备处理外部设备(外存，磁盘)所存储的数据的能力。

10.1　文件概述

文件是程序设计中的一个重要概念，一般指存储在外部介质上数据的集合。文件是普通用户在计算机中进行数据存储的常用对象，也是操作系统对数据进行管理的基本单位。当需要使用外存储器上的数据时，需要首先知道存储该数据的文件，并通过文件名找到指定文件，然后再从该文件中读取数据。要向外存储器上存储数据则需要先建立一个文件，才能向文件中写入数据。

为了简化用户对输入输出设备的操作，使用户不必去具体处理各种输入输出设备之间的差异，操作系统把各种设备都统一作为文件来处理。从操作系统角度看，每一个与计算机相连的输入输出设备都被看作是一个文件。例如键盘是输入文件，显示器和打印机是输出文件，对它们的操作都是通过相应的“文件名”进行。程序设计过程中，经常需要访问文件，以读取保存在文件中的数据或者将程序数据保存到指定文件中。

10.1.1　流和文件指针

计算机中每种输入输出设备都具有不同的使用方法和通信协议，操作系统负责管理这些不同设备的通信细节，并对外提供更为简单和统一的I/O接口函数。实际编程时，C语言又进一步对此I/O接口进行抽象，引入流(stream)的概念。输入输出操作是数据传送的过程，数据如流水一样从一端流到另一端，因此常将输入输出形象地称为流。流表示了信息从“源”到“目的”端的流动。如果程序中需要使用文件作为数据输入的来源，即从文件中读取数据，需要创建与该文件关联的输入流；反之，如果需要将程序产生的数据输出到文件时，需要创建与该文件关联的输出流。这种创建流的操作被形象地称为打开文件，文件打开后就可以进行读写等操作了。图10-1是对程序使用外存中文件的形象描述。

流是程序与文件间的信息通道，当一个文件不再被使用时，程序可以撤销相关的输入输出流,称为关闭文件。打开和关闭都是文件处理的基本操作。标准库中提供了一套流的操作函数,包括流的创建(打开文件)、流的撤销(关闭文件)、流的读写操作(通过流对文件进行读和写)等。

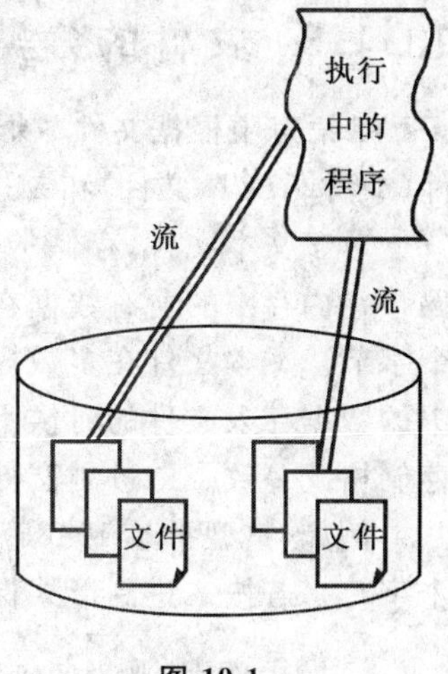

图 10-1

流通过一种特殊的数据结构实现,标准库为此定义了 FILE 结构类型,这种类型的变量用于保存与流有关的所有信息,定义如下:

```
typedef struct
{
    int _fd; /* 文件位置指针,即当前文件的读写位置 */
    int _cleft; /* 文件缓冲区中剩余的字节数 */
    int _mode; /* 文件操作模式 */
    char *nextc; /* 用于文件读写的下一个字符位置 */
    char *_buff; / *文件缓冲区位置(指针) */
} FILE;
```

打开文件的操作会返回一个 FILE 类型的指针(称为文件指针),代表所创建的流,可以通过对流的操作完成对相应文件的操作,这些操作都通过文件指针进行。人们常把文件指针作为流的同义词。

每个 C 程序启动时都会自动创建三个标准流(建立三个文件指针):标准输入流(stdin)、标准输出流(stdout)和标准错误流(stderr)。stdin 通常直接与操作系统的标准输入连接;stdout 与操作系统的标准输出连接;stderr 通常直接连接显示器,用于显示错误信息。程序执行时可直接使用这三个文件指针,进行对标准设备的输入输出操作。默认情况下,标准输入输出库中的 printf 函数向 stdout 进行写操作,scanf 函数从 stdin 读取数据。

10.1.2　文件中的位置

通过文件指针操作文件时,需要注意理解文件的位置。文件位置通常定义为从文件头到当前位置有多少个字节数。当前位置就是发生文件操作(读写文件)的地方。当需要从文件指定位置进行读写时,需要先将文件指针移动到目标位置,然后才能进行相关操作。新的当前位置通常使用距离文件开头的偏移量(相距的字节数)来表示,或者在某些情况下,指定为从当前位置算起的正或负偏移量,正负偏移量分别代表了不同的移动方向。正的偏移量通常指从文件指针的当前位置向文件尾方向移动,负偏移量通常指从当前位置向文件头方向移动,偏移量的绝对值代表了移动的距离。图 10-2 给出了位置相关说明:

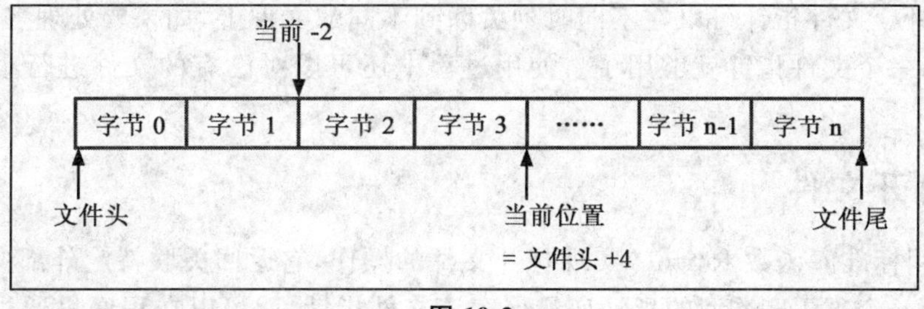

图 10-2

10.1.3 文件的分类

C语言中根据文件数据的组织形式(数据在磁盘上的存储形式)可以将文件细分为文本文件(或称ASCII文件)和二进制文件。

对于文本文件,存储的数据均被看作是普通字符,采用其对应的ASCII码形式进行存储,保存在内存中的所有数据在存入文件的时候都要先转换为等价的字符形式,每个字符占用1个字节。文本文件在多数操作系统下可以直接阅读。二进制文件与文本文件不同,其将内存中的数据存入文件的时候不需要进行数据转换,磁盘文件上保存的数据格式与内存中的数据存储格式一致。二进制文件通常无法直接通过文本编辑器阅读。

例如,整型常量1048576(2^{20})采用ASCII形式保存在文本文件中要占用7个字节(共有7个字符),若按二进制形式保存在二进制文件中则占用4个字节,如图10-3所示。

int型的1048576在内存中的格式

0000 0000	0001 0000	0000 0000	0000 0000

文本文件中1048576的存储格式

0011 0001	0011 0000	0011 0100	0011 1000	00011 0101	0011 0111	0011 0110

二进制文件中的1048576的存储形式

0000 0000	0001 0000	0000 0000	0000 0000

图10-3

为了方便处理上述两种类型的文件,C语言将流相应划分为文本(text)流和二进制(binary)流。文本流是指在流中流动的数据是以字符形式出现,二进制流是指在流中流动的数据是以二进制数表示。文本流适合一般的输入和输出,操作过程中需要进行二进制形式和字符形式的转换。二进制流用于把数据按内存里的形式直接存入文件,数据写入和读回格式相同,无须格式转换,主要用于程序内部数据的保存和重新装入。由于二进制流操作中不做数据形式转换,在保存和装入大批数据时有速度优势,但这种保存方式不适合人的阅读。

10.2 文件访问

磁盘上的每个文件都有一个名称,当程序中需要访问一个文件时,需要首先依据文件名创建用于关联程序和物理文件的文件指针,然后借助文件指针完成相关读写操作,并在使用结束后撤销文件指针。文件指针可以在不同时刻关联到不同的文件上,如果要处理多个文件,但一次只处理一个,一个文件指针就够用了。使用过程中还可以对已有的文件进行重命名和删除操作。

10.2.1 打开文件

C语言使用标准库函数fopen()实现打开文件的操作,它返回关联特定外部文件的文件指针,程序中使用一个FILE类型的指针变量保存该文件指针,就可以在程序里通过该指针进行文件操作了。fopen 的原型是：

```
FILE *fopen(const char *file_name, const char *mode);
```

其中对应 file_name 的实参应是字符串，用于传递实际要打开的文件名。mode 是表示打开方式(模式)的描述字符串，这个串里可用的字符包括 r、w、a 和＋，分别表示读、写、追加和更新，mode 串里可以写这些字符的合理组合，字符的顺序可以任意。常用打开方式如下表所示：

表 10-1　文件使用方式标识符

模式	含义
"r"	以读方式打开文本文件，如果文件不存在则打开失败。打开后从头开始读
"w"	以写方式打开文本文件，如果文件已有则先丢弃原有内容，总是从头开始写
"a"	以追加方式打开或创建文本文件。总是从文件里已有部分的后面接着写
"r＋"	读更新方式，可以对文件读或者写。文件不存在则操作失败
"w＋"	写更新方式，可以写或者读。如果文件存在则先丢弃原有内容，从头开始写
"a＋"	追加并可读方式。打开后从文件尾部接着写

表 10-1 给出的多是对文本文件的操作模式，要以二进制方式打开就在相应的模式字符串中增加字符 b。如"rb"、"wb＋"、"a＋b"分别表示以二进制只读、二进制写更新、二进制添加并可读方式打开文件。

程序中可以通过如下语句以可写模式打开文本文件 myfile.txt：

```
FILE *fp;
fp = fopen("myfile.txt", "w");
```

上述语句打开当前目录下的文件 myfile.txt，将物理文件关联到文件指针变量 fp 上。由于指定了 w 模式，所以程序中只能通过 fp 向文件中写入数据，而不能读取。如果 myfile.txt 不存在，该语句就会创建它。打开时也可指定一个包含完整路径和文件名的字符串，如果在该路径下没有找到文件，就在该位置上创建文件。但如果是完整路径中某一级目录不存在，则不会被创建，会造成文件打开失败。如果 fopen 函数调用失败，就返回 NULL。

在常见的文件打开操作语句中，通常需要同时判断打开过程是否出错。例如，以只读方式打开上述文件的对应语句如下：

```
if ( ( fp = fopen ("myfile.txt", "r") ) == NULL )
{
    printf ("open file error.\n"); //如果文件出错显示提示信息
    exit (0);                      //调用 exit 函数终止程序运行
}
```

系统对同时打开的文件数量是有限制的，一次能够同时打开的文件数由＜stdio.h＞中定义的常量 FOPEN_MAX 确定，其指定了一次可以打开的最大流数。程序设计时如果在文件使用结束后忘记关闭文件，可能会造成流的丢失和资源浪费，甚至造成后续的文件打开失败。

10.2.2 关闭文件

在执行完文件的操作后，需要告诉操作系统释放文件指针，撤销对应的流，这被称为关闭文件。虽然程序在结束前会自动关闭所有的打开文件，但文件打开过多会导致系统运行缓慢，浪费系统中的流资源，需要通过显式的关闭操作来提高系统整体的执行效率。

C语言用fclose()函数关闭文件，该函数将文件指针作为参数，返回int类型的值。如果成功关闭文件，返回0，否则返回EOF。EOF是一个特殊的符号常量，在＜stdio.h＞中定义，通常值为－1，作为文件结束标志，表示不能再从流中获得数据了。

fclose函数的原型和调用形式如下：

```
int fclose (FILE *stream); //fclose函数的原型声明
fclose(fp); //关闭上节中打开的文件
```

10.2.3 文件重命名

在许多情况下都需要对文件进行重命名。例如更新文件的内容等。这需要在创建新的文件后，给它指定一个临时的文件名，然后删除旧文件，再将这个临时的文件名更改成被删除的文件名。

文件重命名操作非常简单，可使用rename()函数实现，其原型如下：

```
int rename(const char *old_name, const char *new_name);
```

如果文件名更改成功，就返回整数0，否则返回非零值。调用rename()函数时，文件必须处于关闭状态，否则操作会失败。使用示例如下：

```
if (rename("C://temp//myfile.txt", "C://temp\myfile_copy.txt"))
    printf("Failed to rename file! \n");
else
    printf("File rename successfully! \n");
```

这个例子会将C盘temp目录下的名为myfile.txt的文件改名为myfile_copy.txt，并根据改名操作的结果显示相应提示信息。如果文件路径有错或者文件不存在，重命名操作会失败。

10.2.4 删除文件

文件的删除操作也很常用，程序中可能会需要临时建立文件以保存运行的中间结果数据，当该数据不再需要时对应的文件也需要删除。删除文件可以使用remove()函数实现。其用法如下：

```
remove(myfile.txt);
```

这行这条语句会从当前目录中删除myfile.txt文件。在调用remove()函数删除文件时，文件同样必须处于关闭状态，否则会出错。

10.3　文件读写

读取和写入是文件的常用操作，文件的读写方式可细分为顺序读写和随机读写。顺序读写是指按照文件中数据存储的先后顺序，从头到尾顺序进行读写。随机读写则是指可以根据需要随机读取文件中指定位置的数据。对于标准设备文件，其打开和关闭操作由系统自动完成，只能顺序读取和写入。对于用户创建的一般文件，访问文件时需要在程序中显式的完成文件的打开和关闭操作，可以对文件进行顺序读写，也可进行随机读写。随机读写时通常要求文件中的每条记录具有固定的长度，以便于直接访问指定记录信息。

在 C 程序中使用文件，通常需要完成以下工作：

(1)声明一个 FILE ＊类型的指针变量。

(2)调用 fopen 函数将此变量与要操作的实际文件相关联，执行打开文件操作，并指明该文件是用于输入还是输出。

(3)根据需要，调用标准库中提供的适当的函数完成必要的 I/O 操作。对于输入文件(r 模式)来说，这些函数将从文件中将数据读入至程序中进行处理；对于输出文件(w 和 a 模式)来说，函数将程序中的数据写入到文件中去。

(4)调用 fclose 函数结束文件操作，断开文件指针与实际文件间的联系，关闭文件。

本节将重点讨论保存在外存储设备上的用户文件的输入输出操作，具体处理函数包括：

- 字符输入输出函数 fgetc()和 fputc()
- 字符串输入输出函数 fgets()和 fputs()
- 格式化输入输出函数 fscanf()和 fprintf()
- 二进制形式数据输入输出函数 fread()和 fwrite()
- 文件随机访问相关的定位函数 feek()、rewind()和 ftell()

10.3.1　向文件读写单个字符

文本文件处理的最简单的方法是逐个字符地遍历文件，从文件中读取单个字符的函数 fgetc 和向文件写入单个字符的函数 fputc 的原型分别为：

```
int fgetc(FILE *fp);
intfputc(intch,FILE *fp);
```

它们从指定流读一个字符，或向指定流写一个字符，正常情况下的返回值是所读或所写的字符，遇到文件结束时 fgetc 返回 EOF，出错时两个函数都返回 EOF。

【例 10-1】对文件 myfile1. txt 中保存的所有字符进行遍历，将数字字符中的偶数保存到文件 myfile2. txt 中。

如，myfile1. txt 中内容为：

```
1abc 2335456
2
2
4
```

则，程序执行后 myfile2. txt 中的内容应为：

246224

程序示例代码如下：

```
#include <stdio.h>
#include <string.h>
#include <errno.h>

int main()
{

    FILE *fp1,*fp2;
    char ch;

    if((fp1 = fopen("myfile1.txt","r")) == NULL)
    {
        printf("Open myfile1.txt failed, error info : %s\n", strerror(errno));
        return(-1);
    }

    if((fp2 = fopen("myfile2.txt","w")) == NULL)
    {
        printf("Open myfile2.txt failed, error info : %s\n", strerror(errno));
        return(-1);
    }

    while((ch = fgetc(fp1)) != EOF)
    {
        if(ch >= 48 && ch <= 57 && (ch-48)%2 == 0)
        {
            fputc(ch,fp2);
        }
    }

    fclose(fp1);
    fclose(fp2);
    return 0;
}
```

程序说明：

(1)由于 DOS 环境下对中文文件名处理时容易产生乱码，程序设计时要尽量避免使用中文的文件名和路径名。

(2)string.h 和 errno.h 用于支持对文件访问中错误代码的输出，函数调用 strerror(errno)的作用是将错误代码转换为对应的字符串描述进行输出。

(3)程序中使用的两个文件 myfile1.txt 和 myfile2.txt 应保存在可执行文件所在目录中，否则需要给出全路径。

(4)程序在成功打开两个文件后，通过调用函数 fgetc 对 myfile1.txt 进行逐个字符遍历，将其中符合要求的字符调用函数 fputc 写入 myfile2.txt 中。

(5)while((ch = fgetc(fp1)) ! = EOF)是一种常用的针对读入数据进行判断，再根据判断结果决定是否重复操作的书写形式，首先完成读入和赋值操作，然后对赋值后的变量进行判断。程序其他地方也可借鉴类似写法。

(6)对偶数字符的判断依据了 ASCII 码表中数字字符的 ASCII 码取值范围，先将合法的数字字符转换为十进制整数，再判断其是否为偶数。

10.3.2　向文件读写字符串

由于文本文件通常被划分成行，因此很有必要一次读入和写入整行数据。一行数据通常对应为一个字符串，标准库提供了 fgets 和 fputs 两个函数来支持向文件读写字符串。在调用这两个函数时，需要用一个字符数组接收输入或提供输出数据。输入函数 fgets 原型如下：

```
char *fgets(char *str, int n, FILE *fp);
```

str 对应的实参应为一个字符数组，fgets 从流 fp 关联的文件中读入至多 n－1 个字符存入该数组。如果在读入 n－1 个字符前遇到换行符(\n)，则输入结束，换行符也存入数组。无论操作怎样完成，都会在数组的最后一个单元存入'\0'，作为字符串的结束标记。输入正常完成时，fgets 返回参数 str，即返回用于保存读入数据的字符数组的首地址。遇到文件结束或操作出错时返回空指针 NULL。为了保证不出现数组越界，参数 n 的值必须符合数组的实际情况，即 n 要小于等于实参数组变量的长度。

相应的输出函数 fputs 的原型是：

```
int fputs(const char *str, FILE *fp);
```

这个函数将 str 里的字符串写入到流 fp 关联的文件中，直至达到字符串的末尾为止。函数正常完成时返回非负值，出错时返回 EOF 值。

【例 10-2】文件更新，为当前目录下 myfile1.txt 文件中的每一行都增加一个行号。

如果，myfile1.txt 中原有内容为：

```
This is the first line.
This is the second line.
This is the third line.
```

那么，增加行号后 myfile1.txt 中内容为：

```
1: This is the first line.
```

2：This is the second line.

3：This is the third line.

这种对现有文件的修改过程称为更新该文件。对于大多数系统而言，如果一个文件已经为进行输入而打开，就不允许再为输出打开。更新一个文件最常用的办法是将新数据写入一个临时文件，在完成所有内容的更新后用这个临时文件替换源文件（先删除源文件，再将临时文件改名为原文件）。因此，完成上述更新需要执行如下步骤：

1)打开原文件，作为输入源。

2)打开一个临时文件，作为输出源，临时文件不能与原文件同名。

3)将输入文件按行复制到临时文件，并在复制的时候为每行加上相应的行号。

4)关闭这两个文件。

5)删除原文件。

6)用原文件的名字重新命名临时文件。

程序示例代码如下：

```
#include <stdio.h>
#include <stdlib.h>
#include <string.h>
void CreateTempFile(FILE *fp1, FILE *fp2);

int main()
{
    FILE *fp1, *fp2;
    char file_name[50], temp_file[50] = "temp_";

    //1. input file name, and produce temp file name by it
    printf("Enter the file name to converts : ");
    gets(file_name);
    strcat(temp_file, file_name);

    //2. open file
    if((fp1 = fopen(file_name,"r")) == NULL)
    {
        printf("Open %s failed, error info : %s\n", file_name, strerror(errno));
        return(-1);
    }

    if((fp2 = fopen(temp_file,"w")) == NULL)
    {
        printf("Open %s failed, error info : %s\n", temp_file, strerror(errno));
        return(-1);
    }
```

```
    //3. convert file, save the result into temp file
    CreateTempFile(fp1, fp2);

    //4. close file
    fclose(fp1);
    fclose(fp2);

    //5. remove oringinal file and rename temp file
    if (remove(file_name) != 0 || rename(temp_file, file_name) != 0)
    {
        printf("Rename file failed, error info : %s\n", strerror(errno));
    }
    return 0;
}

void CreateTempFile(FILE *fp1, FILE *fp2)
{
    char str[200], new_str[210];
    //index as column NO.
    int index = 0;
    while (fgets(str, 200, fp1) != NULL)
    {
        index++;
        //convert int to string
        itoa(index, new_str, 10);
        //connect column NO. and old string, save into new string
        strcat(new_str, " : ");
        strcat(new_str, str);
        //save new string into temp file
        fputs(new_str, fp2);
    }
}
```

程序说明：

(1)为了避免临时文件名和原文件名重复，程序中采用在原文件名前增加“temp_”前缀作为临时文件名。

(2)CreateTempFile 函数中使用整型 index 变量记录当前行号，通过 stdlib.h 中提供的函数 itoa，将整型行号转换为字符串，作为新字符串的初始值，然后再与原字符串中的内容连接起来,形成完整的新字符串,写入目标文件。

(3)在将原文件中内容修改并保存到临时文件后,要先关闭原文件和临时文件,才能继续完成删除文件和文件更名的操作。删除文件应该在文件更名前进行。

10.3.3 文件的格式化读写

文件的基本格式化输入函数 fscanf()函数和输出函数 fprintf()的原型分别是:

int fprintf(FILE *fp, const char *format, …);

int fscanf(FILE *fp, const char *format, …);

它们的功能和使用分别于 scanf 和 printf 相似,只是增加了指定输入或输出流的参数。两个函数的第二个参数时格式描述字符串,与 scanf 和 printf 的格式字符串用法相同。

【例 10-3】从键盘输入一个字符串和一个十进制整数,将它们写入 myfile1.txt 文件中,然后再从 myfile1.txt 中读出文件内容并显示在屏幕上。

```
#include <stdio.h>
#include <errno.h>
#include <string.h>

int main( )
{
    char s[100];
    int a;
    FILE * fp;

    if ((fp=fopen("myfile1.txt", "w")) == NULL)
    {
        printf("Open myfile1.txt failed, error info : %s\n", strerror(errno));
        return(-1);
    }

    printf("Enter one string and one int : \n");
    fscanf(stdin, "%s%d", s, &a);
    fprintf(fp, "%s %d", s, a);
    fclose (fp);

    if ((fp=fopen("myfile1.txt", "r")) == NULL)
    {
        printf("Open myfile1.txt failed, error info : %s\n", strerror(errno));
        return(-1);
    }
    fscanf(fp, "%s%d", s, &a);
    fprintf(stdout, "%s %d\n", s, a);
    fclose(fp);
    return 0;
}
```

程序说明：

(1)从终端键盘读入数据时采用 fscanf(stdin, "%s%d", s, &a);，此写法等同于 scanf("%s%d", s, &a);，stdin 表示标准输入设备。可以将 scanf 理解为 fscanf 的一种特殊形式。

(2)fprintf(stdout, "%s %d\n", s, a);等同于 printf("%s %d\n", s, a);，作用是向标准输出设备进行输出操作，stdout 表示标准输出设备。可以将 printf 理解为 fprintf 的一种特殊形式。

(3)使用 fprintf(fp, "%s %d", s, a);将终端输入数据写入流 fp 关联的文件时要注意采用空格作为字符串和整数的分隔，以保证使用 fscanf 读出时能够正确识别这两部分。

(4)fscanf(fp, "%s%d", s, &a);将从与流 fp 相关联的文件中读出一个字符串和一个整型数据，遇到空格和换行符时将结束字符串的读出，转而完成整型数据的读出。

10.3.4　向文件读写二进制形式的数据

前面三节讲述了文本文件的输入输出函数，可以使用格式化读写方式向文本文件写入数值型数据，但这种写入和读出需要做数据形式转换。例如，程序需要向指定文件写一个整型变量的值，程序运行时该整型变量是以二进制形式存储在内存中，但实际写入文本文件的是一串数字字符，这种转换由格式化输出函数完成。

数据形式转换是需要时间的。如果产生的输出时给人看的，或者输入数据来自人或者文本文件，这种转换是必须的。如果把数据存入文件的目的只是为了以后取出来重新使用，例如在程序执行时装入使用，做这种转换就没有必要了。此外，数据转换有时还会丢失信息，尤其是对浮点型数据，转换时可能会产生误差，再输入又可能产生误差。为了更好地解决类似问题，C 语言标准库提供了二进制形式的文件读写函数，对应的输入输出函数原型如下：

```
size_t fread( void *buffer, size_t size, size_t count, FILE *fp );
size_t fwrite( const void *buffer, size_t size, size_t count, FILE *fp );
```

前面曾经提到过 size_t 是标准库定义的类型，通常对应为无符号整型。fread 函数将从流 fp 相关联的文件中读取大小为 size * count 的一组数据，保存到以 buffer 为起始地址的内存空间中。size 表示读取时单个数据项的大小，count 表示要读取的数据项的数量。fwrite 函数将以 buffer 为首地址，大小为 size * count 的内存数据写入到 fp 相关联的文件中。size 和 count 的含义与 fread 相同。fread 函数和 fwrite 函数通常用于对结构变量进行读写。

函数 fwrite 返回实际写入文件的数据项的个数，如果个数小于 count，就说明函数执行出错了。fread 返回实际从文件读入的数据项的个数，如果个数小于 count，原因可能是读入时出错了，也可能是还没有读到目标数量的元素时就遇到文件结束。

标准库保证，按照某种特定方式(某种类型、对应数据项的大小和个数)直接写入文件的信息，再次使用同样方式读出并存储到同样类型的数据中，结果的数据内容不变。

【例 10-4】编写程序，接收终端输入设备读入的若干名学生的成绩，计算出每个学生的总成绩和平均成绩，并将每个学生的成绩信息作为一个整体保存在外部文件中。最后，再从外部文件中读出相应数据，显示在屏幕。

```
#include <stdio.h>
#include <errno.h>
#include <string.h>
#define SIZE 3

typedef struct student
{
    int no;
    double score_1;
    double score_2;
    double score_3;
    double total;
    double avg;
}STU;

int main()
{
    STU in, out;
    FILE *fp;
    int i;

    if ((fp=fopen("myfile1.dat", "wb")) == NULL )
    {
        printf("Open myfile1.dat failed, error info : %s\n", strerror(errno));
        return -1;
    }

    for (i=0; i<SIZE; i++)
    {
        printf("Input NO.%d student info : ", i+1);
        scanf("%d%lf%lf%lf",&in.no, &in.score_1, &in.score_2, &in.score_3);
        in.total = in.score_1 + in.score_2 + in.score_3;
        in.avg = in.total / 3;
        if (fwrite(&in, sizeof(STU), 1, fp) != 1)
        {
            printf("File write error. error info : %s\n", strerror(errno));
            return -1;
        }
    }
    fclose(fp);
```

```
    if ((fp=fopen("myfile1.dat", "rb")) == NULL )
    {
        printf("Open myfile1.dat failed, error info : %s\n", strerror(errno));
        return -1;
    }
    printf ("\nNo. course1 course2 course3 total avg\n");
    while (fread(&out, sizeof(STU), 1, fp) == 1)
    {
        printf("%-10d%-10.2f%-10.2f%-10.2f%-10.2f%-10.2f\n",
            out.no, out.score_1, out.score_2, out.score_3,out.total,out.avg);
    }
    fclose(fp);
    return 0;
}
```

运行结果如下：

```
Input NO.1 student info : 1 89 78 67
Input NO.2 student info : 2 90 79 84
Input NO.3 student info : 3 67 78 56

No.       course1   course2   course3   total     avg
1         89.00     78.00     67.00     234.00    78.00
2         90.00     79.00     84.00     253.00    84.33
3         67.00     78.00     56.00     201.00    67.00
```

程序说明：

(1)程序中采用结构类型来表示每个学生的成绩信息(学号,成绩 1,成绩 2,成绩 3,总成绩,平均成绩)。

(2)结构变量 in 和 out 分别用于输入和输出时保存单个学生信息。

(3)循环读入数据的同时,将存储每个学生信息的结构变量以二进制形式写入到指定文件中。

(4)程序中有两次文件的打开和关闭操作,第一次是以二进制写的形式打开,第二次是以二进制读的形式打开。两次操作是完整独立的。

10.3.5　文件的随机读写

前面介绍的对文件的操作都是顺序读写,即从文件的第一个数据开始,依次进行读写。但在实际对文件的应用中,还往往需要对文件中某个特定的数据进行处理,这就要求对文件具有随机读写的功能,重新定位文件指针的当前位置,强制将文件的指针指向用户所希望的指定位置。本节我们将介绍 C 语言提供的与文件定位有关的三个函数:fseek()、rewind()和 ftell()。

1.改变文件指针的位置

fseek 函数原型：int fseek(FILE *fp, long offset, int origin)；

fseek 函数的作用是将文件指针 fp 移动到距离起始位置(origin)的指定位移(offset 字节处)处，如果函数读写指针移动失败，返回值为－1。其中，fp 为需要重新定位的文件指针，origin 是移动的起始点，offset 是相比于起始点的位移。起始点可以是以下三种情况：

SEEK_SET — 指定了文件的开头
SEEK_CUR — 指定了文件的当前位置
SEEK_END — 指定了文件的末尾

SEEK_SET、SEEK_CUR 和 SEEK_END 是系统定义的符号常量，下面是几个 fseek 函数调用的实例：

```
fseek(fp, 50L, SEEK_SET); //将位置指针移到文件头之后的第 50 个字节处
fseek(fp, 100L, SEEK_CUR); //将位置指针从当前位置向文件尾方向移动 100 个字节
fseek(fp, －20L, SEEK_END); //将位置指针从文件末尾向文件头方向移动 20 个字节
```

2.将文件指针重新定位到文件的开始位置

rewind 函数的原型：void rewind(FILE *fp)；

rewind 函数将文件指针 fp 重新定位到文件的开始位置。使用示例代码如下：

```
FILE *fp1;
⋮
rewind(fp1);
```

3.获得文件指针当前位置

ftell 函数的原型：long ftell(FILE *fp)；

其中，fp 为文件指针。调用 ftell 函数将得到文件指针 fp 的当前读写位置。该值是一个长整型数，是文件指针从文件开始处到当前位置的位移字节数。如果函数的返回值为－1L，表示出错。使用示例代码如下：

```
FILE *fp1;
long int position;
⋮
position = ftell(fp1); //取文件位置指针
```

10.4 文件操作的状态和出错检测

由于 C 语言中对文件的操作都是通过调用标准库函数来实现，程序中经常需要去判断相关函数调用是否成功。为此，C 语言提供了两种手段来反映函数调用的情况和文件的状态。其一，由函数的返回值可以知道文件调用是否成功。例如：调用 fgets、fputs、fgetc、fputc 等函

数时，若文件结束或出错，将返回 EOF；在调用 fread、fopen、fclose 等函数时，若出错，则返回 NULL。其二，C 语言标准库提供了对文件操作状态和操作出错的检测函数，包括：feof、ferror 和 clearerr 等函数。

1. 文件状态检测函数 feof( )

feof 函数的原型：int feof (FILE *fp)；

函数 feof 用于测试文件指针 fp 是否已到达关联文件的末尾（文件是否结束）。如果已到达文件尾，则函数返回非 0 值；否则返回 0，表示文件尚未结束。

2. 报告文件操作错误状态函数 ferror( )

ferror 函数的原型：int ferror (FILE *fp)；

函数 ferror 用于测试文件指针 fp 所关联的文件是否出现了错误。如果没有错误，返回值为 0；否则，返回一个非 0 值，表示出错。

3. 清除错误标志函数 clearerr( )

clearerr 函数的原型：void clearerr (FILE *fp)；

函数 clearerr 的功能是清除文件指针 fp 所指的文件的错误标志，即将文件错误标志和文件结束标记置为 0。

【例 10-5】从键盘上输入一个长度小于 20 的字符串，将该字符串写入文件"file.dat"中，并测试是否有错。若有错，则输出错误信息，然后清除文件出错标记，关闭文件；否则，输出输入的字符串。

```
#include <stdio.h>
#include <string.h>
#define LEN 20

int main()
{
     int err;
     FILE *fp;
     char s1[LEN];
     if((fp = fopen("file.dat", "w") ) == NULL ) //以写方式打开文件
     {
          printf("Can't open file1.dat\n");
          return 0;
     }
     printf("Enter a string:");
     gets(s1); //接收键盘输入的字符串
     fputs(s1, fp); //将输入的字符串写入文件
     err = ferror(fp); //调用 ferror 函数
     if(err) //进行错误处理
```

```
    {
        printf("file.dat error:%d\n", err);
        clearerr(fp); //清除出错标记
        fclose(fp);
    }
    fclose(fp);

    fp = fopen("file.dat", "r"); //以读方式打开文件
    if( err = ferror(fp) )
    {
        printf("Open file.dat error %d\n", err);
        fclose(fp);
    }
    else
    {
        fgets(s1, LEN, fp); //从文件读出字符串
        if( feof(fp) && strlen(s1)==0 ) //若文件结束且读入的串长为0
        {
            printf("file.dat is NULL.\n"); //则文件为空,输出提示
        }
        else
        {
            printf("Output:%s\n", s1); //输出字符串
        }
        fclose(fp);
    }
    return 0;
}
```

程序中使用错误检测函数对代码中所有可能出现操作失败的地方进行了检查,确保了程序能够在错误状态时及时退出或进行相应处理,是一种很好的编程习惯。

习　题

(1)读懂并补全下面程序,为程序增加适当的注释,运行并查看结果。程序从指定文件中读取三行字符串,统计出字母的数量和数字的数量。

```
#include <stdio.h>
#include <stdlib.h>
#include <string.h>

void Statistic (char *myStr, int *numCount, int *charCount);
void getDataFromFile(char str[3][200]);

void main()
{
    char str[3][200];
    int i, numCount, charCount;

    getDataFromFile(str);

    for (i=0; i<3; i++)
    {
        puts(str[i]);
    }

    numCount = 0;
    charCount = 0;
    for (i=0; i<3; i++)
    {
        Statistic(str[i], &numCount, &charCount);
    }
    printf("numCount = %d, charCount = %d\n", numCount, charCount);
}

void getDataFromFile(char str[3][200])
{
    FILE *fp;
    int i;
    //文件名根据实际修改,含三行字符串即可
    if ((fp=fopen("d://test.txt", "r")) == NULL)
    {
        printf("Open file error! \n");
        exit(0);
    }

    for (i=0; i<3; i++)
    {
        //读取一行字符串并保存到 str[i]中;
        str[i][strlen(str[i])-1] = '\0';
    }
    fclose(fp);
}
```

```
void Statistic (char *myStr, int *numCount, int *charCount)
{
    int i;
    for (i=0; (*myStr) != '\0'; i++, myStr++)
    {
        if ((*myStr >= 'a' && *myStr <= 'z') || (*myStr >= 'A' && *myStr <=
'Z'))
        {
            ________________________;
        }

        if ( * myStr >= '0' && *myStr <= '9')
        {
            ________________________;
        }
    }
}
```

(2)看懂并补全下面程序,并为程序增加适当的注释。从键盘读入N个学生记录(学号,名字,性别,成绩),保存本地结构体数据组数组,进而以二进制的形式保存文件里,然后再从文件中读出并显示到屏幕上。

```
#include <stdio.h>
#include <stdlib.h>
#define N 2
struct student
{
    int num;
    char name[3];
    char sex;
    float score;
};
void inputData(struct student *ptr);
void outputData(struct student *ptr);
void saveToFILE(struct student *ptr);
void readFromFILE(struct student *ptr);
```

```
void main()
{
    struct student stu[N];
    struct student stu_1[N];
    inputData(stu);
    outputData(stu);
    saveToFILE(stu);
    readFromFILE(stu_1);
    outputData(stu_1);
}

void inputData(struct student *ptr)
{
    int i;
    printf("\nPlease input N student's num name sex score :\n");
    for (i=0; i<N; i++, ptr++)
    {
        scanf("%d %s %c %f", &ptr->num, ptr->name, &ptr->sex,
&ptr->score);
    }
}
void outputData(struct student *ptr)
{
    int i;
    printf("\nOutput N student's num name sex score :\n");
    for (i=0; i<N; i++, ptr++)
    {
        //向终端显示器输出当前结构体数据;
    }
}
void saveToFILE(struct student *ptr)
{
    FILE *fp;
    int i;
    if ((fp = fopen("d:\\test1.data", "wb")) == NULL)
    {
        printf("\nopen FILE error! \n");
        exit(0);
    }
```

```
    for (i=0; i<N; i++, ptr++)
    {
        //将 ptr 指向的结构体数据以二进制形式存到文件中;
    }
    fclose(fp);
}
void readFromFILE(struct student *ptr)
{
    FILE *fp;
    int i;
    if ((fp = fopen("d://chapter8-2.data", "r")) == NULL)
    {
        printf("\nopen FILE error! \n");
        exit(0);
    }
    for (i=0; i<N; i++, ptr++)
    {
        //从文件中读取一个结构体数据并保存到 ptr 指向本地结构体变量中;
    }
    fclose(fp);
}
```

(3)采用自顶向下的分析方法,设计如下程序:一个班级有 62 个学生,本学期共有 5 门课程,所有的成绩都保存在一个 txt 文件中(文件内容示例见下图),每个学生占一行,包括学号和 5 个成绩,共 6 项,以空格分隔,要求按照平均成绩由高到低打印班级学生的学号和平均成绩。

Txt 文件示例:

1001	78.5	89	67	90	68
1002	84	56.8	90	56	54
1003	67	87	98	90	78

输出示例:

学号	平均分
1010	86.5
1003	86.2

参考文献

[1] Eric S. Roberts. C语言的科学和艺术[M]. 翁慧玉，等译. 北京：机械工业出版社，2007.

[2] 裘宗燕. 从问题到程序—程序设计与C语言引论[M]. 北京：机械工业出版社，2011.

[3] Jeri R. Hanly, Elliot B. Koffman. 问题求解与程序设计 C语言版[M]. 朱剑平，译. 北京：清华大学出版社，2007.

[4] Ivor Horton. C语言入门经典[M]. 4版. 杨浩，译. 北京：清华大学出版社，2008.

[5] 谭浩强. C语言程序设计[M]. 2版. 北京：清华大学出版社，2009.

[6] 吕凤翥，等. C语言程序设计——基础理论与案例[M]. 北京：清华大学出版社，2005.

[7] Samuel P. Harbison Ⅲ, Guy L. Steele Jr. C语言参考手册[M]. 徐波，等译. 北京：机械工业出版社，2011.

[8] Eric S. Roberts. C程序设计的抽象思维[M]. 闪四清，译. 北京：机械工业出版社，2011.

[9] K. N. King. C语言程序设计现代方法[M]. 2版. 吕秀峰，黄倩，译. 北京：人民邮电出版社，2010.

[10] B. W. Kernighan, D. M. Ritchie. C程序设计语言[M]. 徐宝文，等译. 北京：机械工业出版社，2001.